任　爽——著

宰书史

中华书局

图书在版编目(CIP)数据

南唐史/任爽著. —北京:中华书局,2024.2(2024.4 重印)
ISBN 978-7-101-16472-5

Ⅰ.南… Ⅱ.任… Ⅲ.中国历史-南唐 Ⅳ.K243.2

中国国家版本馆 CIP 数据核字(2023)第 239217 号

书 名	南唐史
著 者	任 爽
责任编辑	葛洪春
责任印制	陈丽娜
出版发行	中华书局

(北京市丰台区太平桥西里 38 号 100073)
http://www.zhbc.com.cn
E-mail:zhbc@zhbc.com.cn

印 刷	北京盛通印刷股份有限公司
版 次	2024 年 2 月第 1 版
	2024 年 4 月第 2 次印刷
规 格	开本/920×1250 毫米 1/32
	印张 11¼ 插页 3 字数 280 千字
印 数	3001-6000 册
国际书号	ISBN 978-7-101-16472-5
定 价	68.00 元

第十二章 五代十国、辽、宋、夏、金时期各族联系的进一步加强和经济重心的南移

（907—1279）

本章叙述自公元九〇七年朱温篡唐建立后梁政权至公元一二七九年南宋灭亡凡三百七十二年的历史。

五代十国、辽、宋、夏、金时期是中国封建社会历史发展中的第三次大乱。同前两次大乱一样，这一时期中国社会萌生出许多新的政治、经济、文化因素，这些因素在明、清时期得到总结与发展，造成了近五百年的繁荣。

590

作者"中国古代史"课程讲义（五代十国）

第一节 五代十国的分立与割据

一 五代十国概况

公元九○七年，朱温废黜唐哀帝李柷，建立后梁政权，喧嚇一时的大唐帝国终于寿终正寝。在此之后，直至公元九六○年赵匡胤于陈桥驿发动兵变，皇袍加身，建立北宗王朝，五十三年之间，北方相继出现后梁、后唐、后晋、后汉、后周五个小朝代，史称"五代"；与此大约同时，在南方和河东地区，出现了大小十几个并存的割据政权，其较大者有吴、南唐、前蜀、后蜀、吴越、楚、闽、南汉、南平、北汉，史称"十国"。

598

作者"中国古代史"课程讲义（五代十国）

目　录

中编 南唐的衰落

引 言

南唐是五代十国时期割据江淮的一个小王朝，历烈祖李昪、元宗李璟、后主李煜三世，传三十九年。当其极盛之时，据有三十五州之地，人口约五百万。

南唐三十九年的历史，在中国古代社会发展的长河之中并不十分引人注目。因为无论就其版图的广狭、人口的多寡、传世的久暂，都无法与历代强盛的统一王朝相比。所以，正统的旧史家如薛居正、欧阳修，在两《五代史》中，把它列入"僭伪"、"世家"之类，以彰其"攘窃"之罪；非正统的旧史家如马令、陆游，在其《南唐书》中，虽有意推尊，但仍不免缩手缩脚，以"诛乱尊王"、"笔削春秋"为辞；明清时期，陈霆撰《唐余纪传》、吴非撰《三唐传国编年》、陈鱣撰《续唐书》，牵强附会，又把它当作大唐盛世的余波。近年以来，尽管随着研究工作的深入，学界对南唐的历史有了进一步的认识，但是，由于难以摆脱通史与断代史体例的局限，所给篇幅既小，论述又过简，仍然不能对南唐的历史面貌及其历史地位进行全面的展示与充分的估价。

南唐史所具有的研究价值，并不在于南唐是不是正统王朝，更不在于它与大唐帝国究竟有无传承关系，而是在于这一时期中，江淮地区的政治、经济、文化在南唐政权的统治之下发生了一系列深刻变化。这些变化不仅增强了南唐的国力,使其得以北拒晋、汉、周,南威越、闽、楚,独霸一方,虎视中原,有混同环宇、统一天下之志,在当时的历史条件下扮演重要角色,而且在北宋统一以后,南唐故地所具有的政治、经济、文化等各方面的实力仍然在社会的发展进程中发挥重要作用。五代纷争,十国扰攘,分合之际,巨变之时,南唐承上启下,对中国古代社会的进步做出了一定的贡献,这是南唐史最重要的内容,是我们评价其历史地位的依据,同时也是它的研究价值所在。

遗憾的是,由于南唐历时短暂,又非正统,颇为旧史家所忽略,典制失传、事迹湮没,在所难免。笔者虽大力搜罗,仍苦于资料欠缺,对一些问题难以进行深入、系统的研究。现仅就所知,竭尽所能,草成三编。立论有待完善,论据尚需充实,不揣拙陋,以就教于学界的同仁。

上编　南唐的崛起

升元元年(937)至升元七年(943),烈祖李昪在位,这是南唐政权建立和迅速发展的时期。

南唐历史的开端可以上溯到吴天祐十五年(918)。自李昪辅政以来,内谋其家,外谋其国,二十余年之间,不仅实现了吴唐禅代,而且在各个领域之内除旧布新,使南唐政治清明,经济繁荣,文化发达,国力强盛,在五代十国时期南北对峙的局面中举足轻重。

第一章　吴唐禅代

一　李氏家世之谜

齐国升元三年(939)二月，做了一年多大齐国皇帝的徐知诰，应大臣之请，复姓李氏，更名曰昇，改国号为大唐。但是，在撰定宗谱的时候，却遇到了一个十分棘手的难题：这位自称唐室苗裔的李昇，竟然无法确认自己的祖先。经过大臣反复商议，挑来拣去，最后选中唐太宗第三子吴王李恪作远祖，又随意编排了李恪以下至李昇凡十代的世系，总算了结了这场公案。

从那时起到现在，中间经过了一千多年。历史的长流不仅冲淡了人们的记忆，而且也模糊了史书的墨痕。聪明的南唐史官虽然在登录李昇世系的同时，也如实地记载了李昇编造世系的经过，从而巧妙地向人们透露了这场骗局，但是，从历史有幸遗留给我们的残篇断简之中，究竟找得到多少符合事实真相的文字，还很难说。

现存有关李昇家世的文献记载，五花八门，莫衷一是。就宋人的记载来看，主要有以下几种说法：《江南录》《江南野史》《陆氏南唐书》根据李昇自己的选择，说他是宪宗子建王李恪的后代；《周世宗实录》说他是玄宗子永王李璘的苗裔;《蜀后主实录》说他是薛王李知柔之子;《江表志》说他是郑王李元懿疏属之枝派;《江南别录》《马氏南唐书》则仅称其为唐之宗室,没有具体指明是谁的后代。

上述诸种说法虽有分歧,但有一点是一致的,即都认为李昇是唐宗室的后代。不过,从文献记载中透露出来的李昇编造世系的情况来看,这些说法都很值得怀疑。《资治通鉴》载:

> 唐主欲祖吴王恪,或曰:"恪诛死,不若祖郑王元懿。"唐主命有司考二王苗裔,以吴王孙祎有功,祎子岘为宰相,遂祖吴王,云自岘五世至父荣。其名率皆有司所撰。唐主又以历十九帝、三百年,疑十世太少。有司曰:"三十年为世,陛下生于文德,已五十年矣。"遂从之。

《十国纪年》在分析李昇世系时,进一步指出:

> (李昇)曾祖超,祖志,乃与义祖(徐温)之曾祖、祖同名,知其皆附会也。

李昇编造世系时冒用养父徐温祖辈之名,并不见得是一时的疏忽。其中原委,大概与李昇感念徐氏之德有关。《资治通鉴》载,李昇即位以后,奉徐温为义祖。及李昇复姓,群臣言:"义祖诸侯,不宜与高祖、太宗同享,请于太庙正殿后别建庙祀之。"李昇曰:"吾自幼托身义祖,向非义祖有功于吴,朕安能启此中兴之业?"群臣乃不敢言。

李昇冒称唐室后代,当时人即有微辞。《天中记》载:

金陵李氏始以唐号国,钱文穆王(钱元瓘)问之曰:金陵冒氏族于巨唐,不亦骇人乎? 沈韬文曰:此可取譬也。且如乡校间有姓孔氏者,人则谓之孔夫子,复何足怪哉! 王大笑,赏厄酒。

《新五代史》鉴于上述诸说的矛盾牴牾,疑李昪"世本微贱"。但是,"世本微贱"与"唐室苗裔"相比,虽然较为可信,却同样缺乏根据,结论未免有些草率。因此,关于李昪的家世,最合乎逻辑的,倒是《十国纪年》的说法:李昪少孤而遭遇世乱,"莫知其祖系"。其实,就当时的情势来看,可能连他的养父徐温也不大清楚自己这个养子的真实来历。

李昪的祖先无可稽考,李昪的生父是谁,同样也是一个弄不清楚的问题。

一般的记载都认为李昪的生父是李荣。但是,有关李荣的身世和下落,同样是众说纷纭。《陆氏南唐书》载:

荣性谨厚,喜从浮屠游,多晦迹精舍。

《马氏南唐书》载:

荣性谨厚,适丁世乱,晦迹民间,号李道者。

陆、马两部《南唐书》的记载可代表现存有关文献的大多数说法。其间大同小异,无须备录。唯《江南野史》记载说:

荣有器度，不事产业，每交结豪杰，以任侠为事。属时离乱，群盗蜂起，朱梁统制天下，而杨行密专踞淮南。荣乃感愤，欲图兴复之志，然无少康一旅之众、数十里之地。久之，闻海贼夏韶众甚盛，欲因之以成大事。既往而说韶曰：仆大唐之后，少失怙恃，遭世多难，先祖基业，荡然横流，为人所有。自料以高祖、太宗之遗德，宗祧社稷，必未杜绝，其间子孙，必有兴者。吾虽不调，夙蕴壮志。闻公英雄，士卒勇劲。吾欲因公立事，共取富贵。苟成霸业，古贤鱼水，未足为喻。韶感其言，于是从之。遂率众自海入淮，转掠沿岸郡邑。至濠、梁间，众至数千人。军势颇盛，郡邑与战，多为所败。行密闻之，因帅师攻之，数败，乃为所擒。因捕其家，尽诛之。

从一般的角度来看，事情很简单：当时曾经有过两个李荣，一个无所事事，不知所终；另一个则英雄任侠，为杨行密所杀，其中之一便是李昪的生父。但是，联系前述有关李昪祖先的情况来分析，这两个自称唐室后代的李荣是不是李昪的生父，就很值得怀疑了。《江南野史》《马氏南唐书》以及其他一些文献都记载了这样一件事情：

> 信王景达先娶（李）德诚女。烈祖复姓，有司以同姓非礼。制曰：南平王（李德诚）国之元老，婚不可离。信王妃可氏南平。

如果李昪原即姓李，绝不会与同姓通婚，这是中国古代礼法的通则。况且李景达生于吴顺义四年（924），徐温病卒之时，李景达年方四岁，不可能成婚。此后，李昪已经控制了吴国政权，这时成婚，也不存在迫于徐氏压力的问题。李昪复姓,李景达十六岁,与李德诚之女成婚,大概就在这以前不久。由此看来,李昪即位的时候,不仅没有冒充唐室后裔的打算,甚至从未考虑自己原来姓李这件事。既然李昪不可能是唐室苗裔,而且原来也不姓李,那么,无论哪一个李荣,都不可能是李昪的生父。

除了上面的记载之外,关于李昪的生父,还有三种说法。一种是《蜀后主实录》,称李昪是唐嗣薛王李知柔之子;另一种是《玉壶清话》,说李昪的生父是唐宗室远支、徐州判官李志。这两种说法,从李昪姓氏世系的情况来考虑,显然不足为据。第三种说法来自《吴越备史》。其说云:

> 昪本潘氏,湖州安吉县人。父为安吉砦将,尝因淮将李神福侵我吴兴,掳潘氏而去,昪遂为神福家奴。徐温尝造神福家,见而异之,求为养子,至是乃隐本族而冒徐姓焉。后尝致书于我,以毗陵求易吴兴,仍引祊田为说,则本潘氏明矣。

《吴越备史》的说法如此肯定,似乎不由人们不信。但是,遍查五代十国史籍,李昪致书吴越以求易地之事绝无痕迹;书信原文不详,亦不见其他文献引用,看来并无真凭实据。况且李昪精明过人,既然已经冒称唐室苗裔、改易国号,如何肯自找麻烦,授人以话柄?沈韬文与钱元瓘对话,以孔氏与孔夫子为喻,尚且认为李昪以姓李而冒称巨唐,如吴越确知李昪来历,此话又从何谈起。正如《十国纪年》所指出的那样:

> 昪复姓附会祖宗,故非唐后。而吴越与唐人仇敌,备史

亦非。

李昇生于唐文德元年(888),幼名彭奴,后来成为吴国权臣徐温的养子,遂冒姓徐,取名知诰,字正伦。关于李昇生于何地,如何落入徐氏门下,也有许多种不同的说法。《江表志》载:

> 南唐高祖姓李讳知诰,生于徐州,有唐郑王疏属之枝派。父志、祖荣俱不仕。帝少孤,有姊出家为尼,出入徐温宅,与温妻李氏同姓。帝亦随姊往来。温妻以其同宗,怜其明慧,收为养子,居诸子之上,名曰知诰。

《江南野史》载:

> 先主……祖志,授署徐州判官,卒于任所。父荣……数败,乃为(杨行密)所擒,因捕其家,尽诛之。时先主方数岁,且异常儿。濠上一桑门与行密有故,乞收养以为徒弟。后行密大将徐温出师濠上,见先主方颡丰颐,隆上短下,乃携归为己子。

《旧五代史》载:

> 李昇,本海州人,伪吴大丞相徐温之养子也。温字敦美,亦海州人,初从淮南节度使杨行密起兵于庐州,渐至军校。唐末,青州王师范为梁祖所围,乞师于淮南,杨行密发兵赴之,温时为小将,亦预其行。师次青之南鄙,师范已败,淮兵大掠而还。昇时幼稚,为温所虏,温爱其慧黠,遂育为己子,名曰知诰。

《吴越备史》的说法，前已述及，此不再录。

最流行的说法是《陆氏南唐书》的记载，其说云：

> 烈祖光文肃武孝高皇帝名昪，字正伦，小字彭奴，徐州人，姓李氏……帝以光启四年十二月二日生于彭城，六岁而孤。遇乱，伯父球携帝及母刘氏避地淮泗，至濠州。乾宁二年，淮南节度使杨行密见而奇之，养以为子。行密长子渥恶帝，不以为兄弟。行密乃以与大将徐温，曰：是儿状貌非常，吾度渥终不能容，故以乞汝。遂冒姓徐氏，名知诰。

此外，《马氏南唐书》《新五代史》《资治通鉴》诸书所载，与此大同小异。

关于李昪的出生地，当属《旧五代史》的说法较为可靠。其书大多取材于实录，此处关于李昪出生地的记载，也许即来自久已亡佚的《南唐烈祖实录》。《江南余载》中记载了这样一件事情：

> 烈祖尝以中秋夜玩月延宾亭，宋齐丘等皆会。时御史大夫李主明面东而坐，烈祖戏之曰："偏照陇西。"主明应声对曰："出自东海。"皆以帝之姓为讽也。

李主明所说的"东海"，指的就是海州。李昪辅吴之际，谶言纷纷，有道人云："东海鲤鱼飞上天。"[①]时人传之，流布甚广。李昪即位，闻者莫不以为应验，从中亦可知李昪确系生于海州。这里还牵

---

① （宋）史虚白《钓矶立谈》，知不足斋丛书本，第3页。

涉到李昪原来的姓氏。按照《江南余载》的说法，似乎李昪原即姓李，所以才会与李主明在延宾亭赏月时，说"偏照陇西"。不过，这样一来，李昪复姓以前与李德诚联姻，就成为无法解释的事情了。延宾亭系李昪篡吴之前为招纳人才所设，此事即应发生在这一时期之中，当时，没有任何人包括李昪自己谈到过他的姓氏问题。其实，"皆以帝姓为讽"云云，是《江南余载》作者的疏忽之辞。恰恰因为李昪原来并不姓李，而席间偏偏有一位姓李的客人面东向月而坐，李昪才会说"偏照陇西"，恭维客人的姓氏；而李主明则对以"出自东海"，奉承主人的地望。如果李昪原即姓李，又坐在别的方向，则"偏照"之说，无由而起，更何况李昪绝不会拿自己的姓氏与未来的臣子开玩笑。

至于"东海鲤鱼飞上天"之谶，《十国春秋》的解释是：

> 鲤者，李也；东海，徐之望也；盖言李氏起自徐氏而为君也。

这一解释，很值得进一步地推敲。谶语应验，有两种情况。一是谶语先出，而野心家借机附会；二是野心家出于需要，自己编造、传播，借以迷惑世听。如果李昪的情况属于前一种，则必须大体相符，否则无法附会；如果属于后一种，又不必转弯抹角，编造得十分悬远，令人费解。因此，无论属于何种情况，这一谶语必有与李昪真实身世相符之处。从文献记载来看，此谶出于李昪得势之前，不可能与他的身世完全相符，而其中的相符之处，应该就是地望。至于"鲤"与"李"的符合，则是后来的事情，大概也是李昪之所以冒称唐室苗裔的重要原因之一。

至于李昪如何成为徐温的养子，各种说法都有一些难以解释的矛盾。

《旧五代史》所载李昪被徐温掳为养子的经过,与李昪生于海州,而后人莫知其祖系的情况相合。因为按照其他说法,李昪成为徐温养子的时候,或其姊李某、或其父潘氏、或其伯父李球与其母刘氏尚在,则李昪祖先的真实情况,必昭然于世,断无失考难稽之理。即使后来李昪冒称唐室苗裔,真相也不会完全泯灭,以致出现众多矛盾牴牾、漏洞百出的记载。这种现象,只有李昪年幼被掳,才有可能发生。战乱之中,四处抢掠而又急于撤走的军队绝不会去关心一个被掳孤儿的祖先究竟是谁,这正是导致李昪家世失考的直接原因。但是,上述说法也有解释不通之处。王师范被朱温围攻,求救于杨行密,事在唐天复三年(903),当时,李昪已经十六岁,不能称之为"幼稚"。而杨行密攻克濠州,则在唐乾宁二年(895),李昪刚刚八岁,与"幼而被掳"之说正相符合。由此观之,李昪如何落入徐温之手,倒是《马氏南唐书》《陆氏南唐书》《新五代史》以及《资治通鉴》诸书的说法较为可信。

现存有关李昪身世及祖系的文字记载,大多来自传闻,而且含有猜测的成分在内。从中我们仅仅可以断定:李昪既非唐室苗裔,也不姓李。他生于海州(治今江苏连云港西),幼孤,后来流落濠州,为杨行密所掳。由于杨氏兄弟不能容纳,遂送与徐温,成为徐氏养子。

值得注意的是,李昪六岁方孤,被掳时至少已经八岁,而且天性慧黠,"异于常儿",即使记不得自己的远祖,但却不大可能不知道自己的生父,更不会忘记原来的姓氏。不过,既被掳为养子,寄人篱下,便不免有许多苦衷。抢掠者无暇深究细考,被掳者则不便大肆宣扬,知情者自然也就寥寥无几。后来,李昪发迹,对自己原来的身世讳莫如深，也无人敢去认真追究。及李昪"复姓"，冒称唐室苗裔而公之于世，时人虽有疑惑之意，却无由得知底细，于是以讹传讹，衍出各种各样的传说。至于李昪家世的谜底，恐怕已经随着李昪的死去而被埋进了坟墓，永不会有水落石出的一天了。

二　内谋其家

李昪幼孤而被掳，饱尝了做养子的辛酸。关于这一段时间里李昪的生活情况，文字记载极少，我们仅知道他境遇不佳，幸有养母李氏的庇护，才没有落到无家可归的地步。但是，李昪毕竟天资颖悟、善伺人意，虽常遭荼毒，仍隐忍不发。史书记载说：

> 知诰……奉温尽子道，温妻李氏又以同姓故，鞠养备至。常从温出，不如意，辄杖而逐之；及归，拜迎于门，温惊曰："尔在此邪！"知诰曰："为人子，舍父母奚适？父怒而归母，子之常也。"温由是爱之。①

李昪成年之后，娶吴升州刺史王戎之女为妻。王氏性情温顺，颇明妇道，夫唱妇随，深得养父的欢心：

> 义祖常卧疾床蓐间，烈祖夜不解带，或闻謦欬声，必率妃与

---

① （清）吴任臣《十国春秋》卷十五《南唐一·烈祖本纪》，中华书局1983年版，第184—185页。

偕往。义祖问何人至，烈祖曰："知诰在斯。"又问："彼更何人？"
对曰："知诰之妇。"累封魏国君。未几薨，义祖为感叹者久之。①

王氏死后，李昪复娶宋氏。宋氏小字福金，是江夏人宋韬之女。
宋氏年幼流离于乱兵之中，为王戎所掠。后随王戎女归李昪，为媵
妾。王氏卒，立为继室，即元敬皇后。关于宋氏的来历，《马氏南唐
书》《江南野史》说她年幼被掳，为徐温之侍姬，王氏卒，赐予李昪。
观徐温之为人，当不至此，野史传闻，未必实有其据，不可尽信。

青年时代的李昪，姿貌瑰特，目瞬如电，语言厚重，望之则威仪
慑人，与语则翔雅得体。徐温曾命其主持家务，以试其才具，李昪亦
不负所望：

> 食邑采地夏秋所入，及月俸料或颁赐物段、出纳府廪，虽有
> 专吏主职，然能于晦朔总其支费存留，自缗匹之数，无不知其多
> 少。及四时伏腊、荐祀牲脂、宴馔肴蒸、宾客从吏之费，概量皆
> 中其度。逮嫔婢嬖姥寒燠衣御、纨绮币帛高下之等，皆取其给，
> 家人之属，且亡间言。②

因此，不仅徐温很赏识养子的才干，甚至杨行密亦曾对徐温说
起："知诰隽杰，诸将子皆不及也。"③

---

① （清）吴任臣《十国春秋》卷十八《南唐四·烈祖顺妃王氏传》，中华书局
1983年版，第261页。
② （宋）龙衮《江南野史》卷一《先主》，豫章丛书本，第2页。
③ （清）吴任臣《十国春秋》卷十五《南唐一·烈祖本纪》，中华书局1983年版，
第185页。

徐温有三位夫人,一共生了六个儿子。长子徐知训、次子徐知询、三子徐知海、四子徐知谏、五子徐知证、六子徐知谔。李昪以年长,"居诸子之上"①。不过,《江表志》称徐知训为徐温第三子,宋齐丘亦称其为"三郎";又《南唐近事》载,徐知询曾称李昪为"二兄",似乎李昪之上尚有一子。

李昪虽然逐渐赢得了徐温的好感和赏识,但与徐氏诸子之间的关系却并不十分和睦。特别是徐知训,常以"乞子"呼之。尝召李昪饮酒,李昪迟到,徐知训面露杀机,怒曰:"乞子不欲酒,欲剑乎!"②李昪虽然曲与周旋,但在内心深处,却时时怀有身世之感。养子的特殊地位,不仅使李昪在明慧的天性之中格外增加了几分狡诈,而且也增加了几分自卑。

李昪九岁的时候,曾经作过一首《咏灯》诗,诗中写道:

> 一点分明值万金,
> 开时惟怕冷风侵。
> 主人若也勤挑拨,
> 敢向尊前不尽心。③

这首诗堪称李昪当时生活经历与心态的真实写照。虽然作者以"尽心"二字作结,但其核心,却在"冷风"一语。这首诗在当时曾大受赞赏,尤其是徐温,确实感到得意,后人更把这首诗作为李昪聪

---

① (宋)郑文宝《江表志》卷上,墨海金壶本,第1页。
② (清)吴任臣《十国春秋》卷二《吴二·高祖世家》,中华书局1983年版,第49页。
③ 《全唐诗》卷八,南唐先主李昪《咏灯》,中华书局1960年版,第70页。

颖过人的凭据。但是,无论当时或后来,似乎都极少有人从中体会出作者所委婉流露出来的酸楚之感。

吴天祐六年(909)三月,二十二岁的李昪借助养父徐温的势力,由元从指挥使擢迁升州防遏使、兼楼船军使,于升州督领水军。次年,又任升州副使,从此开始了他的政治生涯。

李昪的养父徐温,字敦美,海州朐山(今江苏连云港西)人,唐末贩盐为盗。吴太祖杨行密起兵合肥,徐温隶于帐下,为"三十六英雄"之一,虽未尝有战功,但善于计谋。杨行密克宣州,诸将争相掠取金帛,而徐温独据米仓,救济饥民。后来,杨行密与手下大将朱延寿发生冲突,徐温献计杀之,因此受到杨行密的信重,擢为右牙指挥使,参与军国谋议。及杨行密病卒,徐温支持其长子杨渥继承吴王之位,不久,又与左牙指挥使张颢合谋,杀死杨渥,拥立其弟杨隆演,继而除掉张颢,掌握了吴国的军政大权。

徐温虽然夺得了吴国的政柄,但其地位却并非十分稳固。吴国的勋臣旧将,自唐末以来,追随杨行密,出生入死,身经百战,对这位靠阴谋起家,寸功未立而骤登高位的权臣十分不满。为了应付局面,徐温一方面毫不留情地打击政敌,另一方面则竭力拔擢自己的子弟,以扩大势力。李昪就是在这种形势之下,登上了吴国的政治舞台。

这一时期中的李昪,表面上虽然是吴高祖杨隆演的臣子,但他的实际身份,却是徐温的爪牙。他的政治前途如何,主要要看徐温对他的态度。对于自己的实际处境,李昪心里十分清楚。只是因为年长,而且徐温急于用人,李昪才得以获得一席之地。亲疏之间,徐温的态度十分明显;拔擢李昪,不过是一种权宜之计。因此,李昪所要做的,除了协助养父控制吴国大政之外,更重要的是提高自己在徐氏门下的地位。

吴天祐九年(912)三月,吴国发生了一场严重的政治危机。宣州观察使李遇、镇南节度使刘威、歙州观察使陶雅等人痛恨徐温专权,不仅拒不朝觐,而且密议诛杀徐温。徐温察知其谋,派亲信徐玠到宣州游说李遇。李遇慑于徐温权势,允诺入觐,并设酒宴款待徐玠。不料,徐玠烂醉之际,竟对李遇说:"君言入谒,是良图也。不尔,则为反矣!"李遇闻言大怒,回敬道:"君言遇反,且杀景王(杨渥)者谁也?"①徐玠使命失败,回到扬州复命。徐温闻报,立即委派淮西节度副使王坛为宣州制置使,遣黑云都指挥使柴再用率升、润、池、歙四州之兵,以李昪为副,送王坛到宣州就任。李遇据城自守,不肯受代。柴再用受命攻城,战事进行了一个多月,没有结果。后来,徐温执李遇少子到宣州城下劝降,李遇不忍再战,开门出降,结果全家被杀。

李遇屠灭,刘威、陶雅等人胆战心惊,相继入朝。徐温官加镇海军节度使、同平章事,基本上巩固了自己的地位。李昪因为出兵助战之功,擢拜升州刺史,也算是有了自己的落脚之地。

升州(今江苏南京)位于长江尾端南岸,西界秦淮,东倚钟山,北有清凉山,南有雨花台,地形复杂,山势雄伟,易守难攻,战略地位十分重要。自从春秋时期吴王夫差在这里建立冶城以来,当地的经济与文化日益发达。其后,东吴、东晋以及南朝时期的宋、齐、梁、陈相继建都于此,故有六朝古都的美称。李昪就任升州刺史以后,雄心勃勃,不仅大力选拔人才,去贪用廉,修明政教,而且对升州旧城进行了修整与扩建。五年之中,升州面貌大变。居民繁富,城池坚固,府舍制度十分壮观。据实地考古勘测,其城周围三十五里左右,

① (宋)马令《马氏南唐书》卷八《义养传第三·徐宣祖》,墨海金壶本,第3页。

规模超过了六朝时期的建康城。后来,明代南京城大体上就是在这座升州城的基础上扩建而成的。

李昇在升州招贤纳士,对徐温来说,并不是一件令人愉快的事情。徐温虽然赏识养子的才干,但对他扩大个人实力与影响的举动,却心怀疑虑。就在李昇任升州刺史期间,徐温加官进爵,拜管内水陆马步诸军都指挥使、两浙都招讨使、守侍中、封齐国公,以升、润、常、宣、歙、池六州为巡属,出镇润州(今江苏镇江),而以长子徐知训为淮南节度行军副使、内外马步诸军副使,居都城广陵(今江苏扬州)辅政,李昇的地位由此一落千丈。不仅如此,吴天祐十四年(917),徐温巡行到了升州,赞赏之余,却打定了釜底抽薪之主意,把镇海军的治所由润州迁到升州,而改任李昇为润州团练使。

这一变动,对李昇来说,是一个沉重的打击。五年的辛苦经营,一旦付之东流。沮丧之余,李昇求任宣州。因为润州屡经战争破坏,人烟稀少;宣州则历来是繁富之地,到了那里,或许可有用武之地。但是,徐温执意不允。父了二人各怀心腹事,又都不便明白地说出来。正当李昇迟疑不决、无计可施之际,他的谋士宋齐丘私下对他说:

> 昔项羽叛约,王沛公以汉中之地。时皆以为失职左迁,唯萧何赞之,以为语有天汉,其称甚美。今明使君中有大志,而忽得京口,其名殆不可失也。且西朝拱己,知训童昏,老臣宿将,不甘诟辱,度其势,乱在旦暮。蒜山之津,曾不一昔而可以定事。更舍此利而求入宣城山中,卒卒度岁月,其亡聊奈何?①

---

① (宋)史虚白《钓矶立谈》,知不足斋丛书本,第1页。

李昪闻言猛醒，即日启程赶赴润州。

徐知训虽然被徐温安插在吴高祖杨隆演身边，委以"辅政"的重任，朝中大臣畏惧徐温的权势，交口称赞徐知训的才干，誉之为"昌华相公"。但实际上，徐知训并没有什么政治头脑。他对自己的使命毫无认识，怙权恃势，恣意妄为：

> 知训辅政，常陵侮诸将，而对吴主隆演无君臣礼。隆演幼懦，尝饮酒楼上，命优人高贵卿侍酒，知训为参军，隆演鹑衣髽髻为苍鹘。知训因使酒骂座，语侵隆演。隆演愧耻泣涕，而知训愈凌辱之。左右扶隆演起去，知训杀一吏乃止。李德诚有女乐，知训求之。德诚曰：此辈皆有所生，且复年长，不足以接贵人，俟求少妙者进之。知训对德诚使者骂曰：吾杀德诚，并取其妻，亦易尔！①

此类事例颇多，无须一一列举。日久天长，杨氏旧臣不堪其辱，人心危惧。后来，宿卫将李球、马谦挟持杨隆演登楼，发动库兵，企图诛杀徐知训，幸得大将朱瑾的相助，才平息了这场风波。当时，徐温虽然权势炙手，有代吴之心，但杨氏旧臣并未心服，徐温审时度势，亦不得不暂时止步。徐知训如此猖狂，显然不能持久。宋齐丘正是看准了这一点，才密劝李昪接受润州之命，以退为进，以观时变。

其后，徐知训又与大将朱瑾发生了冲突。朱瑾是宋州下邑（今河南夏邑）人，唐末为泰宁节度使，与从兄朱宣据郓、兖数州之地，对

---

① （宋）马令《马氏南唐书》卷八《义养传第三·徐知训》，墨海金壶本，第4页。

抗朱温。后兵败奔吴,授武宁军节度使,又以功拜平卢军节度使、同中书门下平章事,颇受杨行密信任。高祖杨隆演又以其与生母朱氏同姓,尊之为"阿舅"。徐知训曾向他学习兵法,朱瑾悉心教之。李球、马谦之乱,徐知训亦深得朱瑾之力。不料,徐知训因向朱瑾索求战马未能如愿,便对他怀恨在心。朱瑾也对徐温父子专权跋扈十分不满,多次建议杨隆演早日下手,诛除徐氏。不过,杨隆演感到自己势单力薄,不敢采纳朱瑾的建议。

徐知训曾经几次派遣壮士在夜间对朱瑾行刺,但都没有得手。吴天祐十五年(918)六月,徐知训贬朱瑾为静淮军节度使,出镇泗州。此行凶多吉少,朱瑾心里十分清楚,临行之际,朱瑾请徐知训夜饮,二人相得甚欢。次日清晨,徐知训前去朱瑾府上道谢,朱瑾复设酒宴,亲自奉觞,命乐妓作歌助兴,又献所爱名马为其祝寿。徐知训大喜过望,入其厅堂,朱瑾命其妻出拜,乘徐知训答拜之机,用手中象笏猛击其首,徐知训倒地,伏兵冲出杀之。

朱瑾预先将两匹恶马系于中庭,及徐知训入府,释之令相踢鸣,因此外人并未察觉有变。但朱瑾乃一勇之夫,虽善施小计,却并无远谋。徐知训被杀,徐温于升州尚握几十万大军,岂肯善罢甘休。当朱瑾手持徐知训首级驰入吴王府,报称"今日为吴除患矣"的时候,杨隆演大惊失色,以衣掩面,说了一句:"舅自为之,此事非吾敢知!"便慌忙退入内室。朱瑾大失所望,忿然骂道:"婢子! 不足与成大事。"把徐知训的首级在柱子上摔得稀烂,提剑而出。但府门已闭,朱瑾逾垣折足,又为徐知训亲兵所攻,自顾途穷,乃大呼:"吾为万人去害,而一身死之!"自刎而死①。

① (清)吴任臣《十国春秋》卷八《吴八·朱瑾传》,中华书局1983年版,第120页。

正在润州观望的李昪终于等来了机会。闻报之后,即刻率兵自蒜山渡江入广陵,迅速控制了局势。不久,徐温也由升州赶回广陵。

按照徐温对形势的估计,首先怀疑李昪与徐知训的被杀有关。因为自从李昪任升州刺史、初展政治抱负之后,徐氏家族对他的疑惧日益加深。特别是徐知训,唯恐李昪羽毛丰满,危及他未来的地位。徐知训居广陵辅政之时,几次打算杀掉李昪。曾设宴与李昪会饮,而先伏剑士于室中。李昪亲吏刁彦能预知其谋,以手暗揞李昪而推之,李昪悟而逸去。李昪镇润州,入广陵进觐吴王,与徐知训饮于山光寺,徐知训大醉,决意下手。徐知谏察觉,窃蹑李昪足,李昪奔还润州,乃免于难。

徐知训与李昪之间的冲突,徐温心中十分清楚。润州与广陵仅一江之隔,李昪刚到润州不久,徐知训就被朱瑾杀死。而且李昪的消息如此灵通、出兵如此迅速,绝非偶然。但是,徐温至广陵之时,朱瑾已经自杀,宗戚尽被诛戮,对李昪不利的证据已经不复存在。徐温虽然满腹狐疑,却无把柄可寻。史载:

> 温意润州预谋,就知训廨,有土室,绘画温像,身被五木,诸弟皆执缚受刑,而画知训衮冕正座,皆署其名。温见之,唾曰:狗死迟矣!知诰因得疏其罪恶。①

除此之外,徐温还发现了僧人修睦为徐知训编造的一些谶语。徐知训与修睦亲狎,实有其事;土室之绘,却不一定是徐知训所为,或为李昪伪造亦未可知。但这些发现却在某种程度上消除了徐温

---

① (宋)马令《马氏南唐书》卷一《先主书》,墨海金壶本,第2页。

对李昪的怀疑,他下令杀掉了修睦以及与朱瑾有通谋嫌疑的唐宣谕使李俨、泰宁节度使米志诚,又把朱瑾的尸体沉入雷塘,匆匆了结了此案。

徐知训被杀,李昪乘机出兵控制广陵,而徐温其余诸子皆幼弱不堪大任,徐温遂以李昪为淮南节度行军副使、内外马步都军副使、通判府事、兼江州团练使,代徐知训居广陵辅政,徐温还镇升州,总揽军国大政,其余庶务,皆由李昪参决。

李昪辅政,给吴国政坛带来了全新的气象:

> 知诰悉反知训所为,事吴王尽恭,接士大夫以谦,御众以宽,约身以俭。以吴王之命,悉蠲天祐十三年以前逋税,余俟丰年乃输之。求贤才,纳规谏,除奸猾,杜请托。于是士民翕然归心,虽宿将悍夫无不悦服。先是,吴有丁口钱,又计亩输钱,钱重物轻,民甚苦之。齐丘说知诰,以为“钱非耕桑所得,今使民输钱,是教民弃本逐末也。请蠲丁口钱;自余税悉输谷帛,绸绢匹直千钱者当税三千。”或曰:“如此,县官岁失钱亿万计。”齐丘曰:“安有民富而国家贫者邪!”知诰从之。由是江、淮间旷土尽辟,桑柘满野,国以富强。①

上述举措,当然与李昪吸取了徐知训陵弱吴王、骄侮诸将,终于招致杀身之祸的深刻教训有关,而且也与李昪的性格合拍。十五年的养子生涯,练就了他政治嗅觉的敏锐和忍耐力的惊人。前者

---

① 《资治通鉴》卷二七〇《后梁纪五》,均王贞明四年七月,中华书局 1956 年版,第 8831—8832 页。

主要来自养父的熏陶,后者则应归功于长期寄人篱下的痛苦生活的磨砺。此时的李昪,已经成为一个成熟的政治家,除了个人的政治才能之外,还掌握着相当的实力。从他的政治举措之中,我们完全可以看出,李昪的着眼点,已经不再是徐氏门下的一碗残羹剩饭。

随着李昪个人势力的增强与影响的扩大,徐温对养子的行动越来越不放心。徐知训被杀、李昪代其辅政后不久,徐温委派次子徐知询接替了李昪润州团练使的职务。徐温的打算是,首先让徐知询增强阅历与政治才干;其次,徐知训被杀之后,徐温也认识到了润州的重要性,因此,他企图通过徐知询,对李昪的行动进行监视和控制。

徐温的亲信也同样感觉到了形势的危险。尚书右仆射兼同平章事严可求、行军副使徐玠,屡次向徐温建议用徐知询代替李昪,以绝后患。但是,两人的主张遭到夫人陈氏的反对:"知诰自我家贫贱时养之,奈何富贵而弃之!"①这一理由,徐温当然可以置之不顾,但徐知询能否胜任辅政之职却是一个不大不小的问题,因此,徐温一时还拿不定主意。但是,严可求等人言之不已,徐知询也主动向徐温请求代替李昪辅政,终于促使徐温下定最后的决心。

李昪知道此事以后,曾打算贬逐严可求出镇楚州,但没有成功。他又把自己的女儿嫁给严可求之子严续,企图用姻亲关系笼络对方。不料,严可求并未因此而动摇。吴乾贞元年(927),徐温计划亲自率领诸藩镇入朝,奉吴王杨溥称帝。但在临行之际,突然发病,于

———————

① 《资治通鉴》卷二七六《后唐纪五》,明宗天成二年十月,中华书局1956年版,第9010页。

是派徐知询奉表至广陵劝进,并借此机会代替李昪执政。李昪闻讯,自知此时尚无力与徐温抗衡,只好忍痛连夜写好表章,请求出任洪州刺史。

正当李昪一筹莫展之际,形势突然发生了变化。徐知询刚刚到达广陵,劝进之事欲行而未行;李昪做好了去洪州的准备,表章当奏而未奏,却从升州传来了徐温死去的消息。徐知询闻讯,惊慌失措,连夜奔还升州。李昪则从容准备,于同年十一月奉吴王杨溥称帝,加拜都督中外诸军事,封浔阳公。

徐温死后,李昪独揽朝政大权,徐知询则继承了徐温的官职,拜诸道副都统、镇海宁国军节度使兼侍中,坐镇升州,与李昪抗衡。

李昪虽然居吴都辅政,"挟天子以令境内",但是,徐知询手握重兵,自以为升州地处扬州,有高屋建瓴之势,因此并没有把李昪放在眼里。不过,徐知询和他的长兄徐知训一样,自信有余而才气不足,虽然专横跋扈,却不懂得如何掌握局面。况且徐温已死,亲党各寻山路,大半归了李昪,如徐玠、严可求之流,早已改换门庭,成了李昪的上宾;其余旧僚故吏,知徐知询必败,惶惶然不可终日;甚至徐知海、徐知谏兄弟,亦首鼠两端,向李昪频送秋波。

吴大和元年(929),徐知询亲信典客周廷望向他建议"捐宝货以结朝中勋旧"[1],以改变被动的局面。徐知询采纳了他的建议,并且派他到扬州活动,收买人心。周廷望到了扬州以后,假意投靠李昪,摸清了李昪的底细,回报徐知询。徐知询立即采取行动,召李昪至升州为养父服丧,企图在升州下手。但是,李昪

[1]《资治通鉴》卷二七六《后唐纪五》,明宗天成四年十月,中华书局1956年版,第9034页。

抓住徐知询的把柄，不仅不肯前往升州，反而令徐知询入朝"谢罪"。徐知海、徐知谏从旁力劝，徐知询无奈，硬着头皮来到扬州。临行之际，周廷望流涕相送，对他说："公有往日，而无还日。"①希望他改变主意。但徐知询执意不从。到了扬州以后，李昇责其以"不臣"之罪，谪授统军虚职，悉夺其兵，徐氏势力从此一蹶不振。

徐知询后来出任润州镇海军节度使。在润州之时，终日以宴饮为事，不复敢生觊觎之心。但是，李昇对他仍然十分戒备：

> 知诰召徐知询饮，以金钟酌酒赐之，曰："愿弟寿千岁。"知询疑有毒，引他器均之，跽献知诰曰："愿与兄各享五百岁。"知诰变色，左右顾，不肯受，知询捧酒不退。左右莫知所为，伶人申渐高径前为诙谐语，掠二酒合饮之，怀金钟趋出，知诰密遣人以良药解之，已脑溃而卒。②

徐知海、徐知谏因为有功于李昇，封赏优厚。后来，徐知谏死于洪州镇南军节度使任所，徐知询代任，途中遇到徐知谏灵柩，抚棺大哭："弟用心如此，我亦无憾，然何面目见先王于地下乎！"③徐氏兄弟三人均死于洪州，似非善终，恐怕与李昇的疑忌不无关系。

---

① （清）吴任臣《十国春秋》卷十三《吴十三·徐知询传》，中华书局1983年版，第174页。

② 《资治通鉴》卷二七六《后唐纪五》，明宗天成四年十二月，中华书局1956年版，第9036页。

③ （清）吴任臣《十国春秋》卷十三《吴十三·徐知谏传》，中华书局1983年版，第175页。

三　外谋其国

李昪篡吴，经过了相当充分的准备。从吴天祐十五年(918)徐知训被杀，李昪自润州入广陵定乱，代徐知训辅政之时开始，到吴天祚三年(937)"受禅"建立齐国，时间长达二十年。这种情况，不仅与李昪老谋深算、极富忍耐力有关，而且也与吴国的政治形势有关。

五代十国是中国古代社会历史发展中的一个转折时期。其中的一个重要内容，是南北中国在政治、经济、文化力量的对比上发生了巨大的变化。

以汉族文化为主体的中国文化最先发祥于黄河中游自然条件优越、宜于原始农业发展的黄土谷地，随即向东扩张，到达黄河下游冲积地带，然后向西延伸，深入黄土高原腹心，逐步形成了以西安、洛阳、开封三大古都为轴线的中原文化区域。在魏晋南北朝以前，作为中心区域，中原与其他地区特别是南方广大地区相比，在政治、经济、文化实力上一直占有十分明显的优势。与此相适应，在此前历代统治集团中，中原人士也始终处于无可争辩的主导地位。但是，魏晋唐宋时期，随着中原的渐次衰落以及南中国的逐步开发，经济与文化中心开始向南转移。与此同时，中原人士在朝廷中的主导地位受到严重挑战，而南方人士的政治势力则迅速抬头。以五代十国为界标，中国古代的政治地理、经济地理与文化地理发生了带有根本意义的变化。南方的崛起不仅使政治、经济与文化的发展得以在更广大的范围之内协调进行，从而推动中国古代社会进入全盛时期，并且给统治集团内部的矛盾冲突带来了新的特点。

在中国古代,以地区之间自然环境特殊、发展水平失衡、文化传统互异为背景而形成地域冲突始终是一个基本的社会问题;与此相适应,以地理界线作为派系分野的标志并且争夺区域利益也始终是统治集团内部冲突的一个重要特征。

地理环境是人类文明赖以发生与发展的基础。地理环境不仅提供了人类社会进步的先决条件,而且赋予其某些重要的、并注定要延续下去的原始特征。这些特征的发展构成了国与国之间的显著不同,也构成了一国之内各个地区之间的巨大差异。

就中国来说,其地理环境是一个由若干相对封闭的小面积空间组成的相对封闭的大面积空间。以黄河、长江为线索,我们可以把古代中国划分为两大区域。在这两大区域之中,又分别存在着若干小区域。两大区域及其所包含的各个小区域之间,不仅在地形地貌、气候土壤、植被物产等自然条件方面千差万别,而且山川纵横、关津阻隔、交通不便。在这个由山川关津分割开来的许多小区域组成的大区域之外,东南两面濒临浩瀚的海洋,西面绵亘着高大的山脉,北面则是广袤无垠的沙漠草原。在漫长的历史进程中,古代中国赖以沟通外部世界的陆、海丝绸之路不绝若线、时断时续,其作用实际上极为有限。这种双重封闭的地理环境一方面使文化的发展与延续具有稳定性,易于形成并保持传统;另一方面则使各地区之间的往来受到限制并且尤其不利于国际交流。其结果是中国古代文化呈现出区域文化色彩杂陈的局面,而在整体上则由于缺乏大量外来文化因素的强烈刺激难以打破相对固定的格局并且在某种程度上助长了保守与排外倾向的形成与蔓延。

中国古代各区域文化之间并非完全缺乏同一性,这一点无须赘言。就大体情况特别是就汉族地区而言,在价值观念、心理气质乃至于知识系统方面的差别并不具有本质上的意义。但是,这种同一性形成的过程艰难而缓慢,不可能从根本上改变特定的地理环境所带来的各地区之间实际上存在着的闭塞与隔膜。不仅如此,中国境内大多数地区一般都比较适宜于农业生产活动的进行并且以此为基础形成了以小农经济为特征的社会经济形态。小农经济是一种充满矛盾的自然经济形态,其运行在很大程度上依赖于地理环境的恩惠,同时在其发展过程中又受到地理环境的制约,在长期维持简单循环的状态之下,形成了社会分工极不发达、商品经济受到严重限制、各地区之间发展很不平衡的局面。这种局面不仅使各地区之间潜伏着深刻的利益冲突,而且使国内各地区的政治、经济与文化势力在本质上缺乏凝聚的坚实基础。易言之,在中国古代的统一王朝之中,各地区势力之间实际上存在着一种控制与被控制的关系。一旦这种控制出现松弛,大一统的局面便开始解体。

在唐宋以前,南方始终处于北方的控制之下。南方虽曾出现过割据政权,但其统治核心,却大抵来自北方,所谓:"南风不竞,非复一日。"到了唐宋之际,南方政治、经济、文化实力的增强已经使南人不仅有能力向北方渗透,在大一统王朝统治核心中夺取一席之地,而且有能力建立独立的地方性割据政权,与北方势力公开抗衡。与此同时,地域冲突也愈演愈烈,形成了以南北冲突为基线的新形势。当时,人们对地域问题十分敏感。北方人以老大自居,贬低南方人;南方人后来居上,对北方人亦竭力排挤。这种情况,在五代时期南方的一些割据政权中十分突出。

吴太祖杨行密祖籍合肥。作为一个闯荡江湖、起家卒伍的小人物,能够逐渐扩大势力,割据江淮二十余州,建立起颇具规模的吴国政权,与他是当地人,得到当地势力的积极支持有很大关系。据《文献通考》载,吴人信都镐曾撰《淝上英雄小录》,记杨行密将吏有勋名者四十人,其中二十四人是合肥人。从中已经可以窥见吴国政权与合肥人之间的关系。清人吴任臣撰《十国春秋》,搜罗十国资料极为宏富。其中吴国部分十四卷,列传中收录的文臣武将等重要人物家世可考者凡七十一位,其中侨寓人士二十九位,约占百分之四十;当地土著四十二位,约占百分之六十。当地土著中,淮南人即达二十八位,占总数百分之四十,占当地人百分之七十;淮南人中,庐州(治今安徽合肥)人十九位,又居大半之数。吴国掌政、握兵之人,亦多出自庐州。由此,我们不仅可以看出杨行密在割据过程中主要依靠淮南地方势力的支持,而且还可以看出,杨行密建立的吴国实际上是一个以当地人为主体、以淮南人特别是庐州人为核心的地方性割据政权。

唐末,北方战乱频仍,大批北方人南下避难。其中相当一部分人聚集在杨行密的周围。吴国政权建立以后,土著虽然是主体成份,但侨寓人士也占很大比例。这些人以徐温为首,形成一股特殊势力,与土著争夺各方面的利益,从而遭到土著势力的竭力排斥。

徐温是一个野心勃勃的人物,他毕生经营,呕心沥血,目的就在于篡夺吴政。但是,作为一个侨寓人士,当他篡吴的企图一旦暴露,便立即遭到土著势力的强烈反对。天祐九年(912),合肥人刘威、陶雅、李遇"密议诛温",实际上就是土著势力反对徐温篡吴的联合行动。徐温虽然依靠侨寓人士柴再用等人的支持出兵攻灭李遇,平息了这场骚动,并进一步巩固了自己的地位,但他篡吴的尝试却从此搁浅。

其后,徐知训被杀,李昪占据辅政之位,徐温篡吴之计,更加无望。因为李昪自知非徐氏亲子,如果徐温得位,自己绝无继嗣的可能,所以竭力阻挠。史载:

温居恒好服白袍子,知诰每遇温诞生日,必以献。会坐客有诏温者,曰:"白袍不如黄袍好。"知诰遽斥之,谓温曰:"令公忠孝之德,朝野所仰,一旦或诏佞之说闻于中外,无乃顿损夙望乎?愿令公无惑其言。"温虽颔之,而心实未忘窃位也。盖知诰以己非其嫡,虑温急于取国,不得嗣,故以是为言云。①

及吴高祖杨隆演病重,徐温自升州入朝,商议立嗣:

门下侍郎严可求言王诸子皆不才,引蜀先主顾命诸葛事,温以告知诰,知诰曰:"可求多知,言未必诚,不过顺大人意尔。"温曰:"吾若自取,非止今日。张颢之乱,嗣王幼弱,政在吾手,取之易于反掌。然思太祖大渐,欲传位刘威,吾独力争,太祖垂泣,以后事托我,安可忘也。"乃与内枢密使王令谋定策,称隆演命,迎丹阳公溥监国。②

徐温之言虽然说得冠冕堂皇,但李昇在其中所起到的作用,却不可低估。李昇辅政日久,徐温势力日益孤弱,不敢贸然行动,终于抱恨而死。

徐温篡吴失败的主要原因,是没有得到当地势力的支持。这对李昇来说,是一个具有关键意义的启示。李昇在徐氏门下站稳脚跟,并借助徐氏势力执掌吴政,虽然几经曲折,但这仅仅是徐温一派

① (清)吴任臣《十国春秋》卷十三《吴十三·徐温传》,中华书局1983年版,第172页。
② (清)吴任臣《十国春秋》卷二《吴二·高祖世家》,中华书局1983年版,第54页。

势力内部争夺权位的角逐,因此在当时并没有引起太大的震动。但是,当李昇进而企图取代杨氏,局面就完全不同了。作为一个侨寓人士,要达到这一目的,李昇不仅要解决一般的篡位者所遇到的问题,更要注意解决由吴国政权内部南北两派势力的对抗所带来的特殊麻烦,这就使李昇在篡吴之际,表现得格外小心翼翼。

为了实现取代杨氏的企图,李昇充分考虑了各方面的因素,从吴王以下一直到当地百姓,李昇一例怀柔,以争取当地势力的好感,缓和敌对情绪。

对待吴王,李昇极尽恭敬,这一点,我们已经在前面提到过一些,这里再举一例:当时,节镇入觐,往往不拘礼节。吴睿帝时,北方籍将领柴再用戎服入朝,被御史弹劾,柴再用不服。李昇知道以后,故意于便殿通起居,退朝以后,上表自劾,请罚一月俸禄。事情传开,朝纲大肃,不仅使吴睿帝对李昇怀有好感,同时也使土著文臣武将感到李昇在对待南北两派势力时,有一个不偏不倚的立场。

李昇辅吴之际,土著将领在地方上还拥有很大势力。如何争取这些人,是一个很棘手的问题。史载:

> 烈祖辅吴之初,未逾强仕。元勋硕望,足以镇时靖乱。然当时同立功如朱瑾、李德诚、朱延寿、刘信、张崇、柴再用、周本、刘金、张宣、崔太初、刘威、韦建、王绾等,皆握强兵,分守方面。由是朝廷用意牢笼,终以跋扈为虑。上虽至仁长厚,犹以为非老成无以弹压。遂服药变其髭鬓,一夕成霜。①

---

① (宋)郑文宝《南唐近事》,宝颜堂秘笈本,第1页。

引文中提及的十三人，张宣、韦建家世无考，朱瑾、刘延寿已死，其余九人中，张崇、周本、刘金、刘威、王绾等五人都是当地土著。"服药"之说固涉妄诞，然而其中反映出的李昪在当时面临的困难形势，却是真实的。如德胜军节度使周本，"素无推翊之诚"①，多次扬言于朝路，表示不肯"推戴异姓"。后来，李昪以其元勋硕望，令其率众推戴，周本竟说："我受先王大恩，自徐温父子用事，恨不能救杨氏之危，又使我为此，可乎！"②

为了笼络土著勋臣旧将，李昪确实煞费苦心。他的对策，几乎令人难以理解：

> 烈祖初得政，尽反知训之所为。接御士大夫，曲加礼敬，躬履素朴，去浮靡，而又宽刑勤理，孜孜不倦。是时方镇窥伺，事资弹压，烈祖视听不妄，指扬中节，平居自号曰政事仆射。高位重爵，推与宿旧，故得上下顺从，人无异意。③

> 烈祖辅吴，四方多垒，虽一骑一卒，必加姑息。然群校多从禽聚饮近野，或搔扰民庶，上欲纠之以法，而方藉其材力，思得酌中之计。问于严[求]（可求）。[求]（可求）曰：无烦绳之，易绝耳。请敕泰兴、海盐诸县，罢采鹰鹞，可不令而止。烈祖从其计，期月之间，禁校无复游墟落者。④

---

① （宋）释文莹《玉壶清话》卷九《李先主传》，知不足斋丛书本，第4页。
② 《资治通鉴》卷二八〇《后晋纪一》，高祖天福元年十二月，中华书局1956年版，第9166页。
③ （宋）史虚白《钓矶立谈》，知不足斋丛书本，第4页。
④ （宋）郑文宝《南唐近事》，宝颜堂秘笈本，第22—23页。

"高位重爵,推与宿旧";"一骑一卒,必加姑息",作为李昪收揽人心的一项措施,自然会带来一些副作用,但同时也收到了预期的效果,至少使土著势力感觉到李昪的宽厚。举例来说,吴大和二年(930),海州都指挥使、王绾之子王传拯发动叛乱,焚掠城廓,率其众五千人投奔后唐。李昪竟说:"是吾过也。"赦其妻子,又以其季父王舆为控鹤都虞,典兵宿卫。通过这一番"倾意折节,奉上接下,礼待将校,推其慈惠,致之腹心,以宽简优柔存恤"的功夫,李昪终于达到了"骁勇夙将元寮素所跋扈者无不乐从"的目的,大大缓和了土著勋旧的敌对情绪,改善了自己的处境①。

为了使自己获得更广泛的支持,李昪常常派人到民间察视,有婚丧匮乏者,往往加以周济;遇有灾荒,则蠲免赋税。吴天祐十五年(918),李昪奏请免除了天祐十三年以前民间拖欠的租税。吴顺义二年(922),李昪制订户籍租税,规定上田每顷税钱二贯一百文,中田每顷税钱一贯八百文,下田每顷税钱一贯五百文。如现钱不足,可以折成金银交纳,其余丁口课调,亦一律折成现钱。宋齐丘向李昪建议说:

> 江、淮之地,自唐季以来,为战争之所。今兵革乍息,氓黎始安,而必率以见钱,折以金钱,斯非民耕桑可得也,将兴贩以求之,是教民弃本而逐末耳。乞虚升时价,悉收谷帛本色为便。②

当时市价:绢每匹五百文,绸六百文,绵每两十五文。宋齐丘建

---

① (宋)龙衮《江南野史》卷一《先主》,豫章丛书本,第4页。
② (清)吴任臣《十国春秋》卷三《吴三·睿帝本纪》,中华书局1983年版,第58页。

议政府收税时,以绢每匹当一贯七百文,绸每匹当二贯四百文,绵每两当四十文计价征收,实际上将市价虚抬二至三倍,也就是将税收减少三分之二至四分之三。朝臣闻讯,议论哗然,因为政府每岁将失去大笔收入。但这是一个收买民心的绝好机会,李昇决意施行。不到十年的时间,不仅江淮一带出现了"野无闲田、桑无隙地"的盛况,李昇自己也获得了当地民众的拥戴。

李昇的这一番经营,收效显著。但是,对土著势力进行怀柔,只是他的计划的一个方面。要实现篡吴的企图,李昇还必须扶植自己的私人势力,从根本上巩固地位。

李昇组织自己的班底,当然首先要重视收罗那些侨寓于江淮地区的北方人士。因为李昇作为一个侨寓人士,在同土著势力抗衡时,特别需要侨寓人士的支持。早在李昇任升州刺史时,就对此十分留意。他不仅大力奖拔吴国政权内部原有的北方人士,而且特别重视招揽新近南下的名贤耆旧:

> 知诰于府署内立亭,号曰延宾,以待多士,命齐丘为之记,由是豪杰翕然归之。间因退休之暇,亲与宴饮,咨访缺失,问民疾苦,夜央而罢。是时中原多故,名贤耆旧皆拔身南来,知诰豫使人于淮上赍以厚币,既至,縻之爵禄,故北土士人闻风至者无虚日。①

这一时期中,北来士人著名者如高密孙晟、北海韩熙载、扶风常

---

① (清)吴任臣《十国春秋》卷十五《南唐一·烈祖本纪》,中华书局1983年版,第186页。

梦锡、河北高越、高远。后来都成为南唐政权中的重要人物。特别是孙晟，笃学善文辞，尤工于诗，为人则豪举跌宕，不拘小节。初见之时，口吃不能道寒暄。及其坐定，论辩风起，上下古今，无所不通，听者忘倦。李昪对他十分信任，"因预禅代秘计。每入见，移时乃出，尤务谨密，人莫窥其际"①。

大批侨寓人士聚集在李昪周围，确实加强了他的实力。但是，要顺利取代吴国这样一个地方性政权并且进行稳定的统治，又必须得到土著势力的积极支持。不过，在同杨氏旧臣的周旋中，李昪深深感到，这些人不可能成为自己的腹心，因为仅仅做到使他们不反对自己，已是十分不易。于是，李昪把目光转向了江淮特别是江南一带那些地位尚微的小人物。洪州宋齐丘、歙州查文徽、建州游简言、广陵陈觉、冯延巳，也都是在李昪辅政前后，投于门下，"白衣起家"，由其一手扶植起来的。这些人与杨氏旧臣不同。他们虽系土著势力，但在吴国政权中并无一席之地。李昪篡吴，正是给了这些人一个获取政治地位的良机，因此，他们暂时抛开地域因素所造成的隔膜，积极为李昪筹划。如宋齐丘，少时流落穷困，曾经在倡优魏氏的门下寄食糊口。依附李昪之后，"从镇京口，入定朱瑾之难，常参秘画。因说烈祖讲典礼、明赏罚、礼贤能、宽征赋，多见听用。烈祖为筑小亭池中，以桥度，至则撤之，独与齐丘议事，率至夜分。又为高堂，不设屏障，中置灰炉，而不设火。两人终日拥炉画灰为字，旋即平之。人以比刘穆之之佐宋高祖"②。

聚集在李昪周围的侨寓人士与江淮土著是李昪私人势力中的

①（清）吴任臣《十国春秋》卷二十七《南唐十三·孙晟传》，中华书局1983年版，第382页。

②（宋）陆游《陆氏南唐书》卷四《宋齐丘传》，秘册汇函本，第79—80页。

两大侧翼,这也是未来南唐政权的核心。有了这个班底,李昪才形成了"羽翼大成,裨佐弥众"①的局面,篡吴之举才有了可靠的保证。但是,尽管如此,要做到"上下顺从,人无异议",也还是相当困难的。

当时,以德胜军节度使周本为首的吴国旧臣宿将仍然是李昪篡吴的主要障碍。李昪虽然对他们曲意存恤,但收效不大。这些人毕生追随杨行密,位高爵重。李昪取代杨氏,并不能给他们更多的好处。更重要的是,李昪取代杨氏,意味着淮南人在吴国政权中统治地位的丧失。所以,这些人在保住杨氏之位这一点上,态度相当坚决。

吴睿帝杨溥是一个懦弱的人物,在吴国政治舞台上,他只不过是李昪玩弄于股掌之上的一个傀儡。但是,杨氏家族之中并不乏有为之人。吴太祖杨行密第三子杨濛性刚烈而素负才气。徐温擅权,杨濛心中不平,常自叹:"我国家竟为它人所有乎!"②徐温知道以后,对他又恨又怕,屡加贬谪。徐温死后,杨濛处境有所改善,进封临川王,官至昭武军节度使兼中书令。杨濛与吴国旧臣宿将关系较为密切,李昪辅政,篡吴之心日益昭彰,这些人便抬出杨濛与李昪抗衡:

> 司马徐玠素不悦于主(李昪),欲濛受禅,阴讽太尉、中书令西平王周本及赵王李德诚辈,倚以德爵勋旧之重,欲使推戴于濛。③

---

① (宋)龙衮《江南野史》卷一《先主》,豫章丛书本,第4页。
② (清)吴任臣《十国春秋》卷四《吴四·临川王濛传》,中华书局1983年版,第80页。
③ (宋)释文莹《玉壶清话》卷九《李先主传》,知不足斋丛书本,第4页。

李昪虽然善于使用怀柔手段,但同时也深知高压政策的妙用。不久,李昪派人诬告杨濛"藏匿亡命,擅造兵器",将其降为历阳郡公,幽禁于和州。及吴室将亡,杨濛杀守卫军使,逃到庐州,欲依周本以自固。周本闻杨濛至,将见之。其子周弘祚固谏,周本怒曰:"我家郎君来,何为不使我见!"周弘祚闭门不令周本出,使人执杨濛于外,送于广陵。李昪闻报,遣使称诏杀杨濛于采石,追废为悖逆庶人①。

杨濛被贬之后,杨氏旧臣人人自危,从此不再有大规模的公开抵制行动。李昪认为时机已经成熟,于是加快了篡吴的步伐。

吴大和三年(931)十一月,李昪向吴睿帝上表,自称辅政岁久,请归老升州。李昪这样做,有两个打算:首先,篡吴之举,必须做得不露痕迹,至少在表面上给人一种水到渠成的印象,以避免舆论的谴责。如果在广陵受禅,瓜前李下,则会有逼宫之嫌。其次,李昪早已有意建都升州,受禅之前,必须对升州城进行一番修整扩建。睿帝闻表,照例允准,于是拜李昪为镇海、宁国诸军节度使,余官如故,镇升州遥决大政,如徐温故事;拜李昪长子李璟为司徒、同平章事,知中外左右诸军事,留广陵辅政。

李昪到了升州,立即着手经营。他首先在府舍内营建了一座礼贤院,积聚了许多图书典籍,以作招延士大夫之用。这座礼贤院同时也与延宾亭一样,是李昪密谋篡吴的地点。次年秋,李昪对升州城进行了扩建,并且营造了宫城。为了掩人耳目,李昪上表请吴睿帝迁都于此,但朝臣竭力反对,李昪也就不再坚持。

---

① 《资治通鉴》卷二八一《后晋纪二》,高祖天福二年八月,中华书局1956年版,第9181页。

吴天祚元年(935)，吴睿帝加拜李昪为尚父、太师、大丞相、天下兵马大元帅，进封齐王，备殊礼，以升、润、宣、池、歙、常、江、饶、信、海十州为齐国。李昪接受了天下兵马大元帅一职及齐王封号，却辞掉了尚父、大丞相等虚名，以示谦恭。不久，李昪正式建齐国，立宗庙、社稷，署置百官。

到此为止，李昪篡吴的一切准备工作均已就绪。但是，就在履行最后一道手续时，却出现了新的问题。

李昪的私人势力系由侨寓人士与江南土著两大侧翼组成。这两翼人士虽然在依附李昪之后，暂时捐弃地域因素所造成的隔阂，同舟共济，为李昪奔走效力，但这种合作并没有坚实的基础。一旦成功在即，到了分配利益的时刻，双方的矛盾便立即显露出来。当时，李昪门下的侨寓人士与江南土著的争夺目标是首赞禅代之功的归属。因为一旦李昪代吴之举成功，首先"劝进"的一方便成为第一功臣，理所当然地有资格向新皇帝要求更高的政治地位与更多的经济利益。因此，这是一场关系到双方在新政权中的地位问题的争夺。

李昪虽然在筹划篡吴、扶植羽翼之时采取了南北并用的方针，但是，在他的内心深处，还是觉得侨寓人士更为可靠。所以，当他认为篡吴之机已经成熟，便首先向亲信的侨寓人士透露自己的想法：

先是，知诰久有传禅之志，以吴主无失德，恐众心不悦，欲待嗣君；宋齐丘亦以为然。一旦，知诰临镜镊白髭，叹曰："国家安而吾老矣，奈何？"周宗①知其意，请如江都，微以传禅讽吴

---

① 周宗的籍贯，文献载为秣陵（今江苏南京）人。然据保大十三年，周宗乞罢镇，元宗李璟诏曰："嵩岳降灵，诞生良弼。"则似为侨寓之北方人士。

主,且告齐丘。齐丘以宗先己,心疾之,遣使驰诣金陵,手书切
谏,以为天时人事未可,知诰愕然。后数日,齐丘至,请斩宗以
谢吴主,乃黜宗为池州副使。久之,节度副使李建勋、行军司马
徐玠等屡陈知诰功业,宜早从民望,召宗复为都押牙。知诰由
是疏齐丘。①

宋齐丘出面反对传禅,李昪当然不能不加考虑。但是,此时吴
睿帝刚刚三十几岁,而李昪已经将近半百。如果等待吴睿帝死后再
行传禅,无疑等于将此事永久搁置。对李昪来说,即使他极具忍耐
力,也不可能接受这一结果。不久,李昪把宋齐丘由广陵召回,令其
赋闲。摆脱宋齐丘以后,传禅之举进行得一帆风顺。吴天祚三年
(937),吴睿帝命江夏王杨璘奉吴国玺绶献于升州,正式禅位李昪。
李昪改吴天祚三年为升元元年,国号大齐,定都金陵(升州,其间一
度改称江宁),以广陵为东都。升元三年(939),李昪复姓,改国号
为大唐,史称南唐。

吴唐禅代,确实做得不动声色,在当时并未引起非议与混乱,史
称"吴社迁换"而国中"夷然无易姓之戚"②,绝非虚辞。这种情况,
当然与"天命所归"的传言有关,但更重要的是,李昪于数十年之
中,对吴国君臣百姓上下打点,照顾得相当周全。《五国故事》云:
李昪以养子起家,至其即位,"内谋其家,外谋其国,劳心役虑,数倍
于曹、马矣"。可谓精于鉴明。

至于吴睿帝,虽然深明时势,但其下场,却与所有失位君主一

①《资治通鉴》卷二七九《后唐纪八》,潞王清泰元年二月,中华书局 1956 年
　版,第 9103—9104 页。
②(宋)史虚白《钓矶立谈》,知不足斋丛书本,第 5 页。

样,十分悲惨。李昪受禅之后,给他加了一个"高尚思玄弘古让皇帝"的尊号,幽禁于润州丹杨宫。睿帝在由广陵迁往润州途中,曾赋诗云:

> 江南江北旧家乡,
> 三十年来梦一场;
> 吴苑宫闱今冷落,
> 广陵台榭已荒凉。
> 云笼远岫愁千片,
> 雨滴孤舟泪万行;
> 兄弟四人三百口,
> 不堪回首细思量。①

南唐升元二年(938),睿帝被杀于丹杨宫,年三十八。元宗李璟末年,周师伐淮南,尹廷范受命将幽禁于泰州永宁宫的杨氏宗族徙于江南,在途中擅自把男子全部杀死,杨氏之族遂绝。

---

① (宋)郑文宝《江表志》卷上,墨海金壶本,第3页。按:一般文献都认为此诗系李煜之作。弓英德《李后主亡国诗词辨证》(《励学》第二期)有专门考证,可参考。

第二章　烈祖李昪的政治改革及其成就

南唐立国,典章制度大体沿袭唐朝。史称:

> 唐祚告绝,江南始有国。广陵杨氏当天祐戊寅间,江淮无主,奄三十郡,自建正朔,制度草创。后授于李氏,方能渐举唐室宪章。①

但是,有唐一代,已经暴露出许多政治上的弊端,更何况时过境迁,旧制并非完全适用。因此,李昪虽以中兴大唐为己任,刻意恢复唐制,亦不得不改弦更张,调整政策,改革制度,以求适应南唐的政治现实。

从现存资料的记载来看,南唐初期的政治措施基本上是成功的。这些措施不仅刷新了南唐的政治风气,稳定了南唐的政局,为后来南唐政治、经济、文化各方面的发展提供了先决条件,而且对后世政治制度的发展,也具有一定的影响。特别是在缩小相权、削弱藩镇、控制州县行政等方面采取的措施,对北宋王朝加强皇权具有一定的借鉴意义,在中国古代政治制度发展史上,是一个相当重要的环节。

———————————

① （宋)释文莹《玉壶清话》卷九《李先主传》,知不足斋丛书本,第1页。

一　控制宦官

宦官专政，是专制制度不断发展与强化的结果。专制政治在本质上排斥他人干预，造成了中央政治在结构与运作方面的特殊性。一般来说，朝廷中有三种势力，一是朝臣，二是外戚，三是宦官。朝臣是君主名正言顺的"治具"，但外戚是君主的亲族，宦官则是君主的奴才。在专制君主看来，奴才强于亲族，亲族又优于治具。亲疏之分，关键看谁对皇权的威胁最小。一个聪明的君主，应该善于利用三者之间的微妙关系，平衡形势，巩固自己的权力。越是在需要加强皇权之时，处理好这些关系就越显得重要。而要做到这一点，不仅要看形势是否许可，更要看君主的手段是否高明。唐代是皇权急剧膨胀的时期，是中央集权转变为君主集权的关键阶段。但是，由于唐代君主对这一问题既缺乏清醒的认识，又没有解决这一问题的必要经验，因此，唐代不仅有皇后干政、朋党之争，而且有空前绝后的宦官之祸。

唐初，宦官数量不多，地位也很低，无权过问军政大事。及至玄宗时期，宦官激增至三千人，其中五品以上者即占三分之一。安史之乱以后，朝廷疑忌将帅，肃宗用李辅国典掌禁军，开宦官控制军队的先河。代宗时，又以宦官充任内枢密使，承宣诏旨，掌管机密。

宦官掌握禁军、控制机密，实际上等于控制了朝廷。他们有权任免将相，从禁军中拔擢亲信出任节度使，又把势力伸展到地方。宦官专权，不仅同朝臣发生剧烈冲突，形成南衙北司之间形同水火的局面，而且危及皇帝本人的权力甚至人身安全。唐朝后期，顺宗、宪宗、敬宗死于宦官之手；穆宗、文宗、武宗、宣宗、懿宗、僖宗、昭宗皆由宦官拥立。围绕着宦官问题，曾经发生过多次政治冲突和流血事件，但都以宦官的胜利而告终。唐末，朱温动用武力，把在朝宦官一举杀绝。当时，人们都以为从此不再会有宦官之祸。但是，宦官专权与专制政治是一对孪生兄弟。专制制度没有削除，宦官势力便总有东山再起之日。因此，朱温大动杀伐，也并没有从根本上解决问题。到了五代中期，宦官势力果然死灰复燃，特别是在南方一些割据政权中，情况比较严重。南汉就是一个突出的例子。当时，宦官林延遇、龚澄枢、李托之辈相继用事，贬逐朝臣、杀戮宗室，无恶不作。至后主刘鋹时，竟然认为群臣有家有室，眷顾子孙而不肯尽忠国君，唯宦官一身清静，亲近可任，因此大力奖拔宦官，以致群臣欲进用者往往自阉，造成举朝半为宦竖的奇怪现象。

南唐宫廷之中亦有宦官给使左右。但是，李昪惩前代之弊，对他们控制得十分严格。"中官不得预事"，是南唐的明文规定①。因此，通观南唐历史，很少见宦官干政、擅权的蛛丝马迹。不过，令文归令文，真正达到防止宦官势力进一步发展的目的，并不是一件容易的事情。史载：李昪曾遣某宦官祭庐山。及还，宦官自言："臣奉诏即蔬食至今。"李昪说："卿某处市鱼为羹，某日市肉为菹，何为蔬食？"宦官闻言，惭惧服罪②。由此看来，似乎李昪还对宦官进行了特殊的监视。

① （清）吴任臣《十国春秋》卷十五《南唐一·烈祖本纪》，中华书局1983年版，第202页。
② （清）吴任臣《十国春秋》卷十五《南唐一·烈祖本纪》，中华书局1983年版，第202页。

二　压抑外戚

母后垂帘、外戚擅政,同样是专制政治中的一大弊端。唐代武周革命、韦后专权,使大唐社稷几乎倾覆,往往被后世帝王引以为千秋之戒。外戚在专制政治中不可缺少,但同时却是比宦官更加危险的角色。

专制政治,天下为私,帝王以国家为私产。为了保证这份家产不被外人"攘窃",帝王们必须最大限度地利用血缘关系,建立一个统治核心,以便在某种程度上改变自己的孤立状态。但是,外戚在起到支持君主的作用的同时,也有条件窥伺帝位,而宦官无论会引起多么严重的政治危机,却不会从根本上危及皇权,因为他们绝无登上皇帝宝座的可能。所以,尽管外戚与宦官一样,都是专制政治的寄生物,但帝王们却不得不对他们进行更严格的防范。

李昪后妃不多,知名者仅元敬皇后宋氏、夫人种氏而已。史载:

> 烈祖殂,大臣欲以宋后监国,命中书侍郎孙晟草遗诏。(李)夷邺曰:此非先旨,必奸人诈为。大行尝云:妇人预政,乱之本也。安肯自作祸阶![1]

从中可以看出,李昪反对母后干政的态度是相当坚决的。

宋氏为人,聪敏有才干。徐温卒,李昪曾欲赴升州奔丧,宋氏劝

---

[1] (宋)马令《马氏南唐书》卷十《李夷邺传》,墨海金壶本,第6页。

阻说:"移孝为忠,臣子之常。况权重身危,而辄罢所执。何异太阿倒持,柄不在我矣!"①李昪闻言大悟,奔丧之议遂止。李昪即位以后,宋氏"左右裨赞,多所宏益",很受李昪爱重,但亦不过进言而已。及李昪卒,大臣欲奉其临朝听政,李夷邺固执不可,宋氏亦曰:"此武后故事,吾岂为之!"②李璟即位以后,每入宫朝觐,宋氏唯劳其良苦而已,无一言及于国政。又常说:"妇人预外事,非国之福也。"③

夫人种氏,名时光,系李昪即位以后所纳。种氏幼警悟,通书计,美姿容。常靓妆去饰,而态度闲雅,宛若神仙。入宫之后,颇受李昪宠爱。一日,李昪见李璟亲理乐器,痛加斥责。种氏负宠,乘机劝李昪废黜李璟,另立种氏之子李景遏为太子。结果,李昪大怒,骂道:"子之过,父戒之,常理也。国家大计,女子何预!"④命内臣捽其下殿,除去簪珥,幽于别宫。数月之后,命削发为尼。

至于外戚辅政,更为李昪所明令禁止。为了防微杜渐,南唐外戚往往不得高位。元敬皇后之侄宋谔,就因为是国戚的缘故,仅仅官至参军。因此,旧史在评论南唐政治时,特别指出,李昪"不以外戚辅政,宦者不得预事,皆他国所不及也"⑤。

① (宋)马令《马氏南唐书》卷六《元恭宋后传》,墨海金壶本,第1页。
② (清)吴任臣《十国春秋》卷十八《南唐四·元敬皇后宋氏传》,中华书局1983年版,第262页。
③ (宋)马令《马氏南唐书》卷六《元恭宋后传》,墨海金壶本,第1页。
④ (宋)马令《马氏南唐书》卷六《种氏传》,墨海金壶本,第2页。
⑤ 《资治通鉴》卷二八二《后晋纪三》,高祖天福四年正月,中华书局1956年版,第9198页。

三 缩小相权

在中国古代专制政治体制之中，官僚集团既不可缺少，又最受君主的疑忌。名义上，官僚集团与君主有肱股之义，舟楫之情，但在实际上，君臣之间尔虞我诈，"上下一日百战"。问题在于，君主专制，帝王独尊，但独尊并不意味着独治。君主必须依靠这些"治具"才能统治天下，同时，君主又必须防范这些"治具"扩大势力，危及自己的地位。千百年来，形形色色的学者为君主控制臣下发明了各种各样的理论。不过，尽管这些理论各有千秋，却并不能从根本上解决君臣之间的矛盾。这种矛盾来源于专制政治，只要专制政治存在，矛盾就会以不同的形式表现出来。令人遗憾的是，随着历史的发展，专制政治日益强化，君臣之间的矛盾不仅没有消融，反而更加尖锐。君主不断地把权力集中在自己的手中，臣下的权力不断地被削夺，但是，臣下篡窃、攘夺帝位之事仍然时有发生。

唐代是中国古代政治由中央集权转向君主集权的关键阶段。唐代统治者总结了前代的经验与教训，完善了三省六部之制。三省六部之制当然有许多优点，但其宗旨，却在于分割臣下的事权，尤其是把决策、审核、执行三权分割开来，在很大程度上避免了宰相权力过重所造成的危险。不过，三省六部之制对相权的分割只是一个开端，这一过程还远远没有结束。

李昪以吴相的身份夺政代吴，因此，特别疑惧宰相权重。即位以后，处心积虑，对宰相加以防范。李昪采取的措施，一是不使宰相在位时间过久，以防其形成个人势力，尾大不掉，对皇权构成威胁。

例如右仆射兼中书侍郎、同平章事李建勋,既曾力赞李昪篡吴,名列开国功臣,又与李昪有姻亲关系。但为相日久,李昪同样不放心,终于找了一个借口,将其罢归私第。与李建勋同时为相的宋齐丘,更是几上几下,不能长期执政。

二是分割宰相的权力。五代之乱,诸国之君为了加强对中央政权的控制,大多另设枢密院,置使以掌机务。枢密使职权极重,而三省六部往往形同虚设。史载:"枢密使之名起于唐,本以宦者为之,盖内诸司之贵者耳,五代始以士大夫居其职,遂与宰相等。"①南唐枢密院在烈祖时期隶于门下省,后主时曾改名光政院。保大年间,江文蔚上疏指陈枢密副使魏岑之过,有"征讨之柄,在岑折简;帑藏取与,系岑一言"之语,可见枢密使权势之一斑②。及后主时期,"机务归枢密院"③,宰相不过备位而已。军事、财政之权归枢密院,已足以使宰相名存实亡,除此之外,南唐统治者还适应临时需要,设置一些特殊机构以处理机要政务。如元宗初,"特置宣政院于内庭,命(常)梦锡专掌"④。至后主时,又有澄心堂。澄心堂源于何时,史籍记载不一。《唐余纪传》云:"后主于清辉殿后别辟一院,创澄心堂。"但《江表志》载:"(元宗李璟迁都豫章以后)上每北顾,忽忽不乐。澄心堂承旨秦裕藏多引屏风障之。"如此,则元宗时已有澄心堂之设置。又据《后山谈丛》:"澄心堂,南唐烈祖节度金陵之宴居也。世以为元宗书殿,误矣。赵内翰彦若家有澄心堂书目,才三千余卷,

---

① (宋)洪迈《容斋三笔》卷四《枢密称呼》,津逮秘书本,第1页。
② (清)吴任臣《十国春秋》卷二十五《南唐十一·江文蔚传》,中华书局1983年版,第352页。
③ (宋)马令《马氏南唐书》卷十《严续传》,墨海金壶本,第3页。
④ (宋)马令《马氏南唐书》卷十《常梦锡传》,墨海金壶本,第2页。

有建业文房之印。"由此观之,澄心堂原系烈祖书殿,元宗因之,但并非政治机关,至后主时,始掌机务大权。史载:

> 北苑水心西有清辉殿,署学士事。太子少傅徐邈、太子太保、文安郡公徐游别置一院于后,谓之澄心堂。以皇侄元梀、元机、元榆、元枢为员外郎及秘书郎,皆在其内出入。内庭密画中旨,多出其间,中书密院,皆同散地。用兵之际,降御札移易兵士,密院不知。皇甫继勋伏诛之后,夜出万人斫寨,招讨分兵署字,不知何往,皆出澄心堂。直承宣命者,谓之澄心堂承旨。①

这些机构的设置,对加强皇权,确有效果。然而,机构重叠,政出多门之弊则难以避免。此种倾向,在烈祖时期已见端绪。当时,枢密使之上,又置"诸道兵马元帅"统辖军队,此职仅仅委任宗室,既可防宰臣身兼将相,又可止枢密使专兵跋扈,用心可谓良苦。但将帅受制,临战则难免败绩。

最后,为了防止宰相专权,李昇还采取大权独揽、事必躬亲的办法,以加强对朝政的控制。史载:

> 烈祖日于勤政殿视政,有言事者,虽徒隶必引见。善揣物情,人不能隐;千里之外,如在目前。②

值得注意的是,君主独揽朝政,固可防止宰相专权,但同时也带

---

① （宋）郑文宝《江表志》卷下,墨海金壶本,第2—3页。
② （宋）陈彭年《江南别录》,墨海金壶本,第6页。

来了许多消极影响。一方面,君主事必躬亲,则时政不免疏漏;另一方面,宰相无权,则形同虚设。李昪时期的宰相,如宋齐丘、李建勋、徐玠,在吴国政坛中都曾是风云人物,但在南唐得国之后,却无引人注意的政绩可言。其中自然有许多原委,但李昪对他们的限制,无疑是一个最重要的因素。

四 削弱藩镇

藩镇割据,是安史之乱以后唐代的主要政治问题之一。五代十国时期的分裂局面,从某种意义上来说,是藩镇割据局面的进一步扩大,当时存在的各割据政权,往往本身就是唐末藩镇的延续。藩镇割据局面的出现,从本质上来说,是国内各地区之间缺乏凝聚的基础;至于其具体原因,则是中央朝廷对地方军队控制不力。藩镇割据不仅导致了唐王朝的灭亡,而且留下了一种传统。如后晋成德节度使安重荣,见后唐废帝、后晋高祖诸人皆自藩镇得国,野心大起,发议论说:"天子宁有种耶? 兵强马壮者为之尔!"①从某种程度上来说,这种恃兵自重、蔑视皇权的心理状态,是国家安定、统一的巨大障碍。

对李昪来说,唐亡之鉴非远,而吴国大藩田頵、王茂章、李遇之乱,又为其亲眼所见。故即位以后,着意削弱藩镇势力,以求维持国家的稳定。

李昪削弱藩镇,主要有以下几个方面的措施:

---

① 《新五代史》卷五十一《安重荣传》,中华书局 1974 年版,第 583 页。

第一，限制藩镇规模。唐代节度使坐大，条件之一是兼领数州，形成自己的独立地盘，有能力与中央政府抗衡、周旋。南唐藩镇，除特殊情况，如发生战争，或宗室出镇而兼领别州以外，皆以一州为限。查《马氏南唐书》之建国谱，可以清楚地看出这一点。这一政策，贯彻南唐始终。其间并非毫无波折，但南唐统治者对此十分注意，使地方节镇无可乘之机。史载：

> 寿州姚景死，(定远军节度使、濠州刘)崇俊重赂权要，求兼领寿州。元宗佯不认其意，乃移镇寿州。而使楚州刺史刘彦贞驰入濠州代之。崇俊自悼失计，卒年四十。①

第二，限制节度使在镇时间。唐代节度使之任期，无明确限制。多者达十几年、数十年，或老死被杀，或父死子继，亲党胶固，中央政府难以插手。南唐节度使则移易频繁，在一镇任职，时间一般不超过四年，以二三年最为普遍。据现存记载统计，庐州保信军、虔州百胜军、池州康化军、润州镇海军、江州奉化军、宣州宁国军、洪州镇南军、寿州清淮军、抚州昭武军、鄂州武清军、濠州定远军等十一个重要节镇的节度使在烈祖及元宗时期共移易五十八次。除四次具体时间无考外，其余五十四例中，节度使在镇时间可确定、或大体可确定为四年以下者有三十九例，占总数百分之七十二点二；其余四年以上者十五例，占百分之二十七点八。在镇四年以上者，一般说来，情况都比较特殊。如润州李弘冀、抚州李景达，皆系南唐宗室；其余寿州刘彦贞、庐州王崇文、周邺，鄂州王舆、刘仁赡，皆系杨氏旧臣及

---

① (宋)马令《马氏南唐书》卷十一《刘崇俊传》，墨海金壶本，第5页。

其后代,是李昪加意安抚的对象。后主李煜时期,节镇移易情况不详,但现存文献中,仍载有十数次①。

第三,限制节度使特权。唐代节度使拥有许多特权,所谓:"官爵、甲兵、租赋、刑杀皆自专之。"②甚至节度使的更替、僚属的委派亦自行其是。南唐节度使虽然可行使地方官之职权,但唐代节度使所拥有的种种特权,则已削夺殆尽。

南唐对节度使经济、司法权的限制,文献中没有正面记载。但从一些侧面情况中,我们仍可推知其大概。在经济方面,南唐节度使贪残之例并不少见。如鄂州张宣、寿州刘崇俊、刘彦贞,横征暴敛,苛政如虎。但这都属于非法行为,故不免受到纠劾。而对于中央财政征收,节度使绝不敢怠慢。如保大年间,连岁出师,楚州当供亿之地,节度使何敬洙悉力经营,善加安排,而"民不知劳"③;又如建武军使陈守忠,在镇期间,"漕运有程","民不知扰而事集"④。因此,我们在文献中见不到南唐节度使有专一方财赋的现象。在司法方面,南唐节度使既然可以行使地方官之职任,自然有司法之权。但重大案,须呈中央政府批复,"凡决死刑,用三覆五奏之法"⑤。当事人又可直接向中央政府申诉,节度使的司法权实际上也就很有限了。

南唐统治者对节度使权力的限制,主要在行政方面。唐代藩镇,州县官之委任、幕僚之辟署皆由自专。南唐节度使则相形见绌。

① 参见清木场东《吴·南唐地方行政的变迁及特征》,《东洋学报》五十六卷。
② 《资治通鉴》卷二二五《唐纪四十一》,代宗大历十二年十二月,中华书局 1956年,第7250页。
③ (宋)马令《马氏南唐书》卷十一《何敬洙传》,墨海金壶本,第4页。
④ (清)谢旻等修《江西通志》卷六十二,四库全书本,第515册第181页。
⑤ (宋)释文莹《玉壶清话》卷九《李先主传》,知不足斋丛书本,第6页。

南唐州、县官吏皆由中央直接派遣,节度使无权过问。至于节度使的幕僚,也由中央委派。少数情况下,也有节度使自辟幕僚之例,如永新人李续,"尝读书庐山,学成,游建业。会宋师南攻丹阳,润州节度使卢绛辟掌书记"①。又如奉新人罗仁节、罗仁俭,"兄弟以理学教授乡里,筑精舍梧桐山下,学者益众。李氏有江南,国相郡守交辟,不能致"②。

值得注意的是,南唐监军使对节帅的限制。南唐禁止宦官预政,监军之职委用文臣。大小军镇一般皆有监军使,及命将出征,监军使更为不可缺少之职,甚至宗室出师,亦派监军使从行。保大末年,周师攻淮南,齐王李景达以兵马元帅临边御敌,陈觉为监军使。韩熙载上言谏曰:"出师,大事也,当先正名。莫信于亲王,莫重于元帅,安用监军使哉!"③元宗不从,而"军政皆决于觉,景达署牍尾而已。"④从中可见监军使的权势及其对节帅的牵制。

通过上述措施,南唐藩镇势力受到极大限制,节度使实际上成为一种行政官僚,与中央政府对抗的可能性就极其微小了。

五　整顿吏治

五代时君暴臣贪,吏治极坏。造成这种现象的原因主要有两个:

---

① (清)谢旻等修《江西通志》卷七十五,四库全书本,第515册第572页。
② (清)谢旻等修《江西通志》卷六十六,四库全书本,第515册第301页。
③ (宋)陆游《陆氏南唐书》卷十二《韩熙载传》,秘册汇函本,第268页。
④ (宋)陆游《陆氏南唐书》卷十六《李景达传》,秘册汇函本,第367页。

一是武人专政，以马上得天下，又以马上治之，对吏治的好坏不甚留意，以致上下之情不通，政治日趋黑暗。

二是任官不权轻重。为县令者，往往是曹掾簿尉龌龊无能、或昏聩老迈不堪军中驱策之辈，所以天下州县，率皆不治；甚者诛求刻剥、劣迹万状。因此，当时优诨之言，多以长官为笑料。至于民受其害，不言自明。

李昪幼孤流落，知民疾苦，得国之后，对地方吏治颇为重视，其所行事，亦颇具实效。

首先，注意改变武人用事的局面，大力选用文士。这一措施，从李昪辅吴之际就已逐渐推行。升元六年（942），李昪下诏，大规模举用儒者。诏书云：

> 前朝失御，强梗崛起。大者帝、小者王。不以兵戈，利势弗成；不以杀戮，威武弗行。民受其弊，盖有年也。或有意于息民者，尚以武人用事，不能宣流德化。其宿学巨儒、察民之故者，崰岩之下，往往有之。彼无路光亨，而进以拊伛为嫌，退以清宁为乐，则上下之情，将何以通？简易之政，将何所议乎？昔汉世祖数年之间，被坚执锐，提戈斩馘，一日晏然，而兵革之事，虽父子之亲，不以一言及之，则兵为民患，其来尚矣！今唐祚中兴，与汉颇同，而眇眇之身，坐制元元之上，思所以举而错之者，茕茕在疚，固有所发。三事大夫，可不务乎？自今宜举用儒者，以补不逮。①

———————

① 《全唐文》卷一二八，南唐先主李昪《举用儒吏诏》，中华书局 1983 年版，第1279 页。

从诏文内容来分析,李昪对武人用事所造成的危害确有较深刻的认识,所以才会把重用文士作为南唐的一项基本国策。这在五代十国时期武人专权跋扈的形势下,是一个十分突出的现象。

其次,重视地方官的任命。李昪时期任命的地方官吏,如寿州刺史姚景,到任以后,立即罢除苛捐杂贡,居常则"刜衣弊冠,漠然古风"。初至州衙,署吏询问家讳,姚景在纸上大书三字曰:"讳赃吏。"于是"属吏拱手,稍知廉隅"①。又如禾川县令周彬,"为政廉平,乡里率化。有争讼者,以理和解之。秩满,邑人诣郡乞留,连任七考"②。再如天长县令江梦孙,"其治以简易仁恕为事,邑人大悦"③。当然,南唐地方官中也不乏贪黩之辈,但是,与同时并存的北方小朝廷与南方其他割据政权相比,究竟要有一点起色。

最后,惩治贪赃。史载,泰州刺史褚仁规,治郡"掊克无度,率入私门,驱掠妇女,刑法横滥"④。所行恶政,不可缕举。州民请文人作诗,云:"多求囊白昧苍苍,兼取人间第一黄。"⑤诗中黄白二字,隐喻金银,到都城金陵四处张贴,揭露褚仁规的贪赃。李昪查明实情之后,立即将其免职赐死。这一举动,当然有杀一儆百之效。不过,由于李昪得国的特殊情况,对当地土著势力不敢大动杀伐,因此,上述例子并不多见。

在南唐地方行政的运作过程中,通判一职的设置是一个值得研究的现象。

---

① (宋)马令《马氏南唐书》卷十八《姚景传》,墨海金壶本,第2页。
② (宋)马令《马氏南唐书》卷十四《周彬传》,墨海金壶本,第5页。
③ (宋)马令《马氏南唐书》卷十五《江梦孙传》,墨海金壶本,第1页。
④ (宋)释文莹《玉壶清话》卷九,知不足斋丛书本,第8页。
⑤ (宋)陶谷《清异录》卷六十一,说郛本,第5页。

南唐地方行政,仍为州县二级。州县长官皆由中央指派,此外,又有通判一职,对州县行政进行干预。通判设置的具体时间不详,但据现存资料,至少在元宗时期已有此职,建、蕲、吉、歙、宣、池、袁、升、江等州,皆有通判的踪迹。通判之职权,如赵宣辅为建州观察推官、通判军府事:

> 会越人窥边,使间诱建民,将以为乱。君廉得其实,尽案诛之。(及)庐陵群盗充斥,州兵不能制。上忧之,亟命君为奉化军节度判官,判吉州事。①

又如张易:

> 元宗立,以水部员外郎通判歙州……(刺史朱匡业)见易加敬,不敢复使酒,郡事亦赖以济……(后)出为宣歙招谕使,判宣州。前刺史方筑州城,役徒数万,(易)一切罢遣之。②

又如周廷煜:

> 以本官判江宁府事。其间,监诸侯之典者十,通四方之命者三,摄州府之政者六,按枉挠之狱者四,或敷惠于新附之俗,或投身于危乱之地。本于忠而后动,忘其生而后存,元宗

---

① (宋)徐铉《徐公文集》卷十五《唐故奉化军节度判官赵君墓志铭》,四部丛刊本,第110—111页。

② (宋)陆游《陆氏南唐书》卷十三《张易传》,秘册汇函本,第296—298页。

嘉之。①

　　由此观之,南唐通判权力相当广泛,对地方官有很大的牵制作用,是统治者加强对地方行政的控制的一项有效措施。

六　修订律令

　　唐末大乱,法纪荡然无存。大唐帝国成文律令虽仍被各割据政权所沿用,但往往徒具虚名。这种情况,是五代政治黑暗、社会动荡不安的重要因素之一。当然,专制政治之下,君主凌驾于法律之上,往往使法律的实施难以达到所标榜的公允,从而大大降低其权威性。至于贪官污吏徇私枉法,而民众无由对法律实施进行有效监督,更是法律难以深入人心的重要原因。不过,有毕竟胜于无,倘遇明君在上,政治清明,有法可依,则下民之福,又何止免于饥寒而已。

　　南唐建国以后,李昪立即着手修订律令。升元三年(939),李昪"命有司作《升元格》"②,作为百官的施政法规。升元六年(942),李昪又下诏颁布了《升元删定条》,用来约束百姓。《升元删定条》自李昪即位之初下令编修,前后用了五六年的时间。全文共三十卷,体例基本仿《唐律》。《升元格》与《升元删定条》原文均已亡佚,详细内容不得而知。据文献记载:

――――――――――

① (宋)徐铉《徐公文集》卷十五《唐故筠州刺史周君墓志铭》,四部丛刊本,第108―109页。

② (宋)陆游《陆氏南唐书》卷一《烈祖本纪》,秘册汇函本,第15页。

先主自为吴相,兴利除害,变更旧法甚多,及即位,命法官及尚书删定为《升元条》三十卷,至是行之。①

从引文中可以推知,南唐格令与唐代格令相比,必然多有变更删改,以适应变化了的社会现实。

此外,为了克服五代刑法苛酷之弊,南唐还恢复了"三覆五奏"的司法程序。史云:

时天下罹乱,刑狱无典,因是凡决死刑,方用三覆五奏之法,民始知有邦宪,物情归之。②

对于法外施刑的官员,南唐统治者还是能够及时治罪的。史载:

（鄂州节度使张）宣以边功自恃,强横不法。鄂市寒雪,有民斗于炭肆者,捕而诘之,乃市炭一秤,权衡颇轻。使秤之,果然。宣斩鬻炭者,取其首与炭悬于市。主闻之,叹曰:小人衡斛为欺,古今皆然,宣置刑太过。尽夺官。③

当然,南唐法令中仍有其苛酷之处,在具体执行过程中更不会尽善尽美。据载:

---

① （清）吴任臣《十国春秋》卷十五《南唐一·烈祖本纪》,中华书局1983年版,第199页。
② （宋）释文莹《玉壶清话》卷九《李先主传》,知不足斋丛书本,第6页。
③ （宋）释文莹《玉壶清话》卷九《李先主传》,知不足斋丛书本,第6页。

　　《升元格》：盗物直三缗者处极法。庐陵村落间有豪民，暑雨初霁，曝衣箧于庭中，失新洁衾服不少许。计其资直，不下数十千。居僻远，人罕经行，唯一贫人邻垣而已。周访踪状，必为邻人盗之，乃诉于邑。邑白郡，郡命吏按验，归罪于贫人，诈服为盗。诘其赃，即言散鬻于市，盖不胜捶掠也。赴法之日，冤声动人。长吏察其词色，似非盗者，未即刑戮，遂具案闻于朝廷。烈祖命员外郎萧俨覆之。俨持法明辩，甚有理声。受命之日，乃绝荤茹，斋戒理棹，冥祷神祇，昼夜兼行，伫雪冤枉。至郡之日，索案详约始末，迄无他状。俨是夕复焚香于庭，稽首冥祷，愿降微戒，将行大辟。翌日，天气融和，忽有雷雨自西北起，至失物之家，震死一牛。尽剖其腹，腹中得所失衣物，乃是为牛所啖，犹未消溃，遂赦贫民。①

　　从这一案例中，我们可以看出，尽管南唐法律程序较为完备，但事实上仍不免有因为“不胜捶掠”而含冤的贫民。至于“三覆五奏”之法，在此案中显然没有实行的迹象。倘非长吏有心，冤案又何以昭雪。这是我们在肯定南唐格令的积极意义时不应忽视的一个问题。

---

① （宋）郑文宝《南唐近事》，宝颜堂秘笈本，第 12—13 页。

第三章　烈祖李昇的经济举措及其成就

　　五代十国时期,中国社会经济发展的总趋势是南方优于北方。从南方的情况来看,江淮一带又是发展速度较快的地区之一。特别是长江以南一带,即唐代的江南西道、宋代的江南东、西二路,由落后一跃而为先进,引人注目。

　　江淮地区经济的开发,在唐代已经取得相当显著的成就,但是,在各地区之间缺乏凝聚基础、大一统王朝的统治者必须优先发展中心区域以便对其他地区实施控制的形势之下,江淮作为非中心区域,其经济的正常发展很难得到保障。唐代后期,江淮地区成为中央财政收入的主要来源,统治者开始重视当地经济的发展。但是,与这种重视并存的是竭泽而渔的搜刮,其结果是这一地区仍然缺乏发展的后劲。五代分裂,江淮地区得以摆脱大一统时期的种种限制,独立自主地发展当地的经济,加之南唐统治者采取了一些行之有效的措施,从而使江淮地区的经济获得了前所未有的进步。

一　与民休息

　　唐末大乱,天下血战数十年,江淮地区的社会经济遭到巨大的破坏。特别是淮南一带，情况严重。例如唐光启三年（887），杨行密攻扬州，围城凡半载，与秦彦、毕师铎大小数十战：

> 城内无食，米斗直钱五十缗，草根木实都尽，以堇泥为饼食之，饿死者过半。宣军多掠人诣肆售之，或夫妇父子自牵系就屠门相鬻，屠者辄刳剔如羊豕然。①

及杨行密攻克扬州，城中遗民才数百家，"饥羸非复人状"，其惨象令人不忍卒读。杨行密控制江淮以后，为了维持其政治统治，采取了一些措施，恢复生产，并且收到了一定的效果。但是，由于频年战争以及其他一些原因，这一时期中，江淮地区的经济状况虽比唐末有所好转，却仍然处于较低的水平。

南唐得国，大规模的战争已经基本结束，各割据政权之间处于相对均衡状态，进一步的互相吞并实际上已经不可能。特别是南唐政权刚刚建立，亟需稳定内部，因此竭力奉行保境安民政策。除了上述原因之外，李昪个人的经历，对于这一政策的施行，也有相当重要的影响。

李昪少孤流落，生长兵间，对战争导致经济残破、民生痛苦深有感触，常说：

> 百姓皆父母所生，安用争城广地，使之肝脑异处、膏涂草野！②

---

① （清）吴任臣《十国春秋》卷一《吴一·太祖世家》，中华书局1983年版，第4页。

② （宋）史虚白《钓矶立谈》，知不足斋丛书本，第7页。

史载：

自黄巢犯长安以来，天下血战数十年，然后诸国各有分土，兵革稍息。及唐主即位，江、淮比年丰稔，兵食有余，群臣争言："陛下中兴，今北方多难，宜出兵恢复旧疆。"唐主曰："吾少长军旅，见兵之为民害深矣，不忍复言。使彼民安，则吾民亦安矣，又何求焉！"①

因此，从李昪于吴末执政以来，即休兵罢战，敦睦邻国，致力于创造一个和平的环境，以致于"仅将一纪，才一拒越师"②；及南唐得国，更是"在位七年，兵不妄动"③：

及受禅年，两江土宇，比诸侯最广，兵力雄盛，气可以吞噬，谋臣桀将，方有建立功名之意。一日内宴，中坐有诏曰：知足不辱，道祖之至戒；革廓则裂，前哲之元龟。予嘉与一二卿士大夫，共服斯箴，讨伐之议，愿勿复关白也。其后，钱塘大火，宫室器械，为之一空。宋齐丘乘间进言曰：夫越与我，唇齿之国也。我有大施而越人背之。虔刘我边陲，污浊我原泉，股不附髀，终非我用。今天实弃之，我师晨出而暮践其庭。愿勿失机，为后世忧。烈祖愀然久之，曰：疆域虽分，生齿理一；人各为主，其心未离。横生屠戮，朕所弗忍。且救灾睦邻，治古之道。朕誓以

① 《资治通鉴》卷二八二《后晋纪三》，高祖天福六年四月，中华书局1956年版，第9221—9222页。
② （宋）史虚白《钓矶立谈》，知不足斋丛书本，第7页。
③ （宋）陆游《陆氏南唐书》卷一《烈祖本纪》，秘册汇函本，第21页。

后世子孙付之于天,不愿以力营也。大司徒其勿复以为言。于是特命行人,厚遗之金粟缯绮,盖车相望于道焉。[①]

"不以力营"究竟是否李昪的本意以及究竟是否有条件"力营",这是另外一个问题,这里姑置弗论。但在事实上,李昪的这种做法,不仅缓和了长期以来吴国与吴越之间的紧张关系,而且对其他相邻的各割据政权,也表示了一个友善的态度,使南唐在一个时期之内,与邻国大体上保持了正常的关系,"男不失秉耒,女无废机织",为经济的发展提供了最基本的条件。

二 召纳流亡

人口增加,是南唐社会经济发展的另一重要原因。在中国古代社会中,人口的大幅度增加,既是经济发展的有利条件,又是经济发展的重要标志。特别是对长江以南地广人稀、经济落后的地区,意义尤为重大。

唐末大乱,北方战事连年,人口大批南迁。南唐建立以后,抓紧时机,在招纳流散人口方面,做了大量的工作。升元三年(939),李昪下诏安置流亡,诏云:

> 比者干戈相接,人无定主。地易而弗艺、桑陨而弗蚕。衣食日耗,朕甚悯之。其向风面内者,有司计口给食;愿耕植者,

---

① (宋)史虚白《钓矶立谈》,知不足斋丛书本,第7—8页。

授之土田,仍复三岁租役。①

这一政策,在元宗、后主时期,仍然得到坚持。如保大年间,陆昭符为常州刺史。常州当吴越之冲,兵火之后,城邑荒虚,户不满千数。陆昭符为政宽简,"招纳散亡,未几,户口蕃庶如初"②。说明这一措施确实有效。

此外,为了增加政府直接控制的户口,李昇还对买卖奴婢进行限制。史载:

> 自烈祖相吴,禁压良为贱,令买奴婢者通官作券。冯延己及弟礼部员外郎延鲁,俱在元帅府,草遗诏听民卖男女,意欲自买姬妾,萧俨驳曰:"此必延己等所为,非大行之命也。昔延鲁为东都判官,已有此请;先帝访臣,臣对曰:'陛下昔为吴相,民有鬻男女者,为出府金,赎而归之,故远近归心。今即位而反之,使贫人之子为富人厮役,可乎?'先帝以为然,将治延鲁罪。臣以为延鲁愚,无足责。先帝斜封延鲁章,抹三笔,持入宫。请求诸宫中,必尚在。"齐王(李璟)命取先帝时留中章奏千余道,皆斜封一抹,果得延鲁疏。③

李昇这一政策,在五代蓄奴之风甚盛的形势下,确有其特殊的进步意义。遗憾的是,这一政策没有坚持始终。虽萧俨竭力反对,

---

① (宋)马令《马氏南唐书》卷一《先主书》,墨海金壶本,第4页。
② (宋)马令《马氏南唐书》卷二十二《陆昭符传》,墨海金壶本,第7页。
③ 《资治通鉴》卷二八三《后晋纪四》,齐王天福八年二月,中华书局1956年版,第9246页。

但遗诏已经颁布,无法挽回。值得一提的是,保大年间,南唐攻取建州,俘获了大批人口。宰相李建勋奏请"官出金帛赎俘掠还其家,见听"①。这对东闽一带的经济发展,当不无助力。

有利的形势与适宜的政策,使江淮地区的人口增加很快。把《元和郡县志》与《太平寰宇记》作一粗略比较,我们就可以从中发现这一时期江淮地区人口增加的大概趋势。

唐开元年间是中国古代人口增殖的高峰时期之一。安史之乱以后,北方人口大量南迁。但元和年间,江淮大部地区户口数比开元时期还是有所下降。程度最严重者为泗、黄、光三州。泗州开元户数为三万七千五百二十六,元和户数为四千零五十,下降百分之八十九点三;黄州开元户为一万三千零七十三,元和户为五千零五十四,下降百分之六十一点三;光州开元户为二万九千六百九十五,元和户为一千九百九十,下降程度几达百分之百。其余汀、泉、宣、歙、润、常、安、蕲诸州大致下降百分之五十;虔、漳、建、袁、江诸州也有不同程度的下降。而元和户数比开元户数有明显增长的不过洪、鄂、饶、吉四州而已。及至宋初,原属南唐境内的上述地区,户口数大部分超过了开元时期。增长速度最快的是漳、汀、泉、建、南剑五州及兴化、邵武二军。这一地区开元户数总计为八万四千一百三十八,元和中降为五万八千零九十四,宋初则为三十七万三千三百四十五,比开元时期增长百分之三百三十九,比元和时期增长百分之五百四十七②。

——————

① (清)吴任臣《十国春秋》卷二十一《南唐七·李建勋传》,中华书局1983年版,第302页。
② 泉州德化县、南剑州尤溪县原隶福州。其每县平均户数:开元为一千一百零七,元和为一千九百四十六。以上述平均数分别加入泉、南剑二州之开元、元和户数中为计。

抚、庐、虔、饶等州分别比开元户增长百分之一百至二百;其他大部分州郡户数有明显增长。较差的黄、海、常、和、安、光、鄂七州,宋初户数一般相当于开元户的百分之六十至七十,但与元和户相比,还是有较大幅度的增长。例如光州元和户为一千九百九十,宋初达到一万八千五百八十一,增加了八倍半;黄州元和户为五千零五十四,宋初为一万零九百五十一,增加一倍有余。

这一时期江淮地区人口的增加,大大改变了中国古代社会的人口布局。唐代及唐代以前,中国人口以中原地区最为密集。天宝年间,全国每平方公里平均人数为十三点八,其中都畿道为五十八点七,居全国第一位;河北道为五十六点七六,居第二位;京畿道为四十六点四一,居第三位;河南道为三十八点二,居第四位。而后来大部属于南唐的江南西道则为十一点三五,处于全国平均数以下。及北宋崇宁年间,全国每平方公里平均人数为十八点一,其中大致相当于唐代江南西道的江南东、西二路,前者为二十四点九,后者为二十七点七,都超过了全国平均数,跃居二十四路(府)之前列,中原地区则失去了原来的地位①。

具体说来,唐天宝年间,全国总户数为八百九十七万,南方约近三百七十万,占总数百分之四十;其中南唐境内户数为一百三十八万,占总数百分之十五,占南方户数百分之三十七。及至宋初,全国总户数为六百五十万,其中南方为三百七十万,占总数百分之五十七;而南唐境内户数即达一百七十万,约占全国户数四分之一,约占南方户数二分之一。

---

① 参见《中国历代户口、田地、田赋统计》,上海人民出版社 1980 年版,第 114 页、164 页。

由于资料所限,我们难以用切近的数字对南唐时期人口的增加进行精确的统计,上述所及,只不过是一个大概趋势而已。但是,从中仍可看出,唐宋之际,江淮地区人口增加的速度尤为迅猛,绝非偶然现象。

三　发展农业

民以食为天,国以农为本,这是中国古代社会的基本特色。但是,中国古代的农业生产并非一帆风顺,真正的盛世景象,很难长久维持。其中的原因,除自然条件的限制、经济体制的弊病以外,统治者政策的失误,尤其值得研究。

南唐得国,境内平和、人口蕃庶,为农业经济的发展提供了条件。以此为基础,南唐统治者又采取了一些行之有效的措施,刺激境内农业生产的发展。

五代十国政权更迭频繁,赋税征收多无定制。百姓负担过重,往往流移。此类事例极多,如楚王马希范,重税刻剥境内百姓,"每遣使者行田,专以增顷亩为功,民不胜租赋而逃",马希范居然说:"但今田在,何忧无谷!"[1]至于地方官吏勒索肥私,更是史不绝书。李昪辅吴之际,曾采用宋齐丘的建议,蠲除丁口钱,其余赋税,一律折交绢帛而虚抬市价。这一措施对调动生产积极性确有实效,但毕竟是一种临时性的对策。南唐得国以后,形势逐渐稳定,这种办法便不再适用。

---

[1]《资治通鉴》卷二八三《后晋纪四》,齐王天福八年十二月,中华书局 1956 年版,第 9259 页。

升元五年(941),李昪"分遣使者按行民田,以肥瘠定其税"①,又"田每十亩,蠲一亩半,以充瘠薄"②。此后,"江、淮调兵兴役及他赋敛,皆以税钱为率","民间称其平允"③。虽然这些规定在具体施行过程中未必那样"平允",尤其是实物改为现缗,中间环节既多,刻剥势所难免,但有章可循,毕竟是一种进步。

为了调动百姓垦田植桑的积极性,李昪还采取一些特殊措施,进行鼓励。升元三年(939),李昪下诏劝农,规定:

> 民三年艺桑及三千本者,赐帛五十匹,每丁垦田及八十亩者,赐钱二万,皆五年勿收租税。④

与此同时,政府亦在各地大辟旷土,发展屯田。这些措施对扩大耕地面积,发展粮食及经济作物的种植,起到了重要作用。

水利与南方农业经济关系密切,南唐统治者对此十分重视。南唐时期,境内原有水利设施得到了妥善的维护和利用,对一些水利设施还进行了改造工作,以扩大其经济效益。如升元年间,吕延贞为丹阳令,"开浚练湖,作斗门,民赖其利"⑤。宣州大农陂,"溉田千顷",南唐时增筑了石堰,"开荒埭数百亩"⑥。又有陈承昭,升元中

---

① 《资治通鉴》卷二八二《后晋纪三》,高祖天福六年十一月,中华书局1956年版,第9230页。

② (宋)宋敏求《春明退朝录》卷下,百川学海本,第4页。

③ 《资治通鉴》卷二八二《后晋纪三》,高祖天福六年十一月,中华书局1956年版,第9230页。

④ (清)吴任臣《十国春秋》卷十五《南唐一·烈祖本纪》,中华书局1983年版,第194页。

⑤ (清)凌焯《丹阳县志》卷十六《名宦》,民国刻本,第2页。

⑥ (清)赵弘恩等《江南通志》卷六十六,四库全书本,第508册846页。

为高安令，"浚沟洫，百废具举"①。元宗时期，计划在楚州修凿白水塘，虽然没有成功，但境内湮废的陂塘却得以修复。此外，南唐还开凿了一些新的水利工程。如齐王李景达镇临川，开凿南湖，"延广数百亩，资灌溉之利"②；卢绛屯兵武宁，"筑磨源陂，灌田万余亩，民德之"③；经常泛滥的淮河在这一时期中也得到修治。

小农经济易受天灾破坏，政府的救荒措施必不可少。南唐统治者对此也给予了充分的注意。升元三年（939），境内大旱。次年春，李昪下诏，停罢营造力役，使"毋妨农事"。升元五年（941），黄州发生旱灾，李昪下诏遣使赈贷当地"旱伤户口"。升元六年（942），"大蝗自淮北蔽空而至"，李昪"命州县捕蝗，瘗之"④。烈祖时期，江淮地区无大灾害，仅有的几次，都得到较为妥善的处置。

适宜的政策与措施首先使南唐的农业经济获得了迅速的发展。吴顺义年间，荆南高季兴对后唐庄宗之问，还以"江南国贫、地狭、民少，得之恐无益"，不若"蜀国地富、民饶，获之可建大利"之言⑤，比至南唐，江淮地区已经是户口蕃庶、耕绩岁滋，比年丰稔，兵食有余，"比同时割据诸国，地大力强，人材众多，且据长江之险，隐然大邦也"⑥。

这一时期江淮地区农业经济的发展，不仅大大增强了南唐的经济实力，而且对宋代农业经济产生了重要影响。以粮食产量的增加

① （清）谢旻等修《江西通志》卷六十，四库全书本，第 515 册第 101 页。
② （清）谢旻等修《江西通志》卷十五，四库全书本，第 513 册第 505 页。
③ （清）谢旻等修《江西通志》卷一百八，四库全书本，第 516 册第 568 页。
④ （清）吴任臣《十国春秋》卷十五《南唐一·烈祖本纪》，中华书局 1983 年版，第 199 页。
⑤ （宋）周羽翀《三楚新录》卷三，墨海金壶本，第 2 页。
⑥ （宋）陆游《陆氏南唐书》卷二《元宗本纪》，秘册汇函本，第 56 页。

为例:唐开元二十二年至二十四年(734—736)三年中,由江淮漕运至京师的粮食共七百万石,这是唐代漕运的最高数字①。唐代后期,江淮地区成为中央政府最重要的经济来源。但是,统治者竭泽而渔、百计搜刮,每年由这一地区运出的粮食也不过四十万石左右,而且经常不达此数②。及至宋初,江淮漕运额骤增至每年四百万石,比唐代最高年额增加近一倍,相当于唐代后期的十倍③。宋太宗淳化年间,东南六路岁运米六百二十万石,其中原属南唐的江南东、江南西及淮南三路即为三百七十万石,占总额百分之六十④。当然,漕运是一个复杂的问题。漕运数额的大小,并不完全决定于粮食产量,因此,它只能间接地反映农业发展水平。但是,我们仍然可以从中得到一些重要线索,以加深对南唐农业经济发展水平及其历史影响的理解。

四 繁荣工商

农业经济的发展为手工业的进步提供了良好的基础。南唐时期,江淮地区的手工业不仅规模有所扩大,工艺水平明显提高,而且出现了一些具有地方特色的手工业部门。

桑柘满野的南唐,为纺织业的持续发展创造了有利条件。南唐

① 《旧唐书》卷四十九《食货志下》,中华书局 1975 年版,第 2116 页。
② (宋)王钦若等编《册府元龟》卷五〇二《邦计部·平籴》、卷四九八《邦计部·漕运》,中华书局 1960 年版。
③ 《宋史》卷一七五《食货志上三》,中华书局 1977 年版,第 4250 页。
④ (清)徐松辑《宋会要辑稿》食货四十二之漕运二,中华书局 1957 年版,第 5562 页。

丝织品产量很高,价格低廉,绢价仅相当于北方的二分之一①。国库中储存极丰。升元年间,李昪曾召文武百官观内藏,"命随意取金帛以去,百官重载归"②。显德三年(956)以后,南唐岁岁入贡中原,其中丝织品数量十分可观。甲戌岁(974),江国公李从镒入贡于宋,一次即献帛二十万匹③,没有雄厚的丝织品生产基础,这种支出是难以承受的。纺织技术亦有突破。江西出现了一种新产品,名叫"醒骨纱","用纯丝蕉骨相兼撚织,夏月衣之,轻凉适体",很受时人欢迎。凤阁舍人陈乔用醒骨纱作外衫,"号太清氅","又为四襬肉衫子,呼小太清",风靡一时④。宋代以后,南方丝织品产量及质量都超过了北方,其中南唐丝织业的发展,占有重要的地位。

　　随着纺织业的发展,与之相关的印染业也发展起来。金陵、广陵一带,染肆极多。至后主时期,流行一种"天水碧"。印染技术有了更明显的进步。相传,后主李煜之宫人染碧,"夕露于中庭,为露所染,其色特好,遂名之"⑤。其实,天水碧是"贮雨水"染成的一种浅碧,后来传到民间,遂为时所尚,以致成为染肆的招牌⑥。南唐灭亡以后,宋人"争袭慕江南风流",天水碧更为盛行⑦。

　　南唐矿冶业的发展,值得注意。铜是铸钱的主要原料,在中国

---

① 参见(清)徐松辑《宋会要辑稿》刑法三之定赃罪,中华书局 1957 年版,第 6578 页。

② (清)吴任臣《十国春秋》卷二十三《南唐九·蒋廷诩传》,中华书局 1983 年版,第 327 页。

③ (宋)陆游《陆氏南唐书》卷三《后主本纪》,秘册汇函本,第 70 页。

④ (宋)陶谷《清异录》,说郛本,第 44 页。

⑤ 佚名《五国故事》卷上,说库本,第 4 页。

⑥ (清)吴任臣《十国春秋》卷十七《南唐三·后主本纪》,中华书局 1983 年版,第 257 页。

⑦ (清)毛先舒《南唐拾遗记》,昭代丛书本,第 13 页。

古代经济中占有重要地位。南唐铜产量具体数字无考,但从其对中原的进贡中,可知一二:开宝五年(972),后主李煜"以宋长春节,贡钱三十万缗",此后遂为定例①。实际上,自显德三年(956)以来,南唐一岁数次入贡,铜钱是主要贡品之一,名目繁多,数量惊人,如果没有高度发达的矿冶业作为后盾,是难以想象的。到了宋初,这一带仍然是主要铜产区。仅饶、虔、建、南剑、汀、漳诸州及邵武军,即岁出四十三万零七百八十九斤,占全国总产量的二分之一,在宋代铜冶业中举足轻重②。

南唐银产量亦很可观。唐代银产量有限,江淮虽有出产,但在全国银产量中比重不大。及至南唐时期,江淮银产量大增。仍以南唐对中原的进贡为例:自后周伐淮南至南唐灭亡,二十年间,南唐向北方政权所贡白银及银器,数以千万计。北宋统一以后,江淮成为重要银产区。宋初,银产岁额总计四十一万一千四百二十两,其中饶、信、虔、建、汀、泉、南剑、漳诸州即达十六万四千一百零七两,约占总数百分之四十③。唐宣宗时,天下岁课银二万五千两,已是高峰数字。及至宋初,课银达到年平均十五万两左右,增加了五倍④。这种盛况的出现,与南唐银冶业的迅速发展,有着直接的联系。五代以后,白银成为正式货币进入商品经济领域,其中,银产量的增加是一个重要因素。

---

① (清)吴任臣《十国春秋》卷十七《南唐三·后主本纪》,中华书局1983年版,第247页。
② (清)徐松辑《宋会要辑稿》食货三三之坑冶,中华书局1957年版,第5379—5380页。
③ (清)徐松辑《宋会要辑稿》食货三三之坑冶,中华书局1957年版,第5378页。
④ (宋)马端临《文献通考》卷十八《征榷五·坑冶》,中华书局1986年版,第178—179页。

　　制茶是南唐另一项重要手工业。南唐制茶业,无论产量抑或工艺,都在当时处于领先地位。南唐茶产量极高,显德五年(958),元宗李璟遣宰相冯延巳入贡于后周,一次即献茶五十万斤①,就是一个明显的例证。由于制茶业发达,茶税遂为南唐重要税收项目之一,并且是军费的重要来源。宋初因财政拮据,采用苏晓的建议,"尽榷舒、庐、蕲、黄、寿五州茶货,置四十四场。一萌一蘖,尽搜其利,岁衍百余万缗"②。特别是江南东、西二路,每岁政府和市即达一千零二十万余斤③,在全国和市额中遥遥领先。制茶工艺亦有长足进步,特别是建茶,成就突出。建州北苑名产有研膏、腊面、骨子之属,其尤佳者为"的乳",号为"京挺",由于工艺复杂,岁产不过五六万斤,元宗李璟用以作宫廷用茶,宋代亦称上品④。

　　南唐统治者在大力发展手工业的过程中,十分重视吸收各地的先进技术,网罗专门人才,从而使江淮地区出现了许多独具特色的手工业部门与著名产品。这一点,在文具制造业中表现得尤其突出。

　　蜀笺在唐代负有盛名,南唐特地从蜀国聘来纸工,在六合设立纸务,大批生产蜀纸,从而促进了江淮造纸业的发展。六合纸务规模很大,不仅制造蜀纸,而且制造徽纸。徽纸"肤如卵膜,坚洁如玉"⑤,为当时名产。南唐以徽纸作澄心堂纸,与龙尾砚、李廷珪墨

---

① 佚名《周世宗实录》,烟画东堂小品本。
② (宋)释文莹《玉壶清话》卷二,知不足斋丛书本,第9页。
③ (宋)马端临《文献通考》卷十八《征榷五·榷茶》,中华书局1986年版,第174页。
④ (宋)吴曾《能改斋漫录》卷九,守山阁丛书本,第18页。
⑤ (明)郎瑛《七修类稿》卷十九,明清笔记丛刊本,中华书局1959年,第281页。

并称"文房三宝"①。

易州上党之松烟见贵于唐代。唐末,有其地墨工奚超与其子奚廷珪迁居歙州。南唐聘为墨官,赐姓李氏,于饶州置墨务,以李氏世代掌之。南唐出产的墨,工艺精湛,李廷珪所制墨尤佳。其坚利可以削木,坠水中月余不坏,"光色不变,表里若新",为世人所宝藏②。

宣城诸葛氏,制笔有术,远近慕名。后主李煜昭惠后喜用诸葛笔,尽其精妙,号为"点青螺"③;宜春王李从谦用诸葛笔,一枝酬十金,妙甲于当时,誉为"翘轩宝帚"④。

歙州盛产佳石。所产石砚,工艺讲究,尽一时之美。元宗李璟在位时,歙州刺史荐砚工李少微为砚官,此后,歙砚声名远播。著名的龙尾砚莹净可爱,"温润过端溪",当时称为"天下之冠"⑤。罗纹砚亦极精致,而且种类繁多,各具特色。其中,刷丝砚"纹细如发"、"质润如玉";金银间丝砚磨墨无声,"久用不退锋"⑥。歙砚不仅有实用价值,而且是可供观赏的艺术品。后主李煜曾得一砚,"径长才逾尺。前耸三十六峰,皆大犹手指;左右则引两阜陂陀,而中凿为砚"⑦。据载,砚中有"龙池","遇天雨则津润,滴水少许,池内经旬

---

① (清)吴任臣《十国春秋》卷三十二《南唐十八·李廷珪传》,中华书局 1983 年版,第 458 页。
② (清)吴任臣《十国春秋》卷三十二《南唐十八·李廷珪传》,中华书局 1983 年版,第 459 页。
③ (清)吴任臣《十国春秋》卷一百十五《拾遗·南唐》,中华书局 1983 年版,第 1682 页。
④ (清)毛先舒《南唐拾遗记》,昭代丛书本,第 14 页。
⑤ (宋)高似孙《砚笺》卷二,楝亭藏书十二种本,第 1 页。
⑥ (宋)赵希鹄《洞天清禄集·古砚辨》,说郛本,第 26 页。
⑦ (清)毛先舒《南唐拾遗记》,昭代丛书本,第 12—13 页。

不竭"①。可见其石质之美与工艺水平之高超。

　　除上述之外,南唐其他手工业部门亦颇有成就。楚、海、泰一带盛产海盐。楚州有盐城,有盐亭一百二十三所,南唐升以为监,宋代因之,仍为主要产盐区②。泰州海陵监规模尤大。显德五年(958),南唐与后周划江为界。元宗李璟遣陈觉使后周,求以海陵监南属以赡军。周世宗以海陵在江北,难以交居,诏"岁支盐三十万斛"给南唐,可见其产量之高③。南唐金属器制造很有特色。宫中焚香之金器,花样繁多,有数十种形制,图案精美。句容官铸场所制铜器,质地"轻薄","款细可爱"④。南唐铜镜尤为精绝。徐铉曾得一镜,"照面只见一眼",俨然"哈哈镜"的祖先⑤。江西上饶一带,"铁精而工细",所产剪刀,名曰"二仪","交股屈环,遇物如风"⑥。南唐水军庞大,战舰建造技术发达。开宝末,宋师围攻金陵,朱令赟率军赴难,有战舰百艘,其大者可容千人。朱令赟所乘舰尤为壮观,其高"数十重"⑦。这一时期中,江西景德镇的瓷器制造也已经初具规模。

　　农业与手工业的发达,为商业的活跃打下了雄厚的基础。南唐时期,境内粮食、丝织品、木材、茶叶、药材、文具、珠贝、香料、食盐以

①（清）吴任臣《十国春秋》卷一百十五《拾遗·南唐》,中华书局 1983 年版,第1681 页。

②（清）刘崇照修《盐城县志》卷一,光绪刻本,第 5 页。

③《资治通鉴》卷二九四《后周纪五》,世宗显德五年五月,中华书局 1956 年版,第 9584 页。

④（宋）赵希鹄《洞天清禄集·古钟鼎彝器辨》,说郛本,第 29 页。

⑤（清）吴任臣《十国春秋》卷一百十五《拾遗·南唐》,中华书局 1983 年版,第1685 页。

⑥（宋）陶谷《清异录》,说郛本,第 52 页。

⑦（宋）史虚白《钓矶立谈》,知不足斋丛书本,第 30 页。

及其他手工业及农副产品的贸易都很兴盛。

五代军阀割据,关津阻隔,各地区之间的经济交流受到严重限制。如卢龙节度使刘仁恭,"禁江南茶商无得入境,自采山中草木为茶,鬻之"①。吴与吴越为仇,亦禁境内"通吴越使者及商旅"②。及南唐得国,努力恢复与邻国之间的正常关系,经济交流的规模与范围也随之扩大。当时,南唐与中原以及南方毗邻诸国都有外交往来,亦进行贸易活动。民间贸易也相当发达。如周宗富于家财,"每自淮上通商,以市中国羊马"③。梁王徐知谔博采奇货,"有蜀客持凤头至,自言得于南蛮贾者,知谔以钱五十万易之"④。南唐商人势力很大,可以入仕为官,贾人干政者亦时或有之。如翰林待诏臧循,贾人出身,曾往来于福建一带,熟悉当地山川形势,遂"为(查)文徽画取建州之策"⑤。开宝年间,宋师欲攻金陵,屯水军于江陵。有商人往来于其地,备知其情,因请往"窃烧皇朝战舰"⑥。

南唐与一些少数民族政权也保持着贸易往来,特别是与契丹,关系密切,双方使者往来不绝,贸易活动亦较频繁。升元二年(938),耶律德光及其弟东丹王各遣使以羊马"入贡","别持羊三万口、马二百匹来鬻,以其价市罗纨茶药"⑦。升元七年(943),契丹又

---

① 《资治通鉴》卷二六六《后梁纪一》,太祖开平元年三月,中华书局1956年版,第8671页。

② 《资治通鉴》卷二七四《后唐纪三》,庄宗同光三年,中华书局1956年版,第8954页。

③ (宋)佚名《五国故事》卷上,说库本,第4页。

④ (宋)马令《马氏南唐书》卷八《徐知谔传》,墨海金壶本,第7页。

⑤ 《资治通鉴》卷二八四《后晋纪五》,齐王开运元年十二月,中华书局1956年版,第9278页。

⑥ (宋)马令《马氏南唐书》卷五《后主书》,墨海金壶本,第4页。

⑦ (宋)陆游《陆氏南唐书》卷十八《契丹传》,秘册汇函本,第405页。

遣达罗千来聘，"献马三百、羊三万五千"①。实际上也是一次大规模的贸易活动。南唐与西域亦有往来。升元五年(941)，于阗国遣使至南唐，"贡瑞玉天王"②，可能也进行贸易。

南唐政权也很重视发展国际经济交流。升元二年(938)，高丽即遣使"朝贡"③。元宗李璟时期，有"海国进象数头，皆能拜舞山呼"④。又有"南海尝贡奇物，有蔷薇水、龙脑浆"⑤。后主李煜时期，亦有占城、阇婆、大食诸国来送"礼物"⑥。元宗李璟曾召大臣及宗室赴内香宴，陈设"中国外夷所产，以至和合煎饮佩戴粉囊之类九十二种，江南素所无也"⑦。从中可见南唐对外经济交流的广泛。

① (宋)陆游《陆氏南唐书》卷一《烈祖本纪》，秘册汇函本，第 21 页。
② (清)吴任臣《十国春秋》卷十五《南唐一·烈祖本纪》，中华书局 1983 年版，第 198 页。
③ (宋)陆游《陆氏南唐书》卷一《烈祖本纪》，秘册汇函本，第 10 页。
④ (宋)郑文宝《江南余载》卷下，知不足斋丛书本，第 8 页。
⑤ (宋)吴淑《江淮异人录》卷下《耿先生》，知不足斋丛书本，第 8 页。
⑥ (清)吴任臣《十国春秋》卷十七《南唐三·后主本纪》，中华书局 1983 年版，第 246 页。
⑦ (清)毛先舒《南唐拾遗记》，昭代丛书本，第 15 页。

第四章　烈祖李昪的文化政策及其成就

史云：

> 呜呼！西晋之亡也，左衽比肩、雕题接武，而衣冠典礼会于南史；五代之乱也，礼乐崩坏、文献俱亡，而儒衣书服盛于南唐。岂斯文之未丧而天将有所寓欤！不然，则圣王大典扫地尽矣！①

政治的稳定、经济的繁荣，为南唐文化事业的发展创造了极为有利的条件，南唐统治者又采取了一系列措施，推动境内文化事业的进步，从而使南唐成为"文物最盛"之区。不仅如此。南唐对中国古代文化的贡献，绝非止于保存"斯文"、流传"圣典"而已。唐宋之际，随着南中国社会经济的发展，当地文化实力也日益增强。南方不仅成为中国古代文化的中心区域，而且形成全新的文化风气，席卷中原，改变了中国古代文化的传统面貌。此后的儒学、文学、艺术乃至其他各种文化因素无不受南人的熏染而带有鲜明的南国情调。这就是中国古代文化中心南移的实际内容。在这一过程中，南

————————

① （宋）马令《马氏南唐书》卷十三《儒者传序》，墨海金壶本，第1页。

唐承上启下,发挥了重要的作用,在中国古代文化发展史上应该占有一席之地。

一　兴办教育

发展文化事业,关键在于人才;而人才之取得,又必资于教育。

安定、富强的南唐,在五代十国时期,成为饱经战乱沧桑的文人士大夫理想的栖身之所。史载:"时中原多故,名贤夙德皆亡身归顺。"①李昪抓住时机,大力招揽。当其辅吴之际,"于所居第旁创为延宾亭以待四方之士。遣人司守关徼,物色北来衣冠。凡形状奇伟者必使引见。语有可采,随即升用",以至北土士人闻风至者无虚日②。及南唐得国,放手招贤,更使江淮成为士人聚集之地。

大批北方士人涌入南唐,不仅使李昪顺利地实现了篡吴的企图,对当地文化教育事业的发展,也是一个有力的推动。如北海史虚白,"词彩磊落,旨趣流畅",一代不羁之才,卜居于浔阳落星湾,"教授学徒"③;京兆颜诩,唐鲁郡公颜真卿之后,徙居禾川,"雅辞翰、谨礼法,多循先业",而"每延宾侣,寓门下者常十数"④;昌黎韩熙载,"善谈论,听者忘倦。审音能舞,分书及画,名垂当时,见者以为神仙中人"⑤。及其流寓江淮,"大开门馆,延纳隽彦。凡占一技

---

① (宋)龙衮《江南野史》卷一《先主》,豫章丛书本,第4页。
② (宋)史虚白《钓矶立谈》,知不足斋丛书本,第4—5页。
③ (宋)郑文宝《南唐近事》卷一,宝颜堂秘笈本,第3—4页。
④ (宋)马令《马氏南唐书》卷十五《颜诩传》,墨海金壶本,第5页。
⑤ (宋)马令《马氏南唐书》卷十三《韩熙载传》,墨海金壶本,第4页。

一能之士,无不加意收采,唯恐不及。虽久病疲尔,亦不废接对"①。
尤"喜提奖后进,每见一文可采,辄自缮写,仍为播其声名"②。其门
生高第,凡数十辈,当时后学如舒雅、吴淑等人,都曾受到韩熙载的
赏识和培养,成为著名的学者。

随着江淮地区社会经济的发展,当地地主阶级经济实力迅速增
强。其有远见者,自己动手兴办教育事业,是一个值得重视的现象。
这一时期私家兴办的书楼、书舍、书院不计其数,著名者如江州陈
氏,"建书楼于别墅,以延四方之士"③。书楼有"堂庑数十间,聚书
数千卷,田二十顷,以为游学之资"④。"江南名士,皆肄业于其
家"⑤。奉新胡氏,"构学舍于华林山别墅,聚书万卷,大设厨廪,以
延四方游学之士"⑥。建昌洪氏,"就所居雷湖北创书舍,招来学
者"⑦。此外,泰和里人罗韬所建之匡山书院、庐陵邑人刘玉所建之
光禄书院、奉新罗氏兄弟所建之梧桐山精舍,亦颇有影响。其余村
社私学,遍及各地。据载:

> (李)建勋罢相江南,出镇豫章。一日与宾僚游东山,各事
> 宽履轻衫。携酒肴,引步于渔溪樵坞间,遇佳处则饮。忽平田
> 间一茅舍,有儿童读书声。相君携策就之,乃一老叟教数村童。
> 叟惊悚离席,改容趋谢,而翔雅有体,气调潇洒。丞相爱之,遂

---

① (宋)史虚白《钓矶立谈》,知不足斋丛书本,第41页。
② (宋)马令《马氏南唐书》卷十三《韩熙载传》,墨海金壶本,第3—4页。
③ (宋)马令《马氏南唐书》卷一《先主书》,墨海金壶本,第5页。
④ 《全唐文》卷八八八,徐锴《陈氏书堂记》,中华书局1983年版,第9279页。
⑤ (宋)释文莹《湘山野录》卷上,津逮秘书本,第26页。
⑥ 《宋史》卷四五六《胡仲尧传》,中华书局1977年版,第13390页。
⑦ 《宋史》卷四五六《洪文抚传》,中华书局1977年版,第13392页。

筋于其庐。①

这段文字向我们展示的，俨然一幅平和、恬静的田园图画。比诸同时期北方战乱不休、百姓涂炭的局面，宛如另一个世界。

南唐政权重视教育事业，大力培养人才，在五代十国诸政权中，也是十分突出的一个现象。

李昪得国之初，即于淮水之滨设立了太学。升元四年（940），李昪又于庐山白鹿洞建学馆，置田供给诸生，以李善道为洞主掌教，号为"庐山国学"。太学及庐山国学"其徒各不下数百"，盛极一时②。除此之外，南唐境内各州县旧有之官学，因而不废，一些地区如瑞金、如皋等县，到了南唐时期才首次设立官办县学。

南唐学校制度，基本沿袭前代：

> 国子博士，掌教文武官三品已上及国公子孙从三品已上曾孙为国子监生者。太学博士，教文武五品已上及郡县公子孙从三品曾孙为太学生者。四门博士，教文武七品已上及侯伯子男子为四门学生及庶人子升俊士为之也。国子监，太学也；四门，小学也。今太学、四门学、算学，皆国子监领焉。③

在这种制度之下，一般平民子弟很难进入太学以及国子监所属

---

① （清）潘永因编《宋稗类钞》卷五《博识》，书目文献出版社 1985 年版，第 388 页。
② （宋）马令《马氏南唐书》卷二十三《朱弼传》，墨海金壶本，第 1 页。
③ 《全唐文》卷八七三，陈致雍《卫匡适男入学议》，中华书局 1983 年版，第 9137 页。

各类学校。但是,庐山国学招收生徒不拘一格,对身份要求不甚严格,学徒来源自然十分广泛。如南昌卢绛,"不事事,常以博奕角牴为务,乡里鄙之。绛惭愤,入庐山国学"①。又如宣城蒯鳌,"居乡饮博无行,不为人士所容,乃去入庐山国学,亡赖尤甚"②。

南唐公、私教育之发达,为培养各方面的人才提供了良好的条件。特别是庐山上下,遍布公私之学,人才荟萃,成为当时中国的文化胜地。南唐著名诗人江为、伍乔、刘洞等人,都曾就学于庐山,甚至宋代大儒杨徽之、刘式等人,亦于南唐时肄业于庐山国学,从中可以想见其在当时及对后世的巨大影响。到了宋代,白鹿洞成为四大书院之一,对宋代文化的繁荣,发挥了重要作用。至于影响深远的书院制度,显然在南唐时期已具雏形。

在大力兴办教育、培养人才的同时,南唐的铨选制度也恢复起来。

南唐铨选,大体有三种途径:

一为资荫。李昪时期曾规定,"文武亡殁子孙,随才以叙,不限资荫"③。这并非意味着南唐取消了资荫一途,而只说明李昪广施恩惠,对大官僚子弟格外关照而已。

二为献策考试。南唐初期,国家急于用人,选拔官吏,不拘一格,献书献策以求进身之风盛极一时。李昪曾委派宰相张延翰主持试院,"稍有可采",即"量才补用"④,对网罗人才,发挥过一定的作用。

① (宋)马令《马氏南唐书》卷二十二《卢绛传》,墨海金壶本,第3页。
② (宋)陆游《陆氏南唐书》卷十四《蒯鳌传》,秘册汇函本,第317页。
③ (宋)马令《马氏南唐书》卷一《先主书》,墨海金壶本,第8页。
④ (宋)释文莹《玉壶清话》卷九《李先主传》,知不足斋丛书本,第8页。

三是科举。科举制度在唐代成为选拔官吏的一项主要制度。科举制度的基本原则是考试，以分数为限，不论出身高低、门第贵贱，对改变魏晋以来选官专以阀阅、不务才德的状况，扩大唐王朝的统治基础，发挥了重要作用。但是，科举制度并不是一项完美的制度。僵化的考试程序、陈腐的考试内容以及很少的录用名额，不仅影响录用人才的质量，限制录用人才的数量，而且造成一种脱离实际的学风，并因此降低知识阶层的素质，从而对社会的各个方面产生极为不利的影响。不过，制度本身的优劣是一个问题，在实际操作中采用这种制度与否，则是另外一个问题。科举制度的种种弊端，从本质上来说，根源于专制政治，专制政治在中国古代的历史发展进程中不是逐渐削弱而是日益加强，任何一种官吏选拔制度都会在其控制之下产生无穷的弊端。专制制度只要存在下去，问题便不会从根本上得到解决。对五代十国各政权的统治者来说，当务之急显然不是创设新的制度，而是恢复和利用旧的制度并加以适当的修正。事实上，宋代许多制度只不过是隋唐旧制的翻版和补充而已。从这个意义上来说，南唐沿用科举制度，仍然有它的理由。

南唐科举设于何时，文献记载颇多歧异。一般的说法，是设于元宗李璟时期。如《江南别录》载："烈祖初立，庶事草创，未有贡举，至元宗始议兴置。"《研北杂志》说得更为具体：

> 惟广顺二年（南唐保大十年，952），始命江文蔚知贡举，放进士庐陵王克正等三人而止。

《资治通鉴》《文献通考》的说法与此略同。上述记载，不知根据何在。查《马氏南唐书》，保大十年项下无初设贡举之事；《陆氏南唐书》载有命江文蔚知贡举一事,但并未写明为初置。而翻检南唐初期人物的传记资料,通过科举入仕的例子不在少数。如宜春人王毂,"南唐初登第"①;歙州人汪焕,"开国时第进士"②;蕲州人陈起,"升元中以进士起家为黄梅令"③;宜春人李徵古,"升元末第进士"④。从中不仅可以肯定李昇时期已经设置了科举,而且基本上没有间断。

由于以上诸种原因,南唐境内形成了浓厚的文化气氛。李璟、李煜都曾就学于庐山,其学识渊博、才华横溢自不待言,宗室诸子亦多有文采。烈祖李昇诸子之中,李景迁"幼警悟,读书一览辄不忘。及长,美姿仪、风度和雅";李景遂"制行雅循,有君子之风";李景逿"专以六经名教为事"⑤。元宗李璟诸子之中,李弘冀好诗文,有《文献太子诗集》⑥;李从益"警敏有文";李从谦"风采峭整,喜为律诗"。后主李煜之子李仲宣,"三岁读《孝经》,若成诵"⑦。

南唐将相大臣亦多好学。李昇、李璟重用文吏,开风气之先,至李煜即位,大力提倡,更使文墨之习浸染朝野。李煜曾劝近臣:"卿辈从公之暇,莫若为学为文。"⑧因此,不仅文臣博学,武将亦喜弄墨。如陈海、王崇文,博综经史,世称儒将;又如刁彦能,"喜读书,委

---

① (清)谢旻等修《江西通志》卷七十二,四库全书本,第 515 册第 497 页。

② (清)吴任臣《十国春秋》卷二十五《南唐十一·汪焕传》,中华书局 1983 年版,第 357 页。

③ (宋)陆游《陆氏南唐书》卷十四《陈起传》,秘册汇函本,第 322 页。

④ (宋)马令《马氏南唐书》卷二十一《李徵古传》,墨海金壶本,第 2 页。

⑤ (宋)马令《马氏南唐书》卷七《宗室传》,墨海金壶本,第 4 页。

⑥ 《全唐文》卷八八一,徐铉《文献太子诗集序》,中华书局 1983 年版,第 9213 页。

⑦ (宋)马令《马氏南唐书》卷七《宗室传》,墨海金壶本,第 6 页。

⑧ 《全唐文》卷八八一,徐铉《御制杂说序》,中华书局 1983 年版,第 9211 页。

任文史,郡政修理。亦好篇咏,尝与李建勋赠答。建勋奏之。元宗笑曰:吾不知彦能乃西班学士也"①。

尤其值得重视的是,当地许多世代务农的人释耒就学,其中一些人甚至成为文化界的名人,极大地推动了当地人文化水平的提高。如邱旭,"宣城农家子也,少以畜产为事,弱冠始读书,学为词章。因随计金陵,凡九举而曳白者六、七。然自励弥笃,不以为耻……明年春,试德厚载物赋,旭为第一";"其为词赋,得有唐程度体,后人以为法"②。又如黄载,"其先江夏人,世为农。载弱冠释耒耜就学于庐山,事虔人刘元亨。笃志自励,精究经史,能为文章……肄业之士多从之"。及南唐亡,"出游湘潭,州将辟致庠序。讲说之际,未尝敷演注疏,肆口成言,曾不滞泥","受业者以百数"③。

史称:

> 唐末大乱,干戈相寻,而桥门璧水,鞠为茂草。驯至五代,儒风不竞,其来久矣。南唐跨有江淮,鸠集典坟,特置学官,滨秦淮开国子监,复有庐山国学,其徒各不下数百,所统州县,往往有学。方是时,废君如吴越、弑主如南汉、叛亲如闽楚,乱臣贼子,无国无之。唯南唐兄弟辑睦,君臣奠位,监于他国最为无事。此亦好儒之效也。④

南唐重视发展教育事业,不仅在当时起到了稳定政治、繁荣文

---

① (宋)马令《马氏南唐书》卷十一《刁彦能传》,墨海金壶本,第1页。
② (宋)马令《马氏南唐书》卷二十三《邱旭传》,墨海金壶本,第5页。
③ (宋)马令《马氏南唐书》卷二十三《黄载传》,墨海金壶本,第6页。
④ (宋)马令《马氏南唐书》卷二十三《朱弼传》,墨海金壶本,第1页。

化的作用,使南唐出现了人才辈出的盛况,而且对中国古代文化乃至于政治结构都产生了重要的影响。特别是江淮土著文化水平的提高,尤为引人注目。举例来说:两《唐书》文苑、儒学传所载唐代家世可考之文人、学者凡一百四十三位,其中南方人士三十九位,约占百分之二十七;南方人中,江淮人士十八位,约占总数百分之十三,占南方人百分之四十六。及至北宋,比重大增。《宋史》道学、儒学、文苑三传所载北宋时期家世可考之文人、学者凡一百三十四位,其中祖籍江淮者达四十二位,约占总数三分之一,占南方人士六十八位的百分之六十二。

再以宰相为例:唐代宰相家世可考者凡三百七十位,其中南方人士三十九位,约占百分之十一;南方人中,江淮人士仅十三位,约占总数百分之三点五,占南方人三分之一。及至北宋,情形大变。据载:"太祖尝有言,不用南人为相。实录、国史皆载。陶谷《开基万年录》、《开宝史谱》言之甚详。皆言太祖亲写南人不得坐吾此堂,刻石政事堂上。"①但是,随着江淮地区经济、文化实力的增强,其政治地位必然发生变化。这一趋势,并非统治者个人意愿所能阻止。及宋真宗破例以王钦若为相,其后,北宋宰相家世可考者凡五十四人,其中南方人士二十九位,占总数百分之五十四;南方人中,祖籍江淮者达十六位,占总数百分之三十,占南方人百分之五十五。执政家世可考之二百二十八人中,祖籍江淮者之比例亦与宰相大致相同。

从上述比较之中,我们无疑可以看出这一时期江淮地区政治地位与文化地位的明显提高。元宗李璟声称"自古及今,江北文人不

---

① (宋)王暐《道山清话》,说郛本,第12页。

及江南才子之多"①,当然不免有"数典忘祖"之嫌;张洎出使中原,訾京师风物为"一灰堆",更易引起政治上的报复。但是,"南风不竞",终究成了历史的陈迹。这是一个深刻的变化。对于这一变化,宋人有很深的感慨。其说云:

> 古者江南不能与中土等。宋受天命,然后七闽、二浙与江之西、东,冠带诗书,翕然大肆,人才之盛,遂甲于天下。江南既为天下甲,而饶人喜事,又甲于江南。②

这段话指出了唐宋之际南中国所发生的巨大变化,尤其是南唐腹地江西,冠于全国,占有突出地位。不过,宋人把这一变化仅仅归功于赵宋王朝,显然有失鉴明。事实上,如果没有南唐政权的努力,江淮一带在宋代出现那样的文化盛况,几乎是不可能的。

二　弘扬儒风

南唐儒学素称发达。史载:

> 南唐累世好儒,而儒者之盛,见于载籍,灿然可观。如韩熙载之不羁,江文蔚之高才,徐锴之典赡,高越之华藻,潘佑之清逸,皆能擅价于一时。而徐铉、汤悦、张洎之徒,又足以争名于

---

① (宋)郑文宝《江表志》卷中,墨海金壶本,第2页。
② (宋)洪迈《容斋四笔》卷五《饶州风俗》,津逮秘书本,第1页。

天下,其余落落不可胜数。①

南唐学者传世之作甚丰。仅据现存资料粗略统计,即有数千卷之多。其中包括《周礼》、《春秋》、《乐》、小学、正史、编年、实录、杂史、政事、时令、地理、儒家、杂家、小说家、阴阳家、艺术、术数、仙释、别集、总集共二十类近一百六十种②。上述一大批著作中,有许多流传至今,是中华民族文化遗产的一部分,值得我们加以认真研究。

南唐儒学贡献于后世者,首先是保存了大批古代文化遗产。史载:

> 历代之书籍,莫厄于秦,莫富于隋、唐。隋嘉则殿书三十七万卷。而唐之藏书,开元最盛,为卷八万有奇。其间唐人所自为书,几三万卷,则旧书之传者,至是盖亦鲜矣。陵迟逮于五季,干戈相寻,海宇鼎沸,斯民不复见诗、书、礼、乐之化。周显德中,始有经籍刻板,学者无笔札之劳,获睹古人全书。然乱离以来,编帙散佚,幸而存者,百无二三。宋初,有书万余卷。其后削平诸国,收其图籍,及下诏遣使购求散亡,三馆之书,稍复增益。③

与之相比,南唐藏书,竟达十余万卷,令人惊讶。史载:

> 皇(宋)朝初离五代之后,诏学官训校九经。而祭酒孔维、

---

① (宋)马令《马氏南唐书》卷十三《儒者传序》,墨海金壶本,第1页。
② (清)陈鳣《续唐书》卷十九《经籍志》,丛书集成本,第181—215页。
③ 《宋史》卷二○二《艺文志一》,中华书局1977年版,第5032页。

检讨杜镐苦于讹舛。及得金陵藏书十余万卷,分布三馆及学士、舍人院,其书多雠校精审,编秩完具,与诸国本不类。昔韩宣子适鲁,而知周礼之所在。且周之典礼,固非鲁可存,而鲁果能存其礼,亦为近于道矣。南唐之藏书,何以异此。①

在述及南唐藏书之富厚及精审之时,有一个人物值得注意。此人姓徐名锴,字楚金,会稽(今浙江绍兴)人,徐铉之弟。《陆氏南唐书》本传:

> 锴四岁而孤,母方教铉就学,未暇及锴。锴自能知书,稍长,文词与铉齐名。升元中,议者以文人浮薄,多用经义法律取士。锴耻之,杜门不求仕进。铉与常梦锡同直门下省,出锴文示之。梦锡赏爱不已,荐于烈祖,未及用而烈祖殂。元宗嗣位,起家秘书郎……授……集贤殿直学士……后主立,迁屯田郎中知制诰、集贤殿学士,改官名,拜右内史舍人,赐金紫,宿直光政殿,兼兵、吏部选事,与兄铉俱在近侍,号二徐,……锴凡四知贡举,号得人。后主哀所制文,命为之序,士以为荣。锴酷嗜读书,隆寒烈暑,未尝少辍。后主尝得周载《齐职仪》,江东初无此书,人无知者。以访锴,一一条对,无所遗忘,其博记如此。既久处集贤,朱黄不去手,非暮不出。少精小学,故所雠书尤审谛。每指其家语人曰:吾惟寓宿于此耳。江南藏书之盛为天下冠,锴力居多。后主尝叹曰:群臣勤其官,皆如徐锴在集贤,吾何忧哉……开宝七年七月卒,年五十五……著《说文通释》、

---

① (宋)马令《马氏南唐书》卷二十三《朱弼传》,墨海金壶本,第1—2页。

《方舆记》、《古今国典》、《赋苑》、《岁时广记》,及他文章凡数百卷。

徐锴小学方面的著作,除《说文解字通释》以外,还有《说文解字系传》、《说文解字韵谱》,三书计九十卷。徐锴之兄徐铉在这方面亦颇有成就。现今通行本《说文解字》即由徐铉校注,改易分卷,增加标目、反切、注释及新附字,称"大徐本",于宋太宗雍熙三年(986)雕板刊出,流传于世。

儒学之发展,至宋代进入一个新的阶段。唐及唐以前之儒学,称之为"汉学",宋及宋以后的儒学则被称之为"宋学"。宋学的特点,其内容是儒、佛、道的结合;其学风是不拘经义训诂,凭己意释经。这一特点,在南唐学界中,已经有所体现。这种现象,与当时的历史环境,有密切关系。南唐境内,尤其是江西一带,此前并非发达之区。唐末大乱,经籍道消,桥门壁水,鞠为茂草,驯至五代,儒风不竞,其来久矣。学者无由师承,故多源于自学。南唐当地籍学者,大都有"自励"、"自奋"的经历。他们对章句之学难以精通,亦不感兴趣。他们耽玩经史,主要是为了献于人主,以求得进身之阶。南唐初期,献书之风甚盛,其内容多"引古以励今",不仅极少看出有"师授活业"的素养,而且文风迥异,与中原人士大相径庭。宋齐丘自署碑碣,常求韩熙载写之。韩熙载动笔之前,以纸塞鼻。人问其故,对曰:"文臭而秽。"①但这是一种新潮流,自然有其存在的价值。事实上,南北学风不同,自古即然。魏晋时期,南中国迎来了经济、文化发展的高潮。与此同时,儒学南渐,开始在长江流域广泛传播。但

---

① (宋)马令《马氏南唐书》卷十三《韩熙载传》,墨海金壶本,第3页。

是，"橘过淮而为枳"，儒学自此分为南北两派。所谓"北人芜杂，穷其枝叶"，代表着汉唐儒学的正统；而"南人约简，得其英华"，却只能在附属的位置上缓慢地生长。大唐帝国的灭亡打破了北派经学的一统天下，为南方儒术的兴盛带来了机遇。佛教及道教在南方的流行更为当地学者增加了邃远与空灵的气度。新的学风，就在这种环境之中逐渐形成、扩散。南唐境内，书院、佛寺、道观比比皆是，学者、佛徒、道士交居杂处，尤其是江西庐山，既是文化中心，又是宗教圣地，相互影响自不待言。佛徒而"喜儒学"①，儒者而兼览道、释，"通禅寂虚无之理"②之例，并不在少数。其为学则"性慵，读书不知今古，然好属意于万物，有感于心，必冥而通之"③；其授业则"未尝敷演注疏，肆口成言，曾不滞泥"④，绝无汉唐学者"疏不破注"、恪守成法的束缚。韩愈的"道统"论、李翱的"复性"说，到了这些人的手中，才真正有了光大的前景。奉新罗仁节、罗仁俭兄弟在乡里教授学徒，讲说内容已被称之为"理学"⑤；及北宋仁宗朝，遂有临江人刘敞著《七经小传》，"始异诸儒之说"⑥，使北宋学风为之大变。而建昌人李觏著《常语》，对孟子大加诋斥，又为宋儒自称继承孔子之道开了端绪。此后，临川人王安石对儒家传统经典作出新的解释，一时风靡海内，号为"新学"。道州人周敦颐著《太极图》，"明天理之

① （清）吴任臣《十国春秋》卷三十一《南唐十七·康仁杰传》，中华书局1983年版，第448页。
② （清）吴任臣《十国春秋》卷三十《南唐十六·张洎传》，中华书局1983年版，第439页。
③ （南唐）谭峭《化书·序》，说郛本，第27页。
④ （宋）马令《马氏南唐书》卷二十三《黄载传》，墨海金壶本，第6页。
⑤ （清）谢旻等修《江西通志》卷六十六，四库全书本，第515册第301页。
⑥ （宋）吴曾《能改斋漫录》卷二"注疏之学"条，守山阁丛书本，第10页。

根源,究万物之始终",又著《通书》,"发明太极之蕴",而二程"往受业焉"①。至南宋时期,徽州人朱熹、抚州人陆九渊遂集理学之大成。刘敞、李觏、王安石、朱熹、陆九渊等宋学名家皆出自南唐故地,甚至周敦颐之地望亦与南唐故地相邻,这种现象,绝非偶然。究其本源,当不无南唐学风的浸润与熏染。

三 推奖文艺

南唐文学艺术之兴盛,在五代十国时期首屈一指。

律诗在唐代达于极致。著名诗人、传世之作不可胜数。其中原因,除文学形式本身的发展以外,科举制度的影响与推动不可低估。不过,国家以诗赋取士,士人以文辞进身,对文学的发展也造成了负面影响。命题作诗,刻板已极,学子醉心声韵、祖习绮靡,劳心于草木之间,极笔于烟霞之际,其结果不仅是昧于古今、无益治道,而且是文格浮薄、过于雕虫。因此,科举制度给予唐诗的影响,首先是因政治效用而造成的一时风行而非出于献身艺术理想而产生的执着追求;是虚假与庸俗的泛滥而非艺术的真正弘扬与光大,积习既久,积弊丛生,律诗的发展便走上了绝路。

南唐以科举取士,士人亦不得不尽力而为。升元年间,议者以文人浮薄,取士多用经义法律,其中深意,即在纠正唐人之弊。及元宗、后主时期,科举取人渐多,诗赋之试,又开始盛行。不过,与唐代一样,科场诗文很难反映南唐文学的真正成就。与盛唐双璧李白、

————————

① 《宋史》卷四二七《周敦颐传》,中华书局 1977 年版,第 12712 页。

杜甫与科举无缘一样,南唐诗人传世之作,亦大体成于科场之外。

南唐诗人见于史传者不在少数,传世之作亦甚丰厚。仅目下所见,即有孙鲂《孙鲂诗》五卷、江为《江为诗》一卷、孟宾于《金鳌诗集》二卷、乔匡舜《桂香诗》一卷、丘旭《丘旭诗》与《丘旭赋》各一卷、陈陶《陈嵩伯诗集》一卷、伍乔《伍乔诗集》一卷、王周《王周诗集》一卷、李建勋《李丞相诗集》二卷等多种。其余有单篇诗作流传的诗人,不下数十。

就大体情形而言,南唐诗赋尚能保持盛唐气度。如刘洞:"长于五字唐律,自号五言金城,得贾岛遗法。"①孙鲂与沈彬、李建勋为诗社,有《题金山寺》诗,"一时以为绝唱"②。江为师事陈贶二十年,其诗格调高古,"有风人之体"③。丘旭精于词赋,"得有唐程度体,后人以为法"④。当世道衰乱、诗风颓坏之际,南唐诗赋能取得这样的成就,实属不易。

南唐文学成就最著者为词。关于词的起源,诸说不一。或谓起源于唐,或称开端于六朝,更有上溯到《南风之操》与《五子之歌》者。实际上,词之所以成为词,其音乐性是一个相当关键的因素。词的全称为曲子词或词曲。由于句子长短不齐,所以又称长短句或诗余。这种长短句与诗相比,更符合歌唱的要求。在歌唱中,逐渐形成许多词牌,实际上就是歌谱。有了谱,便可按其规则填写一定字数的词。最初的词牌与内容密切相关,有特定的内涵,后来才演

---

① （清）吴任臣《十国春秋》卷三十一《南唐十七·刘洞传》,中华书局 1983 年版,第 448 页。
② （清）吴任臣《十国春秋》卷三十一《南唐十七·孙鲂传》,中华书局 1983 年版,第 445 页。
③ （宋）马令《马氏南唐书》卷十四《江为传》,墨海金壶本,第 1 页。
④ （宋）马令《马氏南唐书》卷二十三《邱旭传》,墨海金壶本,第 5 页。

变为固定的格式,与内容完全脱离,于是词便在形式上走向成熟。

词兴于唐末五代,盛于南方,与当时的社会风气和当地的民俗民情有密切关系。五代词是民间词变为文人词的转折点。温庭筠是第一个有代表性的词人,其作品意境深远,感情细腻,造句清新,开拓了词的发展道路,在韵文史上得到独立的地位。

南唐是五代时期词的中心。著名词人冯延巳著有《阳春集》,其特点是清新与白描,对人物内心情感的抒写更为含蓄、曲折,委婉动人。南唐二主是五代词的高峰。李璟的作品,格局清丽,动人心神;李煜的作品,成就尤巨。其吟咏宫廷生活者,豪奢而细腻;刻划人物性格者,栩栩如生;描绘江南景色者,一山一水、一草一木,皆具情思、令人忘返。特别是后期的作品,坎坷的人生遭遇与国破家亡的伤怀刺激了李煜的创作灵感。使他把眼界由个人扩展到社会,艺术手法更加成熟、语言更加精炼、想象力更加丰富。王国维云:"词至李后主而眼界始大,感慨遂深,遂变伶工之词而为士大夫之词。"①可以说明李煜词在中国古代文学史上的地位。

南唐艺苑,以绘画成就为最高。宫廷画院之中,高手云集,蔚为大观。其著名者如董源,以"平淡天真"为意,宋人称之为"近世神品"。他所创"麻皮皴"画法,对宋代画坛有很大影响,米芾、黄公望、倪迁等人皆以为师法。董源善画秋岚远景,"峰峦出没,云雾显晦,不装巧趣,皆得天真。岚色郁苍,枝干挺劲,咸有生意。溪桥渔浦,洲渚掩映",一片江南景色②。又工人物,据载:"一日,后主坐碧落宫,召冯延巳论事,至宫门,逡巡不敢进,后主使趣之,延巳云:'有

---

① 王国维《人间词话》,人民文学出版社 1962 年版,第 197 页。
② (宋)米芾《画史》,湖北先正遗书本,第 5 页。

宫娥著青红锦袍,当门而立,未敢竟进。'使随共谛视之,乃八尺琉璃屏画夷光于上,盖源笔也。"①

　　徐熙之"野逸",亦著名于后世。其人识度闲放,以高雅自任。善画花木、禽鱼、蝉蝶、蔬果,甚为后主李煜爱重。"常于双缣幅素上画丛艳叠石,傍出药苗,杂以禽鸟蜂蝉之妙,乃供后主宫中挂设之具,谓之'铺殿花',次曰'装堂花'。"②他的作品,尤其是草木鱼虫,"妙夺造化,非世之画工所可及也"③。

　　顾闳中之人物画,逼真而传神。"是时,韩熙载好声伎,专为夜饮,宾客猥杂,无复拘制。后主惜其才,置不问,然欲见其尊俎灯烛间觥筹交错之态度,不可得,乃命闳中夜至其第窃窥之,目识心记,图绘以上,故世传有《韩熙载夜宴图》云。"④《韩熙载夜宴图》流传甚久,今虽真伪难辨,却仍可从中一睹南唐现实生活的风采。

　　除上述几位以外,南唐时期有影响的画家我们还可以举出许多。善绘人物者如顾德谦,"风神清劲,举无与比",后主李煜十分赏识,常说:"古有恺之,今有德谦,二顾相望,继为画绝矣!"⑤善绘动物者如梅行思,最工于鸡,妙绝一时,驰名当代,品目甚高,世号为

---

① (清)吴任臣《十国春秋》卷三十一《南唐十七·董源传》,中华书局1983年版,第454页。
② (清)吴任臣《十国春秋》卷三十一《南唐十七·徐熙传》,中华书局1983年版,第455页。
③ (元)汤垕《画鉴》,唐宋丛书本,第7页。
④ (清)吴任臣《十国春秋》卷三十一《南唐十七·顾闳中传》,中华书局1983年版,第453页。
⑤ (清)吴任臣《十国春秋》卷三十一《南唐十七·顾德谦传》,中华书局1983年版,第454页。

"梅家鸡"①。善绘道释鬼神者如曹仲元,以细密名家,所绘上天本样,"非凡工所及"②。善绘仕女者如周文矩,"彩色纤丽",后主李煜尝命作《南庄图》,览之,"叹其精备"③。善绘龙水海鱼者如董羽,享誉一时,"钟陵清凉寺有元宗八分题名,李萧远草书,羽画海水,为三绝。羽又画后主香花阁图屏,大被称赏。后归宋,宋太宗常令画端拱楼下龙水四壁,极其精思"④。其余善绘山水花鸟者如巨然、赵干、朱澄、卫贤、蔡润、解处中,笔调高雅,世称绝手;善绘人物者如厉昭庆、高太冲、竹梦松,巧绝冠带,尽一时之妙;善绘释道鬼神者如王齐翰、陶守立,手笔非凡,为后代师法。及至宋代,南唐"楮墨书画,皆为世宝"⑤,从中不难想见南唐绘画在中国古代艺术发展史上的地位。

四 崇道容佛

佛道二教在隋唐时期均有突出的发展。尤其是佛教,不仅宗派繁多,而且确立了以禅宗为代表的中国化佛教的发展道路。驯至五

---

① (清)吴任臣《十国春秋》卷三十一《南唐十七·梅行思传》,中华书局1983年版,第453页。
② (清)吴任臣《十国春秋》卷三十一《南唐十七·曹仲元传》,中华书局1983年版,第453页。
③ (清)吴任臣《十国春秋》卷三十一《南唐十七·周文矩传》,中华书局1983年版,第454页。
④ (清)吴任臣《十国春秋》卷三十一《南唐十七·董羽传》,中华书局1983年版,第455页。
⑤ (元)陆友《研北杂志》卷上,宝颜堂秘笈本,第14页。

代,诸邦分立,宗教的发展也出现了地区化的趋势。

宗教是麻醉人民的思想鸦片。马克思主义经典作家的论断指出了宗教的实质及其政治功能。不过,宗教的存在与发展是一个复杂的问题。其中所涉及到的,不仅仅是统治者对宗教的利用。因为如果宗教的作用止限于此,我们就无法理解统治者本人往往非常虔诚地信仰宗教。

宗教的存在与发展与人的本性密切相关。人是社会的人,依靠社会的力量,人得以在自然界中生存、发展。与此同时,人也产生了自我意识,形成了认识自我、实现自我、超越自我的要求。尤其是自我超越的要求,往往既使人引以为自豪,又使人感到莫名的苦恼。宗教正是适应了人的本性,尤其是人的自我超越的追求,才得以用虚幻的长生、来世之类的骗局来麻醉它的信徒。易言之,宗教给人类自我超越的追求提供了一条便捷的道路,使人们认为可以由此实现他们通过别的道路不可能实现的超越。从这个意义上来说,宗教机智地利用了人类的弱点:无知和懒惰。

中国幅员广大,各地区之间政治、经济、文化的发展极不平衡。这种状况不仅使各地区之间在政治趋向、经济利益方面存在着相当大的区别,而且在文化传统方面也具有不可忽视的差异。在南唐境内来自不同地区的人物的宗教信仰中,我们可以观察到一个十分有趣的现象:江淮土著大多笃尚佛教,而外地尤其是中原侨寓人士则主要崇信道教。籍贯不同的人物在宗教信仰方面的区别提示我们,唐宋之际,南北人士之间的隔阂还需要很长一段时间才能消除。

我们从有关文献中检出南唐政权重要人物之宗教信仰可考者十数例,从中可以大致看出这种区别。土著人士中如边镐,"每出师皆载佛事而行,时自祝以请福"①;冯延巳镇临川,"一夜梦通舌生毛",乃诣僧人解之②;冯延鲁"总戎广陵,为周师所陷,乃削发披缁以给周人"③;林仁肇为龙兴寺钟题款,云:"仗此良因,永为不朽"④;王克正死,"其家修佛事为道场"⑤,都是这些人崇佛的直接或间接证据。侨寓人士如徐玠,"其性本好神仙,颇修服饵之术"⑥;张义方命道士"合还丹于牛头山,频年未就。会义方遘疾将卒,恨不成九转之功。一旦,命子弟发丹灶。灶下有巨虺,火吻锦鳞,蜿蜒其间,若为神物护持。乃取丹自饵一粒,瘖哑而终"⑦;李平"本好神仙修养之事,而动多怪妄,自言仙人神鬼常与通接";潘佑"亦好仙"⑧;而钟谟、魏岑因见"(王)建封为祟,……呼道士奏章告天,竟不能脱"⑨,从中亦可见其崇道倾向。

就吴、南唐的统治者来说,在宗教信仰方面亦存在着显著的差异。史载,李昇代吴,"表请改江都宫殿名,皆于仙经内取之。帝(杨溥)常服羽衣,习辟谷术"⑩。这是李昇的安排,只能说明李昇的态度。其实,杨溥本人的宗教信仰并非如此。《五国故事》:"(杨

---

① (宋)周羽翀《三楚新录》卷一,墨海金壶本,第4页。

② (清)吴任臣《十国春秋》卷三十二《南唐十八·占梦僧传》,中华书局1983年版,第458页。

③ (宋)郑文宝《南唐近事》,宝颜堂秘笈本,第6页。

④ 《全唐文》卷八七六,林仁肇《龙兴寺钟款识》,中华书局1983年版,第9163页。

⑤ (宋)魏泰《东轩笔录》卷二,四库全书本,第1037册第422页。

⑥ (宋)史虚白《钓矶立谈》,知不足斋丛书本,第22页。

⑦ (宋)郑文宝《南唐近事》,宝颜堂秘笈本,第13页。

⑧ (宋)马令《马氏南唐书》卷十九《李平传》,墨海金壶本,第7页。

⑨ (宋)释文莹《玉壶清话》卷十《江南遗事》,知不足斋丛书本,第5页。

⑩ (清)吴任臣《十国春秋》卷三《吴三·睿帝本纪》,中华书局1983年版,第75页。

溥)将遇弑,方诵佛书于楼上,使者前趋,溥以香炉掷之,俄而见
害。"可知杨溥确实崇佛。至于李昪崇道,史有明文。李昪晚年,
"为方士所误,饵硫黄丹砂,吐纳阴修之术"①,后来,又"服方士史守
冲等金丹,疽发于背,秘不令人知,密令医治之,听政如故。群臣奏
事,因是往往暴怒"②。宰相李建勋曾对他加以规谏,云:"臣服甫数
日,已觉炎躁,岂可常进哉?"李昪回答说:"孤服之已久,宁有是
事!"俄而疽发,遂至大渐③。及其将卒,嘱李璟曰:"吾服金石,欲求
延年,反以速死,汝宜视以为戒。"④不过,李璟虽然没有服食丹砂,
却仍然热衷于道教。

关于李璟的宗教信仰,文献记载颇有歧异。《唐余纪传》载:
"中主、后主皆佞佛。"《马氏南唐书》亦载:"元宗喜《楞严经》。"似
乎李璟信佛。其实不然。据《江南余载》:周继诸辞官,李璟嘉之,
"赐粟帛,又赐金锄一柄。敕曰:'是朕苑中自种药者,今以赐卿,表
卿高尚之节。'"又,《十国春秋·元宗本纪》:李璟"少喜栖隐,筑馆
于庐山瀑布前,盖将终焉,迫于绍袭而止"。及其子庆王李茂死,左
右亦以"臣闻仁而不寿。仙经所谓炼形于太阴之中。然庆王必将侍
三后于三清,友王乔于玉除"为言,加以劝解⑤。可知李璟确实崇
道。据载,李璟迁都洪州,"过芜湖江口永寿禅院,亲射偃盖松,东南

---

① (宋)释文莹《玉壶清话》卷九《李先主传》,知不足斋丛书本,第 11 页。
② (清)吴任臣《十国春秋》卷十五《南唐一·烈祖本纪》,中华书局 1983 年版,
第 200 页。
③ (清)吴任臣《十国春秋》卷三十四《南唐二十·史守冲传》,中华书局 1983
年版,第 474 页。
④ (清)吴任臣《十国春秋》卷十五《南唐一·烈祖本纪》,中华书局 1983 年版,
第 201 页。
⑤ (宋)郑文宝《南唐近事》,宝颜堂秘笈本,第 17 页。

枝遂枯死,至今御箭仍在"①。可见元宗对佛教并无毕恭毕敬之意。

以上所举,当然只是一般情况,其中并不乏特殊的例子。但大概区别,是确实存在的。在特殊例子中,后主李煜的情况相当突出。李煜"幼探释氏"②。即位以后,"多不茹荤,常买禽鱼为放生"③。甚至"于宫中建永慕宫,又于苑中建静德僧寺,钟山亦建精舍,御笔题为报慈道场"④。而"国主与后顶僧伽帽,衣袈裟,诵佛经,拜跪顿颡,至为瘤赘"⑤。及南唐亡,后主被俘,行至汴口,犹登礼普光寺,"拳拳而礼,叹念久之,散施衣物缗帛"⑥,可谓至死不悟。

由于南唐政权内部土著人士与侨寓人士在宗教信仰上存在着差别,统治者对佛、道二教的态度又前后不一,因此,随着政治形势的发展,南唐的宗教政策及佛、道二教势力的兴衰也呈现出一定的阶段性。

李唐自称老子之裔,因此一向庇护道教;南唐自称李唐宗脉,对道教亦倍加尊崇。"崇清净之教,则务在于化人;饰元元之祠,则义存于尊祖。"⑦政治上的需要加上李昪与侨寓人士的竭力推崇与扶植,遂使道教势力迅速发展起来。李昪在位期间,宫中道士很多。著名者如王栖霞、孙智永、史守冲、潘扆、魏进忠等人,奉侍左右,皆赐金紫。如王栖霞,世居齐鲁,唐末南渡,烈祖辅吴,召至金陵。升

---

① (宋)郑文宝《江南余载》卷下,知不足斋丛书本,第 1 页。
② (清)毛先舒《南唐拾遗记》,昭代丛书本,第 17 页。
③ (宋)郑文宝《江表志》卷下,墨海金壶本,第 2 页。
④ (宋)郑文宝《江南余载》卷下,知不足斋丛书本,第 8 页。
⑤ (宋)马令《马氏南唐书》卷五《后主书》,墨海金壶本,第 5 页。
⑥ (宋)龙衮《江南野史》卷三《后主》,豫章丛书本,第 4 页。
⑦ 《全唐文》卷八七七,韩熙载《庐山真风观碑》,中华书局 1983 年版,第 9175 页。

元初,加金印紫绶,赐号"元博大师",又加号"真素先生"。史守冲
于南唐初期"诣宫门献丹方,潘宸亦以方继进。烈祖皆神之,以为仙
人,使炼金石为丹"①。魏进忠为延英殿使,"宠锡甚厚。诏以延英
殿为飞炼所。进忠造宅于皇城之东,广致妓乐,托结贵近,出入导
从,拟于王者。或赠人金帛,动盈千百。士人多附之"②。从中可以
想见道士在当时的地位。

李昪崇道,故对佛教不甚热心。但土著人士既多信佛,出于政
治上的考虑,亦对佛教示以宽容。从一些文献记载的情况来看,佛
教势力还曾为李昪篡吴制造舆论:

> 初,有禅代之志。忽夜半寺僧撞钟,满城皆惊。逮旦召问,
> 将斩之。云:"夜来偶得月诗。"先主令白,乃曰:"徐徐东海出,
> 渐渐入天冲;此夕一轮满,清光何处无。"先主闻之私喜,而
> 释之。③

实际上,吴唐禅代之际,"东海鲤鱼飞上天"之类的谣言谶语比
比皆是。和尚此诗,亦绝非偶合。

不过,和尚为李昪捧场,究竟对李昪产生了何种影响,还是一个
问题。史载:

> 烈祖居建业,大筑其居,穷极土木之工。既成,用浮屠说,

---

① (清)吴任臣《十国春秋》卷三十四《南唐二十·史守冲传》,中华书局 1983
　　年版,第 474 页。
② (宋)郑文宝《江南余载》卷下,知不足斋丛书本,第 9 页。
③ (宋)龙衮《江南野史》卷一《先主》,豫章丛书本,第 6—7 页。

作无遮大斋七会,为工匠役夫死者荐福。俄有胡僧自身毒中印土来,以贝叶旁行及所谓舍利者为贽。烈祖召豫章龙兴寺僧智玄译其旁行之书,又命文房书《华严论》四十部弆帙副焉,并图写制《论》李长者像班之境内。此事佛之权舆也,然烈祖未甚惑。①

由此看来,烈祖时期,佛教虽与道教并存,但其地位却显然不及后者。而"权舆"一语,也的确道出了李昪事佛的用心。然而,统治者的本意与民间的好恶并非时时合拍。在李昪的宽容之下,不仅国人信佛"寝已成俗",而且李昪本人的态度也开始发生了某种变化:

及其末年,溧水大兴寺桑生木人,长六寸,如僧状,右袒而左跪,衣袱皆备,其色如纯漆可鉴,谓之须菩提。县提置龛中,以仁寿节日来献。烈祖始大惊异,迎置宫中,奉事甚谨。②

但是,就实际情况来说,烈祖时期,佛教势力并无大规模的发展。以江西为例:《江西通志》所载升元年间建造的寺院仅有龙南县梵安院、德兴县临福寺二所而已,而道观则有铅山县鸿都观,南丰县石仙观、游真观,清江县玉虚观,抚州灵感庙等五处,其余废址重修者尚不计在内。

元宗时期,佛、道两教均有迅速发展。李璟虽然崇信道教,但在土著政治势力急剧膨胀的情况之下,其宗教政策便不能不有所顾

---

① (宋)陆游《陆氏南唐书》卷十八《浮屠传》,秘册汇函本,第400页。
② (宋)陆游《陆氏南唐书》卷十八《浮屠传》,秘册汇函本,第400页。

忌。不仅"权舆"之计必须坚持下去,更多的妥协亦不可避免。
史载:

> 李璟时,朝中大臣多蔬食,月为十斋。至明日大官具晚膳,
> 始复常珍,谓之半堂食。①

在"诸王大臣皆喜浮屠"②的势头面前,李璟的宫廷之中,趾高
气扬的和尚开始与倍受宠爱的道士争夺地位。当时著名的僧人,如
休复,出入宫禁,甚受尊崇。及其入灭,"元宗闻钟声,登高台遥礼,
深加哀慕,收舍利建塔焉"③。又如无殷,"元宗重之,诏居东都祥光
院"④。木平和尚保大年间至金陵,"元宗召见于百尺楼",又为其
"置寺宫侧"⑤。应之"能文章,习柳氏笔法,以善书冠江左","保大
中赐紫,……迁右街僧录"⑥。文益尤为李璟所重,"延住报恩院,赐
号净慧禅师",常进言讽谏,及其病终,"公卿以下素服奉全身于江
宁县丹阳起塔,谥大法眼禅师,塔曰无相",一时传为盛事⑦。此外,

---

① (宋)吴处厚《青箱杂记》卷七,稗海本,第1页。
② (宋)马令《马氏南唐书》卷七《江王传》,墨海金壶本,第4页。
③ (清)吴任臣《十国春秋》卷三十三《南唐十九·僧休复传》,中华书局1983
年版,第465页。
④ (清)吴任臣《十国春秋》卷三十三《南唐十九·僧无殷传》,中华书局1983
年版,第466页。
⑤ (清)吴任臣《十国春秋》卷三十三《南唐十九·木平和尚传》,中华书局
1983年版,第467页。
⑥ (清)吴任臣《十国春秋》卷三十三《南唐十九·僧应之传》,中华书局1983
年版,第467页。
⑦ (清)吴任臣《十国春秋》卷三十三《南唐十九·僧文益传》,中华书局1983
年版,第468页。

缘德、深、慧朗等人,亦皆有名于时。

这一时期中,宫廷中的道士虽然不多,但其显赫,仍可与和尚一争高下。尤其是女冠,颇受李璟的垂青。如女冠耿先生,"少而明慧,有姿色",自称"天自在山人",保大中入宫,"元宗处之别院,号曰先生","未几,得幸元宗,有娠"①。又如女冠杨保宗,栖于庐山上霄峰崇善观。元宗闻其名,"特召赴阙,延入禁中,命妃嫔乐道者见之,舍金钱千万,令新其宇,仍赐观额,敕尚书郎韩熙载撰记。又赐保宗紫衣,诏臣下作诗送之"②。

不过,从总的形势来看,这一时期中,佛教势力的发展已经超过了道教。李璟曾于保大初年下诏大举兴建道观,"于是乎名山福地、胜境灵踪、坏室颓垣、荒坛废址,咸期完葺,式表兴隆"③。但是,当时佛寺的兴造仍然超过了道观。仍以江西为例:见于记载的新修或重建的道观为九所,而寺院则有十五所之多。

后主李煜时期,佛、道二教的地位发生了根本性的变化。佛教取代道教,成为统治者关注的中心。在信佛的土著势力在南唐政权中日益得势的同时,李煜对佛教的尊崇也达到了无以复加的程度。"百官士庶,则而效之。由是建康城中,寺院僧徒迨至万余,亲给廪米,帑藏缯帛以供之。"④境内度人为僧,不可胜计,"太祖既下江南,

---

① （清）吴任臣《十国春秋》卷三十四《南唐二十·耿先生传》,中华书局1983年版,第480页。

② （清）吴任臣《十国春秋》卷三十四《南唐二十·杨保宗传》,中华书局1983年版,第480页。

③ 《全唐文》卷八七七,韩熙载《庐山真风观碑》,中华书局1983年版,第9175页。

④ （宋）龙衮《江南野史》卷三《后主》,豫章丛书本,第6页。

重行沙汰，其数尚多"①。对道教则竭力贬抑，甚至"常召募有道士
为僧者，与之二金，往往贪苟而为者"②。当时，有道士聂绍元，因
"后主酷好浮屠学，黄冠辈多落须发以趣之"，上疏切谏，不被采
纳③。宫廷之中，缁流充斥，很少见道士的踪迹。当时的僧人如智
明，"住金陵清凉禅院"，与李煜往来甚密④；行因禅师受到李煜"礼
重"，"诏居栖贤寺"⑤；清禀受到李煜赏识，"迎居光睦，未几，召入澄
心堂，集诸方语要，凡十年"⑥；行言居报慈院，"大阐宗风，会众二千
余人，署号曰元觉导师"⑦；智筠初住栖贤寺，"后主创净德院于金
陵，延居之，署号曰达观禅师，……后主锡以五峰栖玄禅院"⑧；更有
小长老，"自言慕化而至，朝夕入论六根四谛、天堂地狱、循环果报之
说。后主大喜，谓之一佛出世……后主消其太奢，答曰：'陛下不读
《华严经》，安知佛富贵。'因说后主广施梵刹，营造塔像"⑨。这一时
期中，江西地区兴建的寺院，见于记载者有十八所，而道观则一处也

① （宋）王栐《燕翼诒谋录》卷三，百川学海本，第2页。
② （宋）龙衮《江南野史》卷三《后主》，豫章丛书本，第6页。
③ （清）吴任臣《十国春秋》卷三十四《南唐二十·聂绍元传》，中华书局1983
　年版，第478页。
④ （清）吴任臣《十国春秋》卷三十三《南唐十九·僧智明传》，中华书局1983
　年版，第469页。
⑤ （清）吴任臣《十国春秋》卷三十三《南唐十九·僧行因传》，中华书局1983
　年版，第469页。
⑥ （清）吴任臣《十国春秋》卷三十三《南唐十九·僧清禀传》，中华书局1983
　年版，第469页。
⑦ （清）吴任臣《十国春秋》卷三十三《南唐十九·僧行言传》，中华书局1983
　年版，第469页。
⑧ （清）吴任臣《十国春秋》卷三十三《南唐十九·僧智筠传》，中华书局1983
　年版，第470页。
⑨ （宋）马令《马氏南唐书》卷二十六《小长老传》，墨海金壶本，第1—2页。

不见。这是一个明显的趋势,从烈祖时期的崇道容佛,到元宗时期的道佛并重,再至后主时期的佛教独尊,政治力量对比的变化与宗教政策的变化同步发展,而宗教政策的变化又直接造成了宗教势力的变化。其结果不仅是佛教与道教互换位置,而且将对南唐的政治、经济与文化产生深远的影响。

第五章 烈祖李昪的军事外交策略及其对时局的影响

　　南唐承杨吴之基绪,据有江淮。其地北隔江淮与中原政权相对;东邻闽、越,西界荆、楚,南倚南汉。"控朱方而定霸,总泽国以称雄"①,扼南北中国交通之冲要,进可以长趋中原,退可以保据江南,战略地位十分重要。因此,南唐军事外交策略的成败,不仅仅关系到自身的兴衰存亡,而且会对五代十国时期整个中国的基本形势产生巨大的影响。

一　五代割据形势与李昪的战略构想

　　唐末大乱,天下分崩,中原地区相继出现了后梁、后唐、后晋、后汉、后周等五个朝代,南方则先后存在着前蜀、后蜀、南平、楚、南汉、闽、吴越以及吴与南唐等九个并列的政权。这种局面的出现,一方面反映了中国古代社会固有的地域矛盾尚未化解;另一方面则反映

---

① 《全唐文》卷一二六,周世宗《赐江南国主李璟玺书》,中华书局 1983 年版,第 1271 页。

了在南北冲突的基本形势之下,南方各小区域随着经济、政治实力的增强,起而维护本地区的特殊利益。

地理环境的双重封闭以及经济形态、社会结构、政治体制、文化传统所具有的矛盾特征交互作用,造成了中国古代社会分工极不发达、商品经济受到严重限制、各地区之间发展很不平衡的局面。这种局面不仅使各地区之间潜伏着深刻的利益冲突,而且使国内各地区的政治、经济与文化势力在本质上缺乏统一的坚实基础。因此,从实力对比的角度来说,大一统王朝的出现与维持,是统治者凭借政治、经济、文化占优势的区域对劣势区域实施控制的结果。但是,经济上的掠夺、政治上的排斥与文化上的歧视,作为这种控制的本质内容,不仅妨碍劣势地区的发展与进步,而且妨碍双方的交流。大一统局面的出现,并不意味着地域矛盾的化解,而只是表明一种缓和。在盛世一统的掩盖之下,以前遗留下来的旧矛盾与不断生成的新矛盾逐渐积累、激化,一旦王朝的统治基础发生动摇,地域矛盾就会以各种各样的方式表现出来,造成分裂局面。分久必合,合久必分,不从根本上解决地域矛盾,分裂便永远是大一统王朝的归宿。

唐宋之际,中国政治、经济、文化发展的总趋势是南方优于北方。尤其是江淮地区,由落后一跃而为先进,引人注目。但是,这并不等于说,江淮地区有能力单独与中原政权对垒并取得最后的胜利。南方的优势,是一种整体性的优势。由于各种因素的影响,南方各地区之间存在着的隔阂与矛盾还需要较长一段时间才能消除,这种状况影响南方在与中原抗衡之时发挥其整体优势。在当时,南方各政权大多以保据一方为目的。实际上,在五代十国南北对抗的过程中,只有江淮在与中原进行周旋,支撑着南方的局面,而当南方各地区之间尚未形成结盟的基础之前,这种周旋显然是困难重重,不易为计。

就中原政权来说，所据之地幅员辽阔，发展历史较早，政治、经济、文化各方面的实力均较雄厚，又一直是中国古代社会正统之所在，因此，五代各朝亦以正统自居，以统一天下为己任。但是，自唐末以来，中原大战大乱相继，经济破坏严重，在国家实力尚未恢复之前，完成统一大业的希望也相当渺茫。

这是一种特殊形势下的南北对峙，其背景是南北双方实力上的暂时均衡。中原与江淮各有自己的优势与劣势，双方都没有必胜的把握，但对抗已经开始，并且在不知不觉中成为形势发展的关键。在这种情况下，谁胜谁负，便不仅取决于双方实力的强弱，而且取决于双方军事与外交策略的高下。

南唐与中原政权之间的抗衡，必然牵涉到与周围邻国之间的关系。沿长江、淮水一线，吴越、南唐、楚、南平、后蜀等国，由东而西，形成一道屏障，阻止了中原政权向南中国的进攻。其中，南唐是这道屏障的中心环节。中原政权欲图扼制南唐，必先从其邻国下手；南唐计划北上，亦需团结南方诸邦，在巩固侧翼的同时，设法从中原背后寻找同盟。以此为基线的军事外交争夺，从五代十国初期即已开始，并且逐渐形成了这样一种格局：中原政权争取了吴越、楚两国，从东、西两面牵制南唐；南唐则竭力拉拢南平与后蜀，以解除楚国在西面的威胁；同时伺机控制闽国，给吴越造成后顾之忧；除此之外，又与契丹结盟，力争形成对中原政权的夹击之势。由此看来，五代十国各割据政权实际上是以中原与江淮为核心，组成对立的两大集团，互相包围、互相牵制。这一时期中整个中国的政治形势，就是以此为特点，逐步向前发展的。

从上述分析中，我们可以看出，采取各种手段阻止南方各邦的联合,是中原政权外交政策的基点。事实上,中原政权也达到了这一目的。中原政权将吴越与楚分化出来,与之结盟,不仅肢解了南方,而且形成了对南唐这一对手三面包围的态势。

处于这种形势之下的李昪,在制订其军事外交策略的时候,便不能不瞻前顾后,做长期的打算。

当时,在南唐朝廷之上,关于采用何种军事外交策略,形成了两种不同的意见。以宋齐丘为首的土著势力,认为应该首先在南方邻国之中扩展土宇,攻取吴越、楚诸国,振兴国威;以孙晟为首的北方人士则主张保境安民,等待时机,出师北上,收复中原,然后南下收抚各地。双方争论的焦点是先南抑或先北,骨子里却在于对南唐的实力及其所处的形势在认识上相互分歧。

对于宋齐丘等人的意见,李昪显然持反对态度。但是,考虑到土著势力在南唐政权中的地位,李昪认为有必要做一番解释。

一日,李昪召宋齐丘、冯延巳等人入宫,李璟亦在侧。李昪云:

> 天下之势,低昂如权衡,要当以河山为腹背,腹背奠,然后手足有所运。朕藉杨、徐遗业,抚有东夏,地势未便。犹如绘事,窘于边幅,虽有手笔,无所纵放。毛遂云:"锥未得处囊中故也。如得处囊中,则必颖脱而出矣。"我之所志,大有以似此。每思高祖、太宗之基绪,若坠冰谷。躄人不忘起,盲人不忘视。以方我心,未足以训其勤。然所以不能躬执干戈为士卒先者,非有所顾吝也,未得处囊中故也。①

---

① (宋)史虚白《钓矶立谈》,知不足斋丛书本,第13页。

李昪此语，反映了他对江淮地区在地理位置上的不利所怀有的忧虑。江淮自古以来尚未有过建成一统王朝的先例，这种心理上的不自信当然并非毫无根据。但是，刚刚登上政治舞台、急于建功立业的土著势力并没有这种顾忌。冯延巳越次对曰：

> 河山居中，以制四极，诚如圣旨。然臣愚以谓：羽毛不备，不可以远举；旌麾黯闇，不可以号召；舆赋不充，不可以兴事。陛下抚封境之内，共已静默，所以自守者足矣。如将有所志，必从跬步始。今王潮余孽，负固闽徼，井蛙跳梁，人不堪命。钱塘君臣，孱驽不能自立，而又刮地重敛，下户毙踣。荆、楚之君，国小而夸，以法论之，皆将肇乱。故其壤接地连，风马相及。臣愚以为兴王之功，当先事于三国。

李昪曰：

> 不然。土德中否，日失其序。倘天人之望，或未之改，朕尚庶几从一二股肱之后，如得一拜陵寝，死必目瞑。然尝观刘德舆乘累捷之威、群胡敛衽之际，不得据有中原，乃留弱子而狼狈东归，朕甚陋之。及闻李密劝元感鼓行入关，意壮其言。至密自王，亦不能决意以西也。近徐敬业起江淮之众，锋锐不可当，不能因人之心，直趋河洛，而返游兵南渡，自营割据，识者知其不能成事矣。此皆已事之验也，朕每伤之。钱氏父子，动以奉事中国为辞，卒然犯之，其名不祥。闽土险瘠，若连之以兵，必半岁乃能下，恐所得不能当所失也。况其俗怙强喜乱，既平之后，弥烦经防。唯诸马在湖湘间，恣为不法，兵若南指，易如拾芥。孟子谓：

齐人取燕,恐动四邻之兵。徒得尺寸地而享天下之恶名,我不愿也。孰若悉舆税之入,君臣共为节俭,惟是不腆之圭币,以奉四邻之欢,结之以盟诅,要之以神明,四封之外,俾人自为守。是我之存三国乃外以为蔽障者也。疆场之虞不警于外廷,则宽刑平政得以施之于统内。男不失秉耒,女无废机织,如此数年,国必殷足;兵旅训练,积日而不试,则其气必倍。有如天启其意,而中原忽有变故,朕将投袂而起,为天下倡。倘得遂北平僭窃、宁乂旧都,然后拱揖以招诸国,意虽折简可致也。亦何以兵为哉!

话说到这里,宋齐丘、冯延巳等人亦不敢固执己见,遂与孙晟等人同辞对曰:"圣志远大,诚非愚臣等所及也。"①

宋齐丘、冯延巳等人是否真正赞同李昪的主张,另当别论。就李昪此番阔论而言,不能不说确有见地。在胜负未卜的形势之下,积蓄实力,等待时机,对主要敌手实施致命的一击,从理论上来说,当然是正确的。

二 牵制中原政权

江淮与中原的对抗,由来已久。唐朝末年,杨行密与朱温曾一度有过较为密切的关系,并且在其与孙儒争夺淮南的时候,与朱温结为同盟,互相声援。但是,当杨行密击灭孙儒之后,双方的矛盾也日益加剧。唐昭宗为了摆脱朱温的挟制,竭力拉拢杨行密。乾宁四

---

① (宋)史虚白《钓矶立谈》,知不足斋丛书本,第15页。

年(897),唐昭宗委任杨行密为江南诸道行营都统,以讨武昌节度使杜洪。朱温应杜洪之请,派大兵进攻淮南。清口(今江苏淮阴市)一战,朱温大败,"还者不盈千人"[1],杨行密从此保据江淮之间,形成割据局面,与朱温对峙。天复元年(901),唐昭宗又拜杨行密为东面行营都统、中书令,进爵吴王,讨伐朱温。军事行动虽然并无结果,但杨行密却从此有了一个正式的名号,梁、吴矛盾更加表面化,江淮与中原抗衡的局面亦由此正式确立。

李昪夺取了吴国政权以后,自称唐室后裔,改国号为唐,把江淮争夺正统地位的历史推向了高潮。但是,与中原政权的关系既是南唐军事外交策略的焦点,同时也是其中的难点,如何处理这一问题,的确很费周折。

升元四年(940),后晋安远节度使李金全与晋高祖石敬瑭发生矛盾,李金全惧祸,遣使至南唐,请求归附。李昪闻报,派鄂州屯营使李承裕、段处恭率兵三千渡淮出迎,以杜光邺为监军。临行之际,李昪命李承裕勿入安州城(今湖北安陆),仅于城外列阵。待李金全出城,则殿后速归。但是,李承裕到达安州以后,违命入城。次日,晋将马全节从南面攻城,李承裕大败,南归途中,又大肆劫掠。退至黄花谷,被晋将安审晖追及,杀得大败,段处恭阵亡。李承裕率残部逃进云梦泽,又被安审晖围攻,李承裕、杜光邺与士卒全部被俘。晋人把李承裕及降卒一千五百人斩首,把杜光邺等五百余人放归南唐。李昪闻讯,"悒恨累日"[2]。杜光邺等人归来以后,李昪立

---

[1] (清)吴任臣《十国春秋》卷一《吴一·太祖世家》,中华书局 1983 年版,第16 页。

[2] 《资治通鉴》卷二八二《后晋纪三》,高祖天福五年,中华书局 1956 年版,第9215 页。

即派人把他们送了回去，并给石敬瑭写信。信中说：

> 边校贪功，乘便据垒。矧机宜之孰在，顾茫昧以难申。否藏皆凶，乃大《易》之明义；进取不正，亦圣人之厚颜。适属暑雨稍频，江波甚涨，指挥未到，事实已违。今者猥沐眷慈，曲形宸旨，归其俘虏，示以英仁。其如军法朝章，彼此不可。扬名建德，曲直相悬，虽认好生，匪敢闻命。杜光邺等五百七人已令却过淮北。①

石敬瑭见到李昪来书之后，又派人再次将杜光邺等人送还，并复信表示和解之意：

> 昨者灾生安陆，衅接汉阳。当三伏之炎蒸，动两朝之师旅。岂期边帅，不禀上谋，泊复城池，备知本末。寻已舍诸俘执，还彼乡闾。不惟念效命之人，兼亦敦善邻之道。今承来旨，将正朝章，希循宥罪之文，用广崇仁之美。其杜光邺等再令归复。②

杜光邺在第二次准备渡淮归国时，遭到南唐水军的拦截，只好返回。

李昪与石敬瑭之间的往来书信向我们透露的信息不仅仅是南唐战俘的处理方式。双方之间的口吻客客气气，不仅竭力表示和

---

① 《全唐文》附《唐文拾遗》卷十一，南唐先主李昪《上晋高祖书》，中华书局1983年版，第10488页。

② 《全唐文》卷一一七，晋高祖《答淮东镇书》，中华书局1983年版，第1192—1193页。

解,而且急于推卸责任。实际情况是,后晋虽然视南唐为主要对手,有如骨鲠在喉,但当时并不存在对南唐用兵的可能性,因此只有采取忍让态度。对南唐来说,事情更加复杂。李昇虽然认为"大敌在北"①,但时机不成熟,绝不宜轻举妄动。李承裕违命入安陆城,不仅损兵折将,而且生出许多事端,处理不善,便会在南唐与后晋之间造成紧张气氛或军事上的大规模冲突。

双方的忍让使矛盾没有进一步激化。但从根本上缓和关系仍然是不可能的。不战不和的僵持状态,一直持续到烈祖时期的结束。

李昇当然不会满足于这种僵持。在南唐与后晋勉强维持着这种不正常的往来的同时,南唐与北方少数民族政权契丹的关系却获得了很大的进展。

契丹政权在五代十国时期,势渐强盛,数犯中原,为祸不浅。为了得到南方的丝织品及茶叶、药品、珠贝等物产,契丹与江淮政权保持着频繁的往来。出于军事上的考虑,吴国政权也有意加强这种联系。天祐十四年(917),吴国遣使"遗猛火油于契丹,且曰:'攻城用油然火,焚其楼橹,敌人以水沃之,火愈炽。'契丹主大喜"②。

南唐得国以后,李昇采用宋齐丘的建议,通过海路与契丹取得联系,并赠之以美女、珍玩,契丹主亦遣使报聘,双方往来不绝。这一时期中,契丹每年都派使者通过后晋境内到达南唐,用羊、马换取南方特产。这种关系的建立曾经使南唐君臣颇感鼓舞。升元二年(938),契丹主耶律德光及其弟东丹王各遣使以羊、马入贡,别持羊

---

① (宋)马令《马氏南唐书》卷一《先主书》,墨海金壶本,第7页。
② (清)吴任臣《十国春秋》卷二《吴二·高祖世家》,中华书局1983年版,第48页。

三万口、马二百匹来鬻,以其价市罗纨茶药。翰林院进《二丹入贡图》以贺,中书舍人江文蔚作赞,其词有曰:

> 皇帝建西都之岁,神功迈于三古,皇风格于四裔,华夷咸若,骏奔结轨……公卿庶尹,拜手稽首称贺,以为文德所服,受命之符也。若乃鸿荒以降,骤步相佯,耀武以信威,有所不及;任算以御物,有所不从。诗颂太原之师,则用伐矣;汉开朔方之地,则崇力矣。若我宣猷大麓,俪德无私,刑于朝廷,以及于荒服。旟衮左衽,捧日分光,殊方异产,充庭纳贶。曰:垂衣裳而天下治,斯之谓矣!①

南唐与契丹之间的关系,既非文德所服,亦非真正的同盟,但已足使后晋感到担忧。升元四年(940),契丹又遣使献马,李昪派通事舍人副四方馆事欧阳遇使于契丹,计划由后晋境内通过,但石敬瑭坚决不许,欧阳遇只好中道而返。

对于南唐与契丹的关系的实质,李昪是相当清楚的。但形势所迫,必须假戏真做。史载:

> 升元中,宋齐丘选宫嫔,杂以珠贝罗绮,泛海北通契丹,欲赖之以复中原。而戎使至则厚币遣还。迨至淮北,辄使人刺之,复遣使沿海赍琛宝以报聘。戎意晋人杀其使,数犯中原。②

---

① (宋)陆游《陆氏南唐书》卷十八《契丹传》,秘册汇函本,第405页。
② (宋)马令《马氏南唐书》卷三《嗣主书》,墨海金壶本,第5页。

　　这种策略在当时曾发挥了一定的作用,至少使后晋颇受干扰,在决定对南唐采取何种对策时,投鼠忌器。

三　稳定南方诸邦

　　中原政权在南方诸邦之间的分化工作,同样也给南唐政权造成了严重的威胁。对李昪来说,如何处理与中原盟国吴越、楚以及吴越盟国闽国之间的关系,甚至在重要程度上超过了对付中原。

　　吴越地处南唐之东,据有两浙。唐末,杨行密占领江淮以后,吴越在西、北两面直接受到吴国的包围,与中原的陆路联系也被切断,形势十分危险。当吴越与吴在淮南东部展开激烈争夺的时候,朱温便利用双方的矛盾,竭力拉拢吴越。后梁开平元年(907),朱温封钱镠为吴越王,赐号“启圣匡运同德功臣”;开平三年(909),又授太尉,使其“兼镇广陵”①。朱温的用心,不仅在“吴越王”这一封号中暴露无遗,在封号册文中说得更为清楚:

　　　　咨尔上柱国、吴越王钱镠,山川毓秀、二五储精,以不世出之才,行大有为之主。纳交伯府,翼戴中朝,靖淮甸之邪氛,不得荄我王气;斩罗平之妖鸟,不得鸣我王郊。迫乎受禅之初,首遣宣谕之使。颇知天命,不效狂谋,匪兼二国之封,曷奖尊王之义。……方赖率三军而挺荆楚,纠列国以平淮戎。允为东海屏

――――――

① (清)吴任臣《十国春秋》卷七八《吴越二·武肃王世家下》,中华书局1983年版,第1084页。

藩,永保中原重镇。①

此后,凡吴越新君即位,无不照例加恩,虽中原朝代改易,政策却始终不变。

就吴越本身的处境来说,也需要与中原政权保持密切关系,以抵制吴国吞并的企图。因此,钱氏始终不肯称帝,唯恐自绝于中原。史载:

> 是时中原多事,西川王氏称蜀,广陵杨氏称吴,南海刘氏称汉,长溪王氏称闽,皆窃大号。或通姻戚,或达聘好,咸以龙衣、玉册劝王(钱镠)自帝,王笑曰:"此儿辈自坐炉炭之中,又踞吾于上邪!"却之不纳。

及钱镠临终,又嘱其子孙曰:

> 善事中国,勿以易姓废事大之礼。②

为了解除吴国的威胁,吴越除了奉事中原以外,又与闽、楚联姻。一方面可使楚国在吴国背后进行牵制;另一方面则可使自己通过闽国与南方诸邦联系,不至于在陆路上与外界完全隔绝。

由于中原政权的介入,吴与吴越之间的矛盾日益深化。数十年

---

① 《全唐文》卷一二〇,梁太祖《授钱镠吴越国王册文》,中华书局1983年版,第1042页。

② (清)吴任臣《十国春秋》卷七十八《吴越二·武肃王世家》,中华书局1983年版,第1114、1106页。

间,两国战事不断,而吴越的军事行动往往与中原遥相呼应,说明中原政权的外交策略确实相当成功。但是,吴越与中原政权结盟的主要目的,不过是维持两浙的割据偏安。只要吴国不甚相逼,也不肯过分与之结怨。因此,双方之间的矛盾也并非绝无缓和的余地。

唐天复四年(904),吴越用顾全武之策,使钱镠之子娶杨行密之女。姻亲关系的建立,使双方的紧张气氛有所松弛。史载:

> 先是,王(杨行密)与钱氏不相能,常命以大索为钱贯,号曰"穿钱眼",两浙亦岁以大斧科柳,谓之"斫杨头",至是二姓通昏,两境渐睦焉。①

徐温秉政之际,吴越攻吴,大败而还。李昪请率步卒二千,易吴越旗帜铠仗,尾随于吴越败卒之后,袭取苏州。徐温对李昪说:"尔策固善。然吾且求息兵,未暇如汝言也。"吴诸将又建言:吴越所恃者舟楫,属时大旱,水道干涸,此天亡吴越。宜尽步骑之势,一举灭之。徐温叹道:"天下离乱久矣,民困已甚,钱公亦未易可轻。若连兵不解,方为诸君之忧。不如战胜以惧之,戢兵以怀之,使两地百姓安业,君臣高枕,岂不乐哉! 多杀何为!"于是引兵退回。不久,又将俘获的吴越士卒遣还,并派客省使欧阳江至吴越修好,吴越亦遣使求和,"自是三十余州之民乐业者二十余年"②。

徐温当时正谋划篡吴,无意于边功,与吴越修好,自在情理之

---

① （清）吴任臣《十国春秋》卷一《吴一·太祖世家》,中华书局1983年版,第26页。

② （清）吴任臣《十国春秋》卷二《吴二·高祖世家》,中华书局1983年版,第53页。

中,但其效果,已不可忽视。及南唐得国,李昪既需稳定内部,又坚持先北后南的战略方针,与吴越的关系有了更明显的改善。升元五年(941),吴越都城发生火灾,宫室府库焚毁殆尽,吴越王钱元瓘受惊,狂疾大发。以宋齐丘为首的土著势力竭力劝说李昪乘机出兵攻灭吴越。李昪力排众议,不仅遣使至吴越唁慰,而且厚赠以金帛,帮助吴越渡过难关。

从战术上来说,南唐如果乘机举兵,未必不能得志。但从整个战略形势来考虑,却是一个危险的举动。这不仅在于"人各为主,其心未离";而且在于无端生事,牵一发而动全身,所谓"齐人取燕,恐动四邻之兵",一旦混乱之局重新出现,后果不堪设想。因此,李昪宁肯"以子孙付之于天,不愿以力营也"。

其后,李昪归还了所擒获的吴越将士,吴越亦遣返吴国败将,双方"通好不绝,境内赖以休息"①。

楚国位于南唐之西,据有湖南。唐末,吴、楚两国为了争夺岳、鄂地区,战争进行得频繁而激烈。同时,楚国与南汉、南平的关系也相当紧张。所谓"淮南为仇雠之国,番禺怀吞噬之志;荆渚日图窥伺",处于三面受敌的形势之中②。

外界处境的不利迫使楚国不得不与中原结成同盟,以求自存。杨行密与朱温对抗的时候,为了加强实力,曾试图与楚结盟,但没有成功。唐天复三年(903),吴遣使至楚,致书马殷,称:"梁王全忠跋

---

① (清)吴任臣《十国春秋》卷十五《南唐一·烈祖本纪》,中华书局1983年版,第202页。
② (清)吴任臣《十国春秋》卷七十三《楚七·拓跋恒传》,中华书局1983年版,第1009页。

扈,请绝之。"①马殷惧吴之强,将许之。大臣高郁劝阻说:

> 成汭地狭兵寡,不足为吾患。刘龑志在五管而已。杨行
> 密,公之仇雠,虽以万金赂之,不能得其欢心。莫若上奉天子,
> 下抚士民,训卒厉兵,以修霸业,则谁与为敌矣!②

马殷听从了高郁的建议,于是始修贡京师。及朱温称帝,马殷
遣使进贡,并上书劝进。朱温出于扼制吴国的需要,拜马殷为侍中、
兼中书令,封楚王。同对待吴越一样,虽中原改朝换代,而对楚国的
政策始终不变,照例加封,使之与吴国为敌;而楚国与吴越一样,也
始终不肯称帝。但是,楚与吴越不同的是,自后唐以来,很少与吴国
发生正面的军事冲突,两国边疆比较平静。

南唐得国以后,李昪与楚国互通聘好,使者往来不绝,双方关系
相当平和。当时,南汉曾遣使至南唐,谋求与南唐合兵攻灭楚国,然
后平分其土地。李昪没有应允。他的考虑,同处理与吴越的关系一
样,虽然楚国内部极不稳定,取之"易如拾芥",但在南唐不具备夺
取中原的条件之下,派兵"经防"已属得不偿失;一旦中原乘虚而
入,恐其祸不止于损兵折将而已。维持现状,维持平衡,对任何一方
都将有利。

闽国地处南唐东南,据有福建,其北面与吴越接壤,西南与南汉
为邻。由于吴、吴越、南汉三国都有吞并闽国的企图,闽国亦与中原

---

① (清)吴任臣《十国春秋》卷六十七《楚一·武穆王世家》,中华书局1983年
版,第934页。
② (清)吴任臣《十国春秋》卷七十二《楚六·高郁传》,中华书局1983年版,第
999页。

政权保持过一段密切的关系。王审知在世之时,许多割据者劝其称帝,王审知回绝说:"我宁为开门节度使,不作闭门天子也。"①这也是考虑到一旦称帝,有可能失去中原政权这一招牌,给周围虎视之国提供用兵的口实。

但是,王延翰嗣立之后,自称大闽国,与中原政权的关系大不如前。及王璘即位,上表于后唐,要求与吴越、楚受到同等礼遇,加尚书令之职,后唐未加理睬,王璘遂绝朝贡,自立为帝。到了南唐初年,闽又派商人间道奉表称藩于后晋,石敬瑭许之。但同年十月,闽又遣使者至大梁,要求用敌国之礼相见。石敬瑭大怒,退还贡品,并把使者下狱,双方关系破裂。

闽国与中原关系紧张,使其在邻国之中处境日益困难。为了改善局面,闽国与吴越联姻。吴越为了解除后顾之忧,也竭力拉拢闽国。双方暂时结盟,共同对付吴国。当时,吴国出于与中原对抗、亟需稳定后方的需要,亦曾试探与闽国缓和关系。杨行密遣使张知远入闽修好,正值闽国交困之时,本来可以达到目的,不料,张知远闇于时势,来到闽都以后,"举止倨慢",结果被闽主杀掉,双方遂断绝往来②。其后,两国曾发生过小规模军事冲突。王继鹏当政之际,"常欲练兵袭吴",曾于"殿庭设大沙锣于射埘,示众曰:一发中之,当平定江南。射埘去阶际裁数十武,沙锣复甚宽广,果一发命中,左右同声贺曰:'此一箭定天下矣!'帝大悦,遂发兵至境上。吴人闻

---

① (清)吴任臣《十国春秋》卷九十《闽一·太祖世家》,中华书局1983年版,第1319页。
② (清)吴任臣《十国春秋》卷九十《闽一·太祖世家》,中华书局1983年版,第1310页。

之,无所诟责,第曰:'愍其有大志耳!'"①吴国不肯与闽国交恶,是出于形势的需要。但是,闽国内部动乱频仍,在外交策略上反复无常,进退失据,又视兵事如儿戏,显然难以持久。

南唐得国,正值闽国与后晋、南汉、吴越关系紧张之时。内外交困之局,迫使闽国不得不在邻国之中另寻出路。因此,李昪受禅之际,闽国主动遣使劝进,以图修好。李昪亦顺水推舟,派使者往聘,双方关系遂渐趋好转。但是,唐闽改弦,吴越存惧,其中的影响并不全是正面的。

南唐与吴越、楚、闽三个南方敌国改善了关系,暂时稳定了南方的形势,在事实上也使南北冲突的紧张局面得以缓解。但是,同中原政权一样,吴越、楚、闽三国与南唐的关系可以改善,但却不可能从根本上解决互相之间的敌对。李昪所能做的,实际上也只是避免了与中原政权及其盟友发生不必要的冲突。但矛盾既然存在,迟早总会爆发。为了进一步控制局势,李昪还必需在吴越与楚、闽三国的背后寻找盟友,牵制其行动。

南汉位于南唐南面,据有两广,南临大海,北与楚、南唐、闽三国交界。南汉与中原政权的关系一向不睦。后梁时,刘龑上表求封为南越王,遭到拒绝,刘龑大怒,对其僚属说:"今中国纷纷,孰为天子!安能梯航万里,远事伪庭乎!"②于是贡使遂绝。由于处地偏远,中原政权鞭长莫及,对其无可奈何。南汉始终对楚国怀有野心。五代

---

① (清)吴任臣《十国春秋》卷九十一《闽二·康宗本纪》,中华书局1983年版,第1333页。
② (清)吴任臣《十国春秋》卷五十八《南汉一·高祖本纪》,中华书局1983年版,第841页。

初期,杨洞潜即"时时为烈宗画策,取湖南容管"①,因此,两国素为仇敌,交兵不息。

南汉与吴国的关系一向较为密切,没有发生过什么冲突。及南唐得国,李昪为了牵制楚、闽,非常注意与这个天然盟友发展关系,南汉亦图借助南唐的力量吞并楚国。李昪即位之初,南汉遣使至金陵,商讨联兵伐楚之计,李昪虽未应允,但两国之间的同盟关系,却由此确立下来。

南平据有湖北之一部,处于中原、南唐、楚、后蜀之中,四面皆为强邻,兵家必争之地。南平之所以能够存在,原因之一是各国企图保留一个缓冲地区。因此,处于这种形势之下的南平,在外交策略上难免左右摇摆,尤其注意保持与强国之间的关系平衡。

南平与楚国素为敌手,双方争战不息,冲突频起。后唐时期,高季兴迫于中原与楚国的压力,奉表臣服于吴。但是,吴国所能给予南平的保护,实际上微乎其微。及高从诲嗣立,"以父自绝于唐,惧复见讨,谓僚佐曰:'唐近而吴远,舍近臣远,非计也。'"②于是改变策略,向中原政权称臣。吴国闻报,兴师问罪,结果无功而还,双方关系中断。

南唐得国以后,南平遣使通好,又奉表请求在金陵置邸,以示臣服之意。李昪亦加意宽容,双方使者往来不绝,关系相当融洽。

后蜀据有四川,素与中原为敌。前蜀王建在世之时,朱温篡唐,遣使告谕,王建拒而不纳,并与吴王杨渥联盟,驰檄诸道,又联络歧

---

① （清）吴任臣《十国春秋》卷六十二《南汉五·杨洞潜传》,中华书局1983年版,第888页。

② （清）吴任臣《十国春秋》卷一〇一《荆南二·文献王世家》,中华书局1983年版,第1439页。

王李茂贞、晋王李克用，计划"会兵讨梁"①。南唐得国，双方的同盟关系继续维持，两国使节往来虽因山川关津阻隔而甚为不便，但对牵制楚国、缓和南唐西面的形势，仍有一定的作用。

南唐与南汉、南平、后蜀同盟关系的建立，使李昪完成了他的战略构想的最后一环。五代十国的版图通过李昪的安排，形成了一个双环阵势。南唐是这一阵势的圆心，其外围是中原及其盟友吴越、闽、楚；在这一同盟之外，是契丹、南汉、南平、后蜀等南唐盟友。牵一发而动全身，南唐是这一平衡局面中的关键因素。这一阵势既符合"远交近攻"的传统原则，又符合南唐自身的实力状况。南唐利用这一平衡，争取了恢复与发展的时间。一旦南唐克平中原，暂存以为"蔽障"的吴越、闽、楚三国，便将处于南唐及其同盟的团团包围之中，可"尺书而招之"。

---

① （清）吴任臣《十国春秋》卷三十五《前蜀一·高祖本纪》，中华书局 1983 年版，第 500 页。

第六章　"敢向尊前不尽心"

南唐升元四年（940）十月，术士孙智永上言："四星聚斗，分野有灾。"①建议李昪东巡。几天以后，李昪由金陵登舟，沿江东下，来到东都扬州。这一年，李昪已经五十三岁。自从被掳为养子、寄寓徐氏门下以来，四十余年之间，李昪以茕茕一身，"挟莒人灭鄫之谋，创化家为国之事"，含辛茹苦，呕心沥血，而今鬓发如霜，垂垂老矣。在经过建元门入城之际，李昪感念畴昔，不禁泫然流涕。

使李昪感到惆怅的，还不仅仅是对往事的追怀。李昪并不是一个多愁善感的人物。他凭借克制和忍耐，成就了取代吴国的事业。但是，南唐立国刚刚三四年时间，庶事草创，而自己则已日近黄昏，到了安排后事的年纪。家国前途未卜，这才是李昪朝思暮虑、寝食不安的主要问题。

李昪在扬州住了一个月左右，本来打算就此在东都久住，但冬季渐至，漕运十分困难，因此又返回金陵。

从扬州回来以后，李昪变得脾气古怪、急躁易怒。群臣奏事，往往使他大动肝火，甚至原来十分信任、亲近的大臣，也因为惧怕责

---

① （清）吴任臣《十国春秋》卷十五《南唐一·烈祖本纪》，中华书局1983年版，第196页。

罚,不敢与他见面。内侍王绍颜曾经上疏,指出:

今春以来,群臣获罪者众,中外疑惧。①

李昪闻奏,手诏解释原委,并命王绍颜告谕群臣。尽管如此,李昪的情绪却并无明显的好转。

李昪的变化,固然与他忧虑国家前途,愈至暮年而心情愈加急切有关,但更重要的原因却在于李昪开始大量服用丹砂。

李昪同所有同时代的人一样,不可能摆脱宗教迷信的影响。专制君主们虽然利用宗教以稳定其统治,但往往自己也很相信这一套骗术。越是在垂暮之年,越容易祈求宗教来帮助他们摆脱死亡的阴影。道教所讲求的长生之术,尤其适合他们的需要,因此,历史上误入此途的君主并不少见。

李昪即位之初,对宗教并不感兴趣。尽管他从政治的角度来考虑问题,对道教颇加尊崇,但是,在儒、道、佛三教之中,他还是倾向于用儒家思想来统治人民。他年轻之时,研习过儒家的经典,即位以后,在境内创立学校、奖励孝悌、招揽儒士、制礼作乐,几乎不遗余力。不过,儒家宣扬的是仁义道德,并不能解决生死问题,而道士们的诡言秘术,却在不知不觉中占据了李昪的注意力。

李昪周围的道士,杂驳不一,对其影响最大的,是王栖霞、魏进忠、史守冲、潘扆等人。王栖霞一名敬真,字元隐,山东人。唐末避乱南渡。李昪辅吴之时,被召至金陵。南唐初年,加金印紫绶,赐号

---

① 《资治通鉴》卷二八二《后晋纪三》,高祖天福六年,中华书局1956年版,第9230页。

"元博大师"，又加号"真素先生"。不过，王栖霞虽早年即追随于李昪左右，却并未给他出过什么长生的主意。从王栖霞的一些言论来看，他是一个儒道合流的人物。

魏进忠是一个纯粹的骗子。此人自称有飞炼之术，李昪对他十分宠信，任命他为延英殿使，主持炼丹。魏进忠于是大摆排场，在皇城东面大建宅第，广致妓乐，出入仪仗，拟于王者；又托结权贵，贿赂公行，赠人金帛，动盈千百，士人附之，趋之若鹜。对当时的政治风气，产生了极坏的影响。但是，天长日久，炼丹不成。李昪大怒，把他发配到东海县去充军。

史守冲家世不详；潘扆的来历也不甚清楚，或以为是南唐大理评事潘鹏之子，由海州刺史邓匡图荐于李昪。当时，李昪惧寿不永，急欲长生。一天夜里，梦见得到"神丹"。醒来以后，即命侍从四处物色。恰巧史守冲此时诣宫门来献丹方，李昪以为应梦，大喜过望。不久，潘扆亦以丹方进献。李昪对他们十分敬畏，事之有如神明，特建紫极宫，供二人炼丹之用。李昪服食的丹砂，就是由这两个人炼成的。史守冲后来下落不明，潘扆死于李昪末年。临终之际上言，要求用桐棺葬于近处，声称来日将要"尸解"。李昪从之，把他葬在金波园内。元宗李璟即位以后，特地把他的棺木掘出，验其虚实。打开一看，却并无异常之事出现。

史守冲、潘扆的"仙丹"炼成之后，李昪开始大量服食。这不仅导致李昪性情大变，其健康状况也日益恶化。当时，李昪曾经把丹砂赐给李建勋。李建勋委婉地劝谏说："臣饵之数日，已觉躁热，况多饵乎！"但李昪并无改悔之意。这期间，李昪仍然坚持每日临朝处理政务，而体力则已渐渐不支。

升元七年（943）二月，李昪疽发于背，但秘而不宣，偷偷地请太医吴廷绍医治,同时听政如故。庚午(二十二日),李昪病危,李璟入宫侍疾,李昪向他交待后事,叮咛再三,对他说:"德昌宫储戎器金帛七百余万,汝守成业,宜善交邻国,以保社稷。"又说:"不可袭炀皇之迹,恃食阻兵,自取亡覆。苟能守吾言,汝为孝子,百姓谓汝为贤君矣。"又啮李璟手指,至血出,嘱之曰:"他日北方当有事,勿忘吾言。"此时李昪亦深悔服食丹砂,造成恶果。因此,又诫李璟:"吾服金石,欲求延年,反以速死,汝宜视以为戒。"①

是日夜,李昪崩于升元殿,年五十六。遗诏曰:

> 乃公乃侯、越百执事,钦承嗣命。命尔保元子璟,祗肃天鉴。社稷宗庙永有终,我不敢知;曰其基永昌,我亦不敢知。曰坠命罔后,天不尔谌,祐于有德。厥位艰哉!②

谥曰"光文肃武孝高皇帝",庙号烈祖。同年十一月,葬于永陵。

无论从哪一个角度来看,李昪都是一个性格矛盾的人物。他善弄权术,知几识势,控御臣下,周密慎察,但又敦厚慈恕,待人以诚,不失温良仁爱之心;他谦抑恭俭,善于克制自己,堪称臣民表率,但又有极其强烈的自尊心,往往在受到意外刺激时,失去理智,做出超乎常情的举动;他素蕴壮志,以天下为己任,有一统寰宇、建立千秋基业的心胸,但又很不自信,终于以保境安民为满足,不愿进行"力营",而宁肯将子孙"付之于天"。

李昪善弄权术,在篡吴之际表现得最为突出。当时,他主要采

---

① (清)吴任臣《十国春秋》卷十五《南唐一·烈祖本纪》,中华书局1983年版,第201页。

② (宋)马令《马氏南唐书》卷一《先主书》,墨海金壶本,第8页。

用安抚、拉拢手段,对土著势力上下打点,多方关照,以获取他们的支持。但在必要的时候,也毫不留情地杀人,而且不动声色。不过,李昪绝不是一个凶残的人物,五代之君"恣行杀戮,视人命如草芥。今日赤某人族,又明日赤某人族"①。李昪与他们相比,倒真是小巫见大巫。他即位之前,杀过两个人。一个是临川王杨濛,另一个是徐融。徐融的家世,目前已不可考,据载:

> 李先主昪将受禅,欲讽动僚属。雪天大会,出一令,借雪取古人名,仍词理通贯。昪举杯自言曰:雪下纷纷,便是白起。宋齐丘曰:著屐过街,必须雍齿。时徐融在坐,意欲挫昪等,遽曰:明朝日出,争奈萧何! 昪大怒,是夜收融,投于江。②

杨濛被杀,因为他是杨氏旧臣的支柱;徐融之死,却完全是李昪意气用事,无论从哪一个角度来看,都是一种过分之举。

李昪即位以后,也杀过两个人。一个是吴睿帝杨溥,另一个是赃臣褚仁规。诛除赃吏,无可非议;杀掉杨溥,以绝吴人之心,似乎也是必然之举。但是,李昪的做法过于虚伪,便使人感到极不自然。当时,杨溥多次请求由吴国旧宫之中迁出,李昪都没有允许。此时的杨溥,已经成为一具政治僵尸,形容枯槁,心如死灰,每日以念佛诵经为事。李昪把表面文章做到不能再做的程度,才派人把他杀掉,然后假惺惺地废朝二十七日,隆重地举行了葬礼。

对待杨氏宗族也是如此。受禅之后,按照惯例,杨氏子孙需要

① (宋)李昌龄《乐善录》卷下,稗海本,第10—11页。
② (清)毛先舒《南唐拾遗记》,昭代丛书本,第17页。

降低爵位。但在降爵削号之后,李昪给他们增加了官职和食邑,以保证他们能过着优裕的生活。被杀掉的杨濛,也"以礼改葬",并追封王位。当这些手续完成之后,李昪把他们统统迁到泰州,幽禁在永宁宫中,派兵严加守卫,甚至不许与外人通婚。以致时间既久,"男女自为匹偶,吴人多哀怜之"①。

至于李昪曾经栖身数十年的徐氏一门,也受到同样的处置。李昪即位之初,曾有人进献毒酒方。李昪斥责说:"犯法自有常刑,奚用此为!"②但他又曾企图用毒酒除掉徐知询,结果申渐高当了替死鬼。徐氏三兄弟,徐知询、徐知海、徐知谏,都曾任职洪州大藩,颇怀恩荣,但又都不明不白地死在那里。

但在另一方面,李昪又往往能待人以诚。对待大臣,李昪虽然处处小心提防,唯恐其权势过重,危及自己的地位,再演出一幕"禅代"的悲剧。然而,自从辅吴以来,李昪始终与僚佐们保持着和睦的关系。受禅之时,他曾与宋齐丘发生过矛盾,但即位之后,仍然拜宋齐丘为相。后来,宋齐丘罢相,发怒不肯朝见。李昪特派寿王李景遂前去慰问,又答应他出镇洪州。宋齐丘拜辞,李昪设宴款待。酒酣之际,宋齐丘大发牢骚:"陛下中兴,臣之力也,奈何忘之!"李昪亦大动肝火,质问道:"公以游客干朕,今为三公,亦足矣。乃与人言朕鸟喙如句践,难与共安乐,有之乎?"宋齐丘毫不示弱,反唇曰:"臣实有此言。臣为游客时,陛下乃偏神耳。今日杀臣可矣。"结果宴会不欢而散。次日,李昪酒醒,手诏向宋齐丘道歉:"朕之褊性,子

---

① 《新五代史》卷六十一《吴世家》,中华书局 1974 年版,第 759 页。
② (清)吴任臣《十国春秋》卷十五《南唐一·烈祖本纪》,中华书局 1983 年版,第 190 页。

嵩平昔所知。少相亲,老相怨,可乎!"①及宋齐丘上路,李昪又以锦
袍赐之,对他说:"豫章,大司徒维桑也。衣锦昼行,古人所贵。"②宋
齐丘至镇,即衣以视事。

李昪对臣下的生活也很关心。在位之时,文武臣属有死亡者,
子孙皆承荫泽,而且"随才以叙",并不拘泥于官职的高下。甚至对
大臣的私生活,李昪也加以关照。据载:

> 兵部尚书杜业,任枢密,有权变,足机会,兵赋民籍,指之掌
> 中。其妻张氏妒悍尤急,室绝婢妾,业惮之,如事严亲。烈祖尝
> 命元皇后召张至内庭,诫之曰:"业位望通显,得置妾媵,何拘忌
> 如此,岂妇道所宜耶?"张雪涕而言曰:"业本狂生,遭逢始运,
> 多垒之初,陛下所藉者,驽马未竭耳。而又早衰多病,纵之必贻
> 其患,将误于任使耳。"烈祖闻之,大加奖叹,以银盆彩段
> 赏之。③

李昪也是一个严于克己的人物。即位以后,每日亲理政事,兢
兢业业,未尝稍有懈怠。虽为帝王之尊,却仍旧保持着俭朴的生活
习惯。他所居住的宫殿,只是旧衙署增设了象征天子身份的鸱尾和
栏槛而已,其余女伎音乐园苑器玩之类一无添加。诸州县所贡珍禽
奇兽,被下令放往钟山;各季节木瓜杂果之献,一概停罢。户部官员

---

① 《资治通鉴》卷二八三《后晋纪四》,高祖天福七年,中华书局1956年版,第
　9237页。
② (宋)马令《马氏南唐书》卷一《先主书》,墨海金壶本,第7页。
③ (宋)郑文宝《南唐近事》,宝颜堂秘笈本,第21页。

年终照例献"羡余",被他斥责为"掊民刻军"①。平时,他常穿草鞋,服饰也极其粗略。盥洗之具,皆为铁器,盛夏酷暑,仅以青葛帷为寝帐。左右服侍者,都是些年老丑陋的宫人。寝殿之中,灯具不用脂蜡,而灌以乌桕子油,书案上捧烛铁人,高一尺五寸,据说还是杨氏马厩中所用之物。

　　文献中有关李昪生活俭朴的记载很多。五代时期,世道浇漓,各国君臣竞相以奢侈为高。南唐群臣也大都过着豪华的生活。朱门甲第、姬妾成群,是极为平常的事情。李昪在这种风气之中,能够洁身自好,并不是一件十分容易的事情,这不仅在五代十国之时,在历代帝王之中也几乎是绝无仅有的例子。值得注意的是,李昪的节俭,并不像某些帝王一样,用以自相标榜。李昪的节俭,是一种十分自然的举动,并非故做姿态,因此毫无矫揉造作的痕迹。土著大臣称其为"田舍翁",甚至侍从亦因此而对他大加嘲讽。据载:李昪把乌桕子油称作"乌桕",把捧烛铁人称作"金奴"。一日黄昏,李昪忽然需要灯烛,急忙喊小黄门:"掇过我金奴来!"左右侍从闻言,不禁失笑,私下议论说:"乌舅(柏)、金奴,正好作对!"②

　　李昪虽然善于克制自己的感情,具有非凡的忍耐力。但是,在受到意外的刺激时,往往也做出一些过分的事情。安陆之败以后,李昪无论如何不肯接受后晋遣返的战俘,除了不愿承担责任之外,还在于杜光邺的败归,刺伤了李昪的自尊心。在某种程度上,李昪认为石敬瑭那封语气和缓的信是在羞辱自己,这是他无论如何也不能接受的。

---

① (清)吴任臣《十国春秋》卷十五《南唐一·烈祖本纪》,中华书局1983年版,第202页。
② (宋)陶谷《清异录》,说郛本,第48页。

司马光在评论李昪这一举动时写道:

> 违命者将也,士卒从将之令者也,又何罪乎!受而戮其将以谢敌,吊士卒而抚之,斯可矣,何必弃民以资敌国乎![1]

司马光之言当然很有道理,但是,他并没有说明李昪这一过分之举的心理原因。李昪幼而被掳,为人养子的寄食生活,使李昪在聪慧的天性之中,不仅增添了狡诈,而且也增添了自卑。虽然李昪已经登上帝位,处九五之尊,居兆民之上,但在内心深处,旧日的阴影并未消失。人们看到的是一种帝王的强烈自尊,令人望而生畏。但是,这种自尊的来源乃是自卑。二者之间,本来也只有一步之遥。一旦受到刺激,被自尊掩盖着的创伤便会重新流血。

李昪经营南唐,茹数十年之辛苦,得来颇为不易。如何保持李氏江山的久远,自然是他经常考虑的问题。为此,李昪请教过方方面面的人士,得到过各种各样的回答。但是,对他触动最大的,恐怕却是那位名叫王栖霞的道士。当李昪向这位名闻遐迩的王道士请教"何道可致太平"的时候,王栖霞并未发表什么宏论,只是淡淡地说:"王者治心治身乃治国家。今陛下尚未能去饥嗔饱喜,何论太平?"[2]皇后宋氏听到这番话,在帘后称叹,以为"至言"。

王栖霞此言并非无端而发。在中国古代,君主具有至高无上的权威,是专制制度的人格化。在政治舞台上,君主一般都扮演着最重要的角色;在社会生活中,君主又应当做臣民的表率。虽然在实

---

[1] 《资治通鉴》卷二八二《后晋纪三》,高祖天福五年,中华书局1956年版,第9216页。

[2] (清)毛先舒《南唐拾遗记》,昭代丛书本,第4页。

际上,君主在这两方面的作用往往因人而异,但在理论上,这是人们公认的基本原则。因此,君主的自身修养与性格特征不仅影响王朝的政治状况,而且也赋予王朝以特殊的政治风格。

就李昇来说,自卑是其性格中的主导因素。受禅之际,他不敢直接说出自己的愿望,而是吞吞吐吐,让亲信们去猜测;禅让礼举行之时,他尊吴睿帝杨溥为"高尚思玄弘古让皇帝",而自称为"受禅老臣";即位以后,群臣奏请上"应乾绍圣文武孝明皇帝"的尊号,他再三不肯接受,甚至不允许臣下称呼他时用"圣"、"睿"等字样,如有违者,竟要以"大不敬"论罪;虽然他冒充唐室后裔,改姓李氏,并把国号也改为"大唐",但在复姓之际,却"谦抑不敢忘徐氏恩",与群臣议论国事,常常自称继承"杨、徐遗业"。这种自卑感甚至影响到他的军事外交策略,使他虽然打出"大唐"旗号,欲与中原一争正统,却又时时认为"锥未得处囊中",并用"宁以子孙付之于天,不愿以力营也",或"兵之为民害深矣,不忍复言"之类的理由去搪塞群臣。甚至在临终时留下的遗诏之中,还说:"社稷宗庙永有终,我不敢知;曰其基永昌,我亦不敢知",表露出极端不自信的心理状态。如果我们把李昇幼年所作《咏灯》诗中"主人若也勤挑拨,敢向尊前不尽心"之句与遗诏中的不自信联系起来,无疑可以清楚地看出一个自卑的皇帝的形象及其心理发展线索。

当然,上述事例也可以被理解为一种需要、一种权术。但是,即使是玩弄权术,也会因人而异。形势的需要也许十分相似,但应付的手段却不会完全相同,其中仍然可以看出君主作为活生生的个人所具有的特殊性格。

不过,在绝大多数场合,李昇还是很善于克制自己的。他经常向臣下征求意见,凡有上书言事者,不拘身份,即使徒隶之辈也一定要亲自引见。甚至有些时候臣下对他的举措直言攻讦,他也能认真加以考虑。在他晚年的时候,因为服食丹砂,变得性情急躁易怒,但如果臣下提出正确意见,他还是能够敛容称谢,积极采纳。因此,李昪虽然有很强的自尊心,还是能够保持从谏如流的政治家风度。

李昪虽然是一个割据的皇帝,性格上也不无弱点,但是,自从他执掌吴国政柄以来,内则政宽刑平,外则邻邦敦睦,对江淮地区政治、经济、文化的进步,起到了重要的推动作用。故旧史虽目之为"僭窃",却仍有许多褒美之辞。

《马氏南唐书》云:

> 晋以天下丧于狄人而琅琊继之;唐以天下篡于朱梁而烈祖绍之。然则盗名器,操生杀,制一方之命,抗万乘之势者,岂非天欤!烈祖之起,虽无雄才大略,而深沈宽裕,本于天性。幸而适丁中原扰攘之际,故数年之间,有足观者。①

《陆氏南唐书》云:

> 帝生长兵间,知民厌乱,在位七年,兵不妄动,境内赖以休息……仁厚恭俭,务在养民,有古贤主之风焉。②

《钓矶立谈》云:

---

① (宋)马令《马氏南唐书》卷一《先主书》,墨海金壶本,第9页。
② (宋)陆游《陆氏南唐书》卷二《烈祖本纪》,秘册汇函本,第21—22页。

　　叟尝笑诸葛孔明号称王佐才,然不知地小人单,穷兵不休,两川之人,坐是不聊生。忠则忠矣,安所事智!今江南壤毛瘠薄,土泉不深,其人轻佼剽悍,不能耐久,非中国之敌也。自有宇宙以来,未有偏据而可以成大功者。稽考永陵之心,夫岂不欲以并包席卷为事耶。顾其所处,势有未便故也。有如孙陈之季,皆区区不度,以至鱼烂。由是言之,江表五十年间,父不哭子,兄不丧弟,四封之内,安恬舒嬉,虽流离侨寓之人,亦获案堵。弗夭弗横,以得及真人之期。吁!烈祖为有大造于斯土也明矣!①

---

① (宋)史虚白《钓矶立谈》,知不足斋丛书本,第8—9页。

中编　南唐的衰落

保大元年(943)至建隆二年(961),元宗李璟在位,这是南唐政权由盛转衰的时期。

这一时期中,南唐统治集团内部侨寓人士与土著人士之间的倾轧愈演愈烈,政治局势日益混乱,军事外交频频失利,经济状况也不断恶化。与此同时,中原地区随着后晋、后汉、后周、北宋的递嬗,形势渐趋好转。淮南一战,南唐一蹶不振,退缩江南,成为中原政权的附庸。

第七章　嗣位之争

李昪死后，李璟即位，是为元宗。

李璟是李昪的长子，字伯玉。初名景通，后来改名为瑶，又改为璟。保大末年，避后周高祖郭威之父郭璟讳，曾改名为景。旧史又常以中主、嗣主称之。

李璟生于吴天祐十三年(916)，生母即元敬皇后宋氏。李璟出生的时候，李昪正在升州刺史任内，李璟可能就生于金陵。李璟两岁的时候，李昪改任润州团练使，次年，徐知训为朱瑾所杀，李昪率州兵入扬州定乱，遂拜淮南节度行军副使，留吴都辅政。李璟随父亲辗转迁徙，三岁时，才在扬州定居下来。

李璟的少年时代，生活比较安静，也比较优裕，没有他父亲有过的那些坎坷艰辛。他天资聪慧，又受过良好的教育。扬州景色清新幽美，六朝胜迹随处可见。李昪谦恭礼下，粗通诗书，周围又聚满了才华横溢的南北士人。这种环境，熏陶了少年的李璟，使他在未冠之年，就有了优雅的风度、谦和的性情和出众的文学才能。《马氏南唐书》载：

> （嗣主）美容止，器宇高迈，性宽仁，有文学。甫十岁，吟《新竹诗》云：栖凤枝梢犹软弱，化龙形状已依稀。人皆奇之。

由于父亲的地位,李璟年仅十岁即授官驾部郎中。不久,又拜诸卫大将军。不过,此时的李璟并未在政治舞台上露面,只是同一些文人墨客如冯延巳之流游处谈论而已。他十二岁时,徐温病卒,李昇奉吴王杨溥称帝。又过了二年,李昇搞垮了与之争权的徐知询,彻底控制了吴国的政柄。这时,李璟才开始真正步入政坛。吴大和二年(930),李璟出任兵部尚书、参知政事。次年,李昇出镇升州,命李璟为司徒、同平章事,知中外左右诸军事,留扬州辅政。这一年,李璟刚刚十六岁。

李璟居扬州辅政,但大权操于父亲李昇之手,而在扬州处理具体政务者,则是宋齐丘。因此,这一时期之中,并不见李璟有什么政治建树。不过,李璟谦和闲雅,易于相处,睿帝以下,皆得安居,对于稳定政局,却是一个不可缺少的人物。

李璟八岁的时候,与徐温的亲信将领钟泰章之女成婚。这是一门政治交易性的婚姻。吴天祐五年(908),徐温与张颢发生冲突,钟泰章受徐温之命,率壮士二十人刺杀张颢。当时,徐温担心钟泰章胆怯,不能成功,半夜时分,找到钟泰章,对他说:“仆母老,惧事不成,徐图之如何?”钟泰章闻言,怒道:“言已出口,岂可已之!”第二天,果然杀死了张颢。徐温自此开始独擅朝政。但是,事成之后,徐温待钟泰章极薄,钟泰章因此十分不满,经常乘酒醉之机大发牢骚,弄得徐温的神经也十分紧张。吴顺义三年(923),李昇居扬州辅政之时,有人告发钟泰章“侵市官马”。李昇为了削弱徐温的势力,把他贬为饶州刺史,同时派王稔代其镇守寿州。徐温闻报,把钟泰章召到升州,询问原委。钟泰章并没有在徐温面前为自己辩解,只是在事后对别人说:“吾在扬州,十万军中,号称壮士。寿州去淮数里,步骑不下五千,苟有它志,岂王稔单骑所能代乎?我义不负国,虽黜

为县令亦行,况刺史乎? 何为自辨,以彰朝廷之失。"徐温闻言,自知
有负于人,乃命李昪为李璟娶钟泰章之次女为妻,以慰其心,缓和矛
盾①。不过,钟氏情性娴淑,与李璟也还算班配。所以,尽管这是一
桩政治交易性的婚姻,对李璟来说,倒还并不算十分难堪。徐温自
己也认为:"非此儿不敌此女。"②对这桩交易甚感满足。李璟即位
以后,钟氏被立为皇后,即光穆皇后。

李昪篡吴成功以后,李璟拜诸道副元帅,判六军诸卫事,太尉,
尚书令,封吴王。次年,又进封为齐王。这一时期中,李昪几次决定
立李璟为太子,但李璟执意推辞,不肯接受。实际上,一直到李昪临
终,储嗣的人选也没有最后确定下来。

李璟固辞储位,有他自己性格上的因素在内。他是一个柔弱的
人物,性情谦和,自幼便受到严格的儒家思想教育,李昪对他的约束
也较紧。他的妻子钟氏也经常以谦抑忍让之道对他加以劝勉,说服
他不要与诸弟争夺储位。这种环境使李璟很有一点与世无争的风
度。因此,当他十五岁出任兵部尚书、参知政事,初次步入政治舞台
之时,就谨守退让之道,并在庐山瀑布前修筑了一座"读书台",以
备将来闲适之用。即位以后,这座读书台舍为开先精舍。

不过,促使李璟固辞储位的主要原因,并非在于他的与世无争。
其中,李昪的态度与南唐大臣的干预起到了至为关键的作用。

李昪一共有五个儿子。长子李璟,次子李景迁,三子李景遂,四
子李景达,五子李景遏。除李景遏出自夫人种氏以外,其余四子均
为元敬皇后宋氏所生。诸子之中,多才多艺者不乏其人,尤其是李

---

① (清)吴任臣《十国春秋》卷十《吴十·钟泰章传》,中华书局 1983 年版,第
145 页。
② (宋)马令《马氏南唐书》卷六《光穆钟后传》,墨海金壶本,第 2 页。

璟,众所周知。但是,李昪并不欣赏他们的才艺,倒是最无学术的李景达博得了他的欢心。

李景达生于吴顺义四年(924)。这一年,境内大旱,辅政的李昪十分焦急。七月中旬,李昪祷神祈雨,居然成功,正好在下雨的这一天,李景达降生,李昪非常高兴,给他取小名叫"雨师"。李景达成人之后,神观爽迈,异于诸子,而且办事干脆果断,很有魄力。五代之际,干戈攘扰,治国之君多以武略见长。李昪虽然大力招揽文士,并且用诗书礼乐来教化诸子,但他心里十分清楚,目前并不是偃武修文的时候。他之所以不满意李璟,就是因为李璟书生气十足,虽然文才出众、性情谦和,但宽厚仁爱有余而果敢英武不足,恐怕难以承担大任。自己呕心沥血、毕生经营的事业,却有可能在儿子的手中毁于一旦,这种念头始终在李昪的脑海中萦绕,甚至使他死不瞑目。不过,李昪心中还有别的苦衷。李昪希望有一个铁腕式的儿子来继承他未竟的事业。但是,"立嫡以长"的传统礼制又使李昪难以决断。他担心李景达为嗣会引起诸子争位,天下从此不宁,所以犹豫再三,下不了最后的决心。如果李昪下诏立李璟为太子时,李璟顺水推舟,事情也许会就此了结,但李璟偏偏推辞不受,让李昪有充分的选择余地。

到了李昪晚年,形势又发生了新的变化,李昪已经打消了册立李景达的主意,开始对第三子李景遂产生了浓厚的兴趣。

李景遂是一个很有手腕的人物。他平时轻财好客,经常与士人往来交游,宴集无虚日,很善于拉拢人心。吴睿帝杨溥被杀以后,李昪命他主持丧事,他望柩哀恸,作出一副十分伤心的神态,观者耸叹,不仅消除了吴人对睿帝之死的怀疑,也获得了吴人对他的好感。

李景遂与宋齐丘诸人的关系也非同一般。宋齐丘是一个权势欲极强的人物。他追随李昇多年,无时不在暗中为自己打算。不过,宋齐丘心中清楚,尽管李昇对他十分信任,但却绝不可能听从他的摆布。君臣之间,难得建立真正的情谊,这在李昇即位之际对宋齐丘的态度中可以看得相当清楚,因此,他必须尽早为自己安排一条后路,况且,宋齐丘的野心,也不仅仅在于出将入相而已。

宋齐丘把希望寄托在李昇的后代身上。他最初选中了李昇的次子李景迁。史载:

> 烈祖次子景迁,吴主之婿也。美姿仪,风度和雅,烈祖钟爱特甚。齐丘使陈觉为景迁教授,以贾其声价。齐丘参决时政,多为不法,辄归过于元宗,而盛称景迁之美,几有夺嫡之计。所以然者,以吴主少而烈祖老,必不能待。他日得国,授于景迁,景迁易制,己为元老,威权无上矣。此其日夕之谋也。烈祖觉之,乃召齐丘如金陵,以为己副,遥兼节度使,无所关预,从容而已。[①]

从中可知,宋齐丘的如意算盘,从李昇得国之前便已开始运作,这正是他竭力阻挠李昇受禅的原因之一。为了达到这一目的,他不惜孤注一掷,不仅拒不签署《劝进表》,而且对李昇的支持者冷嘲热讽,用威名扫地一类的话头向他们大泼冷水。尽管李昇察觉到宋齐丘的用心,但对李璟的印象也一落千丈,终于把李璟召还升州,而派李景迁代替长兄辅政。由此观之,宋齐丘还是达到了部分目的。

不过,李景迁在十九岁的时候一病而亡。宋齐丘的努力付之东

---

① (宋)马令《马氏南唐书》卷二十《宋齐丘传》,墨海金壶本,第2—3页。

流,于是转而支持李景遂与李璟抗衡。宋齐丘在支持李景迁争夺储
位之时,手段未免过于露骨,被李昪察觉,亦属必然。李昪把宋齐丘
召回升州闲居,宋齐丘亦自知失策,懊悔不迭。因此,当他后来又在
李景遂身上下功夫的时候,便格外小心,尽量不露声色。不过,尽管
宋齐丘做得天衣无缝,文献记载之中还是有蛛丝马迹可寻。李璟即
位以后,找借口罢免宋齐丘相位,把他赶出朝廷,以泄胸中怒气。但
宋齐丘党人在朝中势力甚盛。及南唐伐闽得手,夺得数州之地,陈
觉便与李景遂合谋,要求李璟召还宋齐丘。李景遂亲自出面为之说
项:"宋齐丘,先朝布衣之旧,委诸山林,不允中外之望。"①李璟无
奈,于是命李景遂亲自到青阳去见宋齐丘,拜为太傅。这件事,《资
治通鉴》《陆氏南唐书》载为齐王李景达所为。实际上,李景达在
两年以后,才由燕王进封为齐王,此时的"齐王"并非李景达,而是
李景遂。当时,李景达与宋齐丘党人的关系十分紧张。李璟与宗戚
近臣曲宴,冯延巳、陈觉诸人恃势喧笑无度,李景达每每加以呵责。
史载:

> (李景达)尝与延巳会饮。延巳欲以诡佞卖恩,佯醉,抚景
> 达背曰:尔不得忘我!景达大怒,入白元宗,请致之死。元宗慰
> 谕而已。出谓所亲曰:吾悔不先斩以闻!太子赞善张易从容谓
> 景达曰:群小构扇,其祸不细,大王力未能去,自宜隐忍。景达
> 由是罕预曲宴,每被召,辄辞以疾。②

① (宋)马令《马氏南唐书》卷二《嗣主书》,墨海金壶本,第4页。
② (宋)马令《马氏南唐书》卷七《齐王景达传》,墨海金壶本,第3页。

这里除了李景达与宋齐丘党羽的矛盾以外,还有一个问题。当时,诸弟与李璟争夺储位,已经牵扯到李景达。现在,李景遂与李璟仍在暗中角逐,李景达自知无嗣立之份,自然应避嫌疑,以免引火烧身。张易所言"群小构扇,其祸不细",深意即在于此。更何况李昪曾有意立李景达为嗣,而宋齐丘支持李景遂夺位,实际上也排挤了李景达,所以才会造成李景达与宋齐丘之间的反目。在这种形势下,李景达绝不会愚蠢到为人作嫁的地步,不顾嫌疑,主动替李景遂的后台说话;而陈觉深知李景达的态度,更不会去与他密议此事。

李璟末年,南唐丧失淮南,朝廷上下,惶恐无措。宋齐丘党人认为机会来到,公开站出来,逼迫李璟向李景遂让位,并把国政交给宋齐丘。陈觉诸人对李璟说:

> 宋齐丘常赞烈祖变家为国,终成大业,是社稷之臣也。今若委以国事,辑宁边鄙,而陛下优游邃处,以养乔松之寿,遵鼎湖之躅,亦千载一遇也。①

不久,宋齐丘党人失势,居东宫十三年的李景遂失去了支柱,才请求归藩。李景遂归藩之后,宋齐丘党人立即遭到清洗,几乎全被逐出朝廷。从中无疑可以看出二者之间的依赖程度。

需要说明的是,许多文献记载说,李昪临终之际,仍未放弃立李景达为嗣的念头。《五国故事》云:

---

① (清)吴任臣《十国春秋》卷二十七《南唐十三·陈乔传》,中华书局 1983 年版,第 389 页。

知诰疾革，以其子景达类己，欲立之。时景达为成王，居守东都［东都，扬州也］。知诰乃密为书以召景达，使入将付后事。医官吴廷绍与知诰诊候，知其将终且召景达之事，遂密告李〔景〕（璟），使人追回其书。［时书已出秦淮门而追及之］俄而知诰殂，〔景〕（璟）乃即位。其后吴廷绍迁内职，人罕知其由。

《资治通鉴》《陆氏南唐书》又载：李璟即位以后，封李景遂为齐王、李景达为燕王，后来又立李景遂为"太弟"，进封李景达为齐王，这是承袭李昇的"遗意"，欲兄弟传位，使李景达有嗣立的机会。

这些说法的破绽是相当明显的。首先，当时留守东都扬州的是李景遂，并不是李景达。李景达当时就在金陵城内，如果李昇有意立他为嗣，根本用不着派人到扬州送信；其次，李璟如果真有遵从先旨的孝心，接到太医吴廷绍的密告，根本就不会入宫侍疾，后来的那一场冲突，也便不会发生。及李景遂归藩，李璟并没有再立李景达为"太弟"，而是立了自己的长子李弘冀为太子。从中可知，李昇临终时欲立李景达为嗣，以及李璟承继乃父"遗意"，欲"兄弟传位"云云，纯属子虚乌有。

但是，《五国故事》所载李昇临终时派使者至扬州一事，却值得注意。李昇病重，秘而不宣，其中必有文章。这一举动，只有当李昇需要时间做某种准备时，才有必要。而除了立嗣之外，在李昇临终之时，不可能有更重要的事情。但是，除了李景遂留守东都以外，其余三子，李璟、李景达、李景逿都在金陵城内，如果李昇有意立他们之中的一位为嗣，根本用不着对自己的病情秘而不宣。因此，李昇肯定是在等什么人，而这个人又只能是远在东都的李景遂。换句话说，正是因为李昇需要时间召李景遂返回金陵，才会发生太医吴廷绍暗中派人通知李璟入宫侍疾的奇怪现象,如果此时李昪仍有立李景达为嗣的意图,李璟绝无嗣立的希望。

就当时的情况来分析,李昪晚年迫于宋齐丘党人的压力,考虑到南唐特殊的政治形势,联想到自己篡夺吴政的经验,决定立深得土著势力支持的李景遂为嗣,以维持李氏王朝在江淮地区的统治,是极有可能的事情。了解了这一背景,也就了解了李璟诸弟之中,只有李景遂才是他最危险的对手;了解了为什么李璟会对宋齐丘之党恨之入骨,必欲置之死地而后快;了解了为什么后来李弘冀毒死李景遂,而李璟这位以仁恕友爱著称的兄长,竟然会轻易相信凶手们散布的李景遂已经升仙的谎言,对手足之死无动于衷。

至于李景达与李景逷,虽然也曾觊觎皇位,李景达有李昪的宠爱,李景逷有母亲种氏作后台,但与李景遂相比,却是两个无足轻重的对手。种氏曾借李昪发怒训斥李璟之机,劝说李昪废黜李璟,立李景逷为嗣。李璟即位以后,种氏惧怕报复,泣曰:"人彘骨醉,复见于此矣!"①其实,这种担心根本没有必要。后来,李璟对李景达以及李景逷母子十分关照,也证明了这一点。

由于李昪对李璟不甚满意,宋齐丘党人又对储嗣之计横加干预,使李璟的处境相当困难。升元四年(940),李昪下诏,立李璟为皇太子。李璟再三谦让,不肯从命。他上书李昪,声称:

> 前世以嫡庶不明,故早建元良,示之定分。如臣兄弟,禀承圣教,实为敦睦,愿寝此礼。②

----

① (宋)马令《马氏南唐书》卷六《种氏传》,墨海金壶本,第2页。
② (清)吴任臣《十国春秋》卷十六《南唐·元宗本纪》,中华书局1983年版,第205页。

李昇揽书,下诏褒美,称赞其:"守廉退之风,师忠贞之节,有子如此,予复何忧!"①

李昇此时欲立李璟为嗣的原因,据《钓矶立谈》《南唐近事》载,纯系偶然:

> 烈祖尝昼寝,梦一黄龙缭绕殿槛。鳞甲炳焕,照耀庭宇,殆非常状。逼而视之,蜿蜒如故。上既寤,使视前殿,即齐王凭槛而立,侦上之安否。问其至止时刻,及视向背,皆符所梦。上曰:天意谆谆,信非偶尔。成吾家事,其惟此子乎!旬月之间,遂正储位。齐王即元宗居藩日所封爵也。

这种说法,也许并非毫无凭据。但在实际上,当时的李昇颇有些犹豫不决。李璟辞储位时,特别强调"兄弟敦睦",其实正是反映了此时嗣位之争的激烈。而李昇见李璟执意推让,以为此事可以获得圆满解决,十分高兴,于是顺水推舟,褒赞李璟一番,并为他举行了大赦,赏赐天下。其后,李昇下令,天下凡与李璟通书信时,一律依照太子的礼仪行事。表面上是决意册立,实际上是缓兵之计。而李璟不肯接受储位,并不能说明他与世无争、恪守廉退之风,只能说明李璟了解乃父的真意,审时度势,以守为攻。后来,李景遂势力益张,连李景达也遭到排挤,立嗣一事,便只好搁置下来,一直到李昇临终,也未产生实际结果。这一形势,实际上连李昇自己也没有料到,于是采取了听之任之的态度,同时寻访术士,服食丹砂,企图长生不老。不过,当李昇弥留之际,发现入宫秉承遗嘱的并不是李景

---

① (宋)陆游《陆氏南唐书》卷二《元宗本纪》,秘册汇函本,第25—26页。

遂,而是自己最不满意的李璟,大概会惊出一身冷汗。

李璟得到太医吴廷绍的及时通报,得以承受遗命。但是,问题并没有到此结束。李昪死后,诸子聚集于枢前,一场公开的争夺势所难免。

李昪死于二月二十二日(庚午),一直到二月二十八日(丙子),才宣布遗诏。到了三月一日(乙卯),李昪死了将近一旬,李璟还没有即位,而是在"泣让诸弟"。从当时的情形来分析,李璟势单力薄,惧于李景遂背后的宋齐丘党人,进退两难,而李景遂毫无让步之意,双方僵持不下,以致旷日持久,不能解决。后来,侨寓人士站出来支持李璟。徐玠与周宗二人至枢前,径取衮冕,不由分说,为李璟穿戴完毕,然后对李璟、同时也是对诸子说:

> 大行皇帝付殿下以神器之重,殿下固守小节,非所以遵先旨、崇孝道也![1]

这番话说得恰到好处。称李昪将"神器"付与李璟,要他"遵先旨",是强调李昪已经在临终时向李璟托付后事,大节已定,没有争论的余地;而责备李璟"固守小节",与诸弟推让,则又掩盖了李景遂与李璟争夺皇位的事实,把一场天大的冲突,轻轻抹去,众人也就哑口无言。李景遂见大势已去,也只好暂时作罢,接受了太弟之位,以待将来。

同日,李璟即位,改元保大,大赦境内。作为一种交换条件,李

---

[1] (清)吴任臣《十国春秋》卷十六《南唐·元宗本纪》,中华书局1983年版,第206页。

璟在乃父枢前与诸弟盟誓,约定兄弟世世继立,并在同年七月,封李景遂为齐王,拜诸道兵马元帅、太尉、中书令,居东宫,并把兄终弟及之意诏示全境。保大五年(947),正式册立李景遂为"太弟"。

这一年,李璟二十八岁。音容闲雅,眉目若画,神彩精粹、词旨清畅。又其天性雅好古道,服饰朴素,宛如儒者。每临朝之际,曲尽姿制。时楚国使者廖法正使于南唐,归去之后,对人赞道:

> 汝未识东朝官家。其为人,粹若琢玉。南岳真君,恐未如也。①

不过,这位"南岳真君"似的人物,在内心深处,毫无春风得意之感。后来的事实也证明,南唐皇帝这个万人之上的位置,并不那样值得羡慕。

---

① (宋)史虚白《钓矶立谈》,知不足斋丛书本,第18页。

第八章　元宗李璟时期政治局势的混乱

　　李璟作为南唐的第二代君主,既继承了李昪的数十州江山、几百万民众和堆积如山的国库储备,同时也继承了李昪留给他的一系列政治问题。其中最难解决的,就是南唐政权内部南北两大势力之间的矛盾冲突。

　　李氏来自淮北,对于吴国这样一个以江淮土著为主体的地方性割据政权来说,是一个"外人"。为了实现篡吴的目的,李昪在辅政之时,不仅大力招徕北方人士以作腹心,同时也竭力拉拢土著人士特别是江南一带那些地位尚微、因此愿意支持他以获取进身之阶的人物以充羽翼。由于李昪得到了这两种势力的支持,所以在他篡吴之时,做到了"上下顺从、人无异意",甚至"吴社迁换而国中夷然无易姓之戚"。但是,事情并没有就此结束。聚集在李昪周围的两股势力随着形势的变化,矛盾日益暴露,并且爆发出更为深刻、激烈的冲突。

一　南北两派政治势力的特征及其发展

　　吴国政权的主体是江淮土著,特别是淮南人占统治地位。与之相比,南唐政权建立以后,虽然皇帝由淮南杨氏换成了淮北李氏,但其政权的基本性质却并没有发生变化。《马氏南唐书》与《陆氏南唐书》凡载南唐文武重臣家世可考者八十二人,其中侨寓人士三十五位,占总数百分之四十三;当地土著四十七位,占总数百分之五十七;土著之中,淮南人十八位,约占总数百分之二十二,占土著百分之三十八;江南人二十九位,占总数百分之三十五,占土著百分之六十二。把吴与南唐两种统计数字做一比较,可以清楚地看出,南唐政权中,侨寓人士的比重稍有增大,但土著人士仍占多数,因此并不足以改变江淮地方势力的主流地位。不过,土著之中,江南人与淮南人的比例发生了颠倒,却是一个值得注意的现象。吴唐禅代之际,江淮土著与侨寓人士之间的角逐,由于江南人的倒戈而告失败,然而,江南人取代了淮南人的地位之后,逐渐走向前台,与侨寓人士的冲突也日益展开。

江南地方势力的发展,反映了唐宋之际中国古代社会结构变化的基本趋势。在这一变化中,汉晋时期占据重要地位的门阀士族失去了原有的优势,庶族地主代之兴起,成为统治集团的主体。这一点,我们可以从下面的事实中得到证明。

据《旧唐书》《新唐书》《旧五代史》《宋史》,唐代大族博陵崔氏、清河崔氏、范阳卢氏、赵郡李氏、陇西李氏、荥阳郑氏、太原王氏、京兆杜陵韦氏、闻喜裴氏、河东柳氏、河中薛氏、弘农杨氏、京兆杜氏、河南袁氏、京兆于氏、邺郡源氏、洛阳窦氏、琅琊王氏、陈郡袁氏、兰陵萧氏、吴郡张氏、苏州顾氏、吴郡陆氏等二十三族中入仕人物在中唐以后共计三百零三位;比至五代,已减至三十三位;到了北宋,仅有二十一位。

另据《旧唐书》《新唐书》《旧五代史》《宋史》列传统计,唐肃宗以后七百一十八个人物中，名族子弟三百八十一位，约占总数百分之五十三点二；五代四百八十二个人物中，名族子弟四十四人，占总数百分之九点八；北宋一千一百九十四个人物中，名族子弟仅三十二人，占总数百分之三点二而已。与此同时，由科举入仕及出身于农民、浮客、小吏、行伍以及由藩镇幕府辟置为官佐、军校，或本传不及家世者，由唐肃宗以后的九十八位，占总数百分之十三点八，上升到五代时期的二百三十九人，占总数百分之五十；到了北宋，则达五百四十三位，占总数百分之四十六点一①。

但是，这一时期中统治集团内部成分的变化并非仅仅体现于门阀士族的衰落与庶族地主的兴起。形势的发展不仅导致阶层之间的升降沉浮，而且也造成了地区之间的地位交换。阶层因素与地域因素重合在一起，构成了南唐统治集团结构发展的基本特色。

我们在分析南唐文化政策及其历史影响时，已经运用统计数字对唐宋之际南方与北方文化、政治人才的比例所发生的巨大变化作了分析。这里需要进一步指出的是：江淮地区在唐代以前，政治、经济、文化尚不很发达，特别是长江以南地区更为落后。唐代以前的名门大族，多集中于北方，少数南方籍者，又集中于两浙，南唐境内则十分少见。这种状况，可以从《旧唐书》《新唐书》的世系表中看得相当清楚。我们在前面列举的唐代名族，更无一例在南唐境内。淮南一带，曾经有过一些大族，但既不能与中原与两浙相比，又经唐末战乱的扫荡，所余无几。当这一地区的政治、经济、文化逐步发展起来的时候，随之兴起的是当地庶族地主势力，是一个十分自然的现象。从南唐政权的基本结构来分析，江淮土著不仅占据主流地

---

① 参见孙国栋《唐宋之际社会门第之消融》，载《新亚学报》第 4 卷第 1 期。

位,而且他们的出身大抵比较微贱,其中不仅很难见到名门大族,甚至家世可溯至三代以上者亦为凤毛麟角。我们已知的四十七位土著人士之中,以文名辟举者十一,以武功上达者十六,由小吏出身者八,以科举入仕者七,以父荫起家者三,其他途径者二。出身虽然各异,家世却基本上比较低微,甚至根本无法稽考。

与土著人士相比,占百分之四十三的侨寓人士虽然成分也比较复杂,其中如江文蔚祖籍济阳,世为大姓;马仁裕系北平王马燧之后,历代高官;或如韩熙载、高越之辈,中原才子,颇有家学;也有一些人,或孔武有力,或敏于行事,由下级军官或小吏逐渐爬上高位。但是,总的来说,这些人的出身门第要高于当地土著,其中的很大一部分属于“名贤耆旧”。从这一点上来说,侨寓人士与当地土著在阶层属性上显然具有相当大的区别。

江淮地区特别是江南一带的庶族地主,作为南唐政权的主要统治基础,在内部结构上也有自己的特点。在中国古代社会中,地理环境的封闭、经济形态的封闭相互作用,使社会结构的封闭性本来就十分突出,而在江南一带,这种封闭性更加明显。从唐宋之际这一地区大量出现的以宗法关系为纽带的“举族聚居”的“义门”中,我们可以看到这种封闭性的第一个例证。

《马氏南唐书》中载有烈祖李昪时旌表的义门“五代同居者七家”。其实,这只是南唐境内大批“义门”的一个缩影而已。及至宋初,这一地区受到旌表的义门之多,更是其他地区所不能比拟的。《宋史》孝义列传所载北宋真宗朝以前旌表的义门共二十一例。其中北方八例:京东东路一例、京西南路二例、河北东路二例、河北西路一例、永兴军路二例;南方共十三例:荆湖北路一例、荆湖南路一例、两浙路三例,而南唐故地即占八例,其中淮南西路一例、江南东路五例、江南西路二例。以上二十一例中，较为著名者几乎都在南唐境内。如江州许祚，"八世同居，长幼七百八十一口"；洪州胡仲尧，"累世聚居，至数百口"；南康洪文抚，"六世义居，室无异爨"。特别是江州陈昉：

> 十三世同居，长幼七百口，不畜仆妾，上下姻睦，人无间言。每食，必群坐广堂，未成人者别为一席。有犬百余，亦置一槽共食。一犬不至，群犬亦皆不食。①

从《江州图经》中反映出的情况来看，这些义门中有严格的族规，设有专人管理各种事务。如陈氏族中，立主事一人、副二人，掌睦上下、辖长幼、待宾亲、提局务、会财用；设库司二人，掌行赏罚、管庄宅、送税租、司契书、时出纳；宅库中，又设主事一人、主酒浆二人、主仓碓二人、主园圃牧畜四人；立开勘司一人，掌历卜，主男女之生死、婚姻、排行；诸庄各置首一人、副一人，主田地耕种营植；近庄设书堂，置掌书一人，主延师友、教成才；近庄又设小学，置先生二人以授童蒙。此外，又有一人学医，以备疾病；一人学巫，以备冢宅，占祷家故。庄内甚至设有道院，择好道者以奉焚修。以上诸事虽有分工，而皆以族长统之。

从上举例子中，我们可以看到一个典型的自给自足的封闭的血缘家族。事实上，这种家族在南唐境内相当普遍，尽管并非都如江州陈氏那样典型。《江苏通志稿·金石三》中载有润州仁静观魏法师迁化碑，碑文中附有丹徒县数村檀越二百余人。从这些人的姓氏

---

① 《宋史》卷四五六《陈兢传》，中华书局1985年版，第13391页。

出现的频率进行分析,可以大概推知这些村落的组合基本上都是以一个大姓氏为主体。如唐村四十八人,其中朱姓十一人,占总数百分之二十三;东武村十二人,其中朱姓十人,占总数百分之八十三;桑村二十人,其中桑姓八人,占总数百分之四十;义宁村二十八人,其中殷姓十五人,占总数百分之五十四;北乐村三十六人,其中魏姓三十人,占总数百分之八十三;禹山村二十六人,其中纪姓七人,占总数百分之二十七;马墅村三十一人,其中萧姓七人,占总数百分之二十三;葛村十五人,其中僧姓四人,占总数百分之二十七。上述各村中,其余姓氏出现的频率则要小得多。把丹徒县的族居情况与整个南唐境内的义门结合起来考察,结论是不言而喻的。

这一地区中庶族地主所具有的这一特征,使其有能力抵御外界的侵扰,保障其经济活动的稳定性。罗香林《客家史料汇编》中收录的花县洪氏宗谱中附有一篇《滃潭燧记》。其中记载说:洪氏于唐末避乱,徙居饶州乐平县。高祖洪士良,尝因事入饶城东之滃潭。观其山环水汇,可卜宅兆,于是每遗主人雷氏以盐,岁久渐熟。秋成时,收谷数百斛,分寄雷族家。越岁,置酒集诸人曰:"吾诚惭,每岁以谷相溷。欲求数尺地,自立仓以贮,可乎?"皆曰:"诺。"独一叟持不可。或曰:"叟虽强介不可问,惟妇言是听。"乃饵妪以双缣。妪遂诱其夫曰:"洪公往来居地岁久,人情稔厚。今求片地,奈何不与?"叟即授以契,乃如所愿。[①] 从中可以看出,族居之家的土地出卖,需经全体族人同意,而洪氏取其"片地",要费如此这般周折,真可谓牢不可破。

---

① 罗香林《客家史料汇编》卷三十五《花县洪氏族谱》,(香港)中国学社 1965 年版,第 338 页。

不仅如此，土著势力所具有的这一特征，还使其易于以宗法关系为纽带，组织私家武装，以保障其经济利益。这样的例子很多。如后周伐淮南，"淮南民自相结为部伍，以拒周师，谓之义军"①。较为著名者如张雄，所部最有功，"元宗命为义军首领"。又如李元清之父，"聚乡里义士，襞纸为铠，号白甲军，与官军同守濠州水寨"②。陈谦"少年有乡曲之誉。倜傥义烈，直气不群。倾值东瓯兵扰，与其伯仲招结猛士，擒贼立功"③。又有谭汉镠，"载执干戈，散招通叛，保义故土"④。时"百越寇边"，常州义兴"邑人败之，烧营而遁"⑤。及宋师围金陵，"后主命朱令赟尽括江南土客义师一十五万，作巨筏沿江而下，以援金陵"⑥。这种地方武装，曾经是杨行密割据江淮的资本，也使得李昪在篡吴之际不得不加意安抚。

需要指出的是，江淮土著势力所维持着的宗法关系与北方门阀士族赖以存在的宗法关系相比，其社会基础并不完全相同。它以"累世聚居"为特征表现出来，除了血缘联系以外，并不伴随着政治、经济、文化等各方面的特权，因此，它所给予土著势力的影响，仅仅是一种深刻的地域观念，一种强烈的排外心理，并不掺杂着北方门阀士族的优越感。血缘关系是江淮土著维护其社会利益、改变其

① （宋）陆游《陆氏南唐书》卷十七《张雄传》，秘册汇函本，第 394 页。
② （宋）马令《马氏南唐书》卷二十二《李元清传》，墨海金壶本，第 6 页。
③ 《全唐文》卷八七四《宁国军节度使陈谦谥议》，中华书局 1983 年版，第9149 页。
④ 《全唐文》卷八七五《右领军卫将军谭汉镠谥议》，中华书局 1983 年版，第9153 页。
⑤ （宋）徐铉《徐公文集》卷十三《常州义兴县重建长桥记》，四部丛刊本，第96 页。
⑥ （宋）马令《马氏南唐书》卷二十三《徐铉传》，墨海金壶本，第 7 页。

社会地位的利器,在其保守性的本质之中,又具有一种进取精神。正是凭借着这种强韧的宗法纽带,江淮土著才得以扩大其经济实力,兴办教育,造成一种人才辈出的局面。不仅如此,南唐政权中的土著人士亦大多具有强烈的上进心与权势欲。从现存文献中,我们可以找到许多土著人"自奋"、"自励"的实例:

> 周彬,禾川人也。杜门读书,不治产业。其妻让曰:君家兄弟皆力田亩以致丰羡,而独不调,玩故纸以自困,宁有益耶? 彬笑曰:耕田不如耕道,非儿女子所知也! 闻烈祖镇金陵,招辟儒生,彬因献所习,烈祖善之。……署诸卫巡官,元宗与寿王景遂贻书交辟,置之门下,赐予颇优,告归省母,以所得金玉缯币陈列于庭。彬顾其妻曰:伯叔田亩孰愈? 妻曰:此男子之事,非妇人所能知。①

> 邓亚文,高安乡野之人也。烈祖时,自尚书郎拜青阳令。升厅就案而食,自谓尊显弥极,还语儿子辈云:当思为学,自致烟霄。吾为百里之长,声鼓吃饭,脑后接笔,此吾稽古之力也!②

下层官吏急于上达,农家之子急于入仕,表现出一种超乎寻常的进取性,难免给人一种啼笑皆非之感。但是,身居高位,尊显已极,而不知止足,则绝非常理所可解释。如宋齐丘,出将入相,国之

---

① (宋)马令《马氏南唐书》卷十四《周彬传》,墨海金壶本,第5页。
② (宋)郑文宝《南唐近事》,宝颜堂秘笈本,第17页。

元老，"特好权利，尚诡谲、造虚誉、植朋党，矜功忌能、饰诈护前，富贵满溢犹不知惧"①；冯延鲁恃宠傲物，虽居要职，而"锐于进取，常欲用事四方以要功名"。其兄冯延巳诘曰："士以文行饰身，勤恪居职，则宠光至矣。何用行险以图禄利。"冯延鲁对曰："兄自能如此。弟不能惜惜待循资为宰相也。"其实，冯延巳以"勤恪居职"劝诫其弟，自身行事，仍不免"轻脱贪求"之陋习②。这是一股随着历史的发展被推上政治舞台的新兴势力，由于其原来的地位较低，所以当他们挤进统治集团之后，锐于进取，急于功名，是其不可避免的心态。

与土著人士不同，中原地区一向是中国古代社会政治、经济、文化的中心，在这一优越环境中成长起来的中原人士也一直是占主导地位的政治势力。唐宋之际，南北中国两大区域的宗法关系呈现出完全相反的发展趋势。在中原，以血缘关系为纽带的门阀士族正在冰消瓦解，大家族正在分化为个体小家庭，"旧时王谢堂前燕，飞入寻常百姓家"；在南方，"累世聚居"之风正方兴未艾。不过，门阀观念在中原仍然十分流行。这种观念虽然已经丧失了社会基础，却并非一朝一夕可以扫除干净。它的流行，一方面与中原地区的优越地位相结合，使北方人士具有一种优越感；另一方面与中原地区的文化传统相结合，强化了旧思想的束缚，使北方人士表现出浓厚的保守性。这些人在南唐政权中暂时栖身，不仅与急于进取的土著势力格格不入，而且自视甚高，目中无人。如燕人高越：

---

① （宋）陆游《陆氏南唐书》卷四《宋齐丘传》，秘册汇函本，第91页。
② （宋）马令《马氏南唐书》卷二十一《冯延巳、冯延鲁传》，墨海金壶本，第4页。

文价蔼然，器宇森挺，时人无出其右者。鄂帅李公贤之，待以殊礼，将妻以爱女。越窃谕其意，因题鹰一绝，书于屋壁云：雪爪星眸众鸟归，摩天专待振毛衣；虞人莫谩张罗网，未肯平原浅草飞。遂不告而去。①

又如昌黎韩熙载：

才高气逸，无所卑屈，举朝未尝拜一人。初，严续请熙载撰其父可求神道碑，欲苟称誉，遗珍货巨万，仍辍未胜衣歌妓姿色纤妙者归焉。熙载受之，文既成，但叙其谱裔品秩而已。续慊之，封还熙载。熙载亦却其赠，上写一阕于泥金带云：风柳摇摇无定枝，阳台云雨梦中归；他年蓬岛音尘断，留取樽前旧舞衣。宋齐丘自署碑碣，每求熙载写之。熙载以纸塞鼻。或问之，对曰：文臭而秽。②

南唐政权中的侨寓人士同样也怀有地域观念，但与土著人士相比，其根基要薄弱得多。唐末大乱，兵火四起，门阀旧族七零八落，名贤凤德各奔他乡。其中一些人欣羡李昪的礼贤下士，慕名而来，投其门下，以求自存。他们虽然自以为来中原"上国"，瞧不起南方"下国"的蛮姓细民，但是，在南唐政权中，他们毕竟是"客卿"，寄人篱下。而且这些人来自四面八方，萍水相逢，表面上声气相通，实际上不相为谋，遇到急于功名、极端排外的土著势力，优越感并不能解

① （宋）郑文宝《南唐近事》，宝颜堂秘笈本，第14页。
② （宋）马令《马氏南唐书》卷十三《韩熙载传》，墨海金壶本，第3页。

决什么问题,只会引起更加强烈的敌视和排挤。这不仅影响他们与土著势力的融合,而且使他们在与土著势力的倾轧之中处于劣势。更为重要的是,随着形势的发展,土著势力经济与文化实力日益加强,其政治实力也急剧膨胀,在南唐政权中人多势众,显然是不可避免的趋势,而侨寓人士根基既浅,又难以补充,欲与土著势力一较高下,其结局可想而知。

二 南北两派政治势力的冲突及其影响

如前所述,以地区之间自然环境特殊、发展水平失衡、文化传统互异为背景而形成地域矛盾始终是一个基本的社会问题;与此相适应,以地理界限作为派系分野的标志并且争夺区域利益也始终是统治集团内部冲突的一个重要特征。造成这一现象的原因,我们在分析李昪篡吴之际所面临的困难形势时已略有述及。这里需要进一步指出的是,小农经济的封闭性与分散性不仅造成了地区之间的不平衡,而且赋予社会结构以封闭与分散的特点。封闭与分散不仅限制社会成员交往的广度与深度,而且模糊交往的界限。在温文尔雅的外表掩盖之下,人际关系的非正常性发展造成了社会的严重变形:一方面,小农经济对自然环境的高度依赖对主体人格的伸张本来就是一种天然的束缚,而社会结构的封闭性、分散性以及社会关系的非正常性又不可能为主体人格的适度发展提供强有力的社会依据,其结果不仅是社会成员自我意识的盲目,同时也是社会成员群体意识的淡漠。这种状况不仅造成了社会心理的内倾与血缘宗法关系的牢固,而且使社会中很难形成相对稳定的、具有共同政治倾向、经济利益以及文化品格的阶级或阶层,而往往是以特殊形势为契机,组成特殊性质的各种集团。这些集团不仅不能长期存在,而且结构松散,在同其他集团发生矛盾时,内部的冲突往往更加剧烈。其结果不仅是社会矛盾的错综复杂,而且使集团之间与集团内部的冲突往往演变为无原则的相互倾轧。另一方面,自我意识的盲目、群体意识的淡漠以及社会关系的非正常性影响于政治,不仅使中国古代社会的政治体制从一开始就具有专制精神,而且为其逐步发展与强化提供了无限的可能性。专制政治是以封闭性、分散性为特征的社会结构的必然产物。专制政治的一个基本特征是君主的孤立,与之相适应的是臣民之间的相互孤立。没有这种臣民之间的相互孤立状态,专制君主就不可能有效地维护其统治地位。事实上,中国古代社会中并不存在一个真正意义上的统治阶级。"溥天之下,莫非王土;率土之滨,莫非王臣。"专制君主一人之下,芸芸众生都是被统治者。由于各种因素的影响特别是土地占有权的频繁转移,所谓的"统治阶级"即地主与所谓的"被统治阶级"即农民之间的界限极其模糊。而所谓的"统治集团"即卿相百官实际上只不过是"臣工"、"治具"而已。社会舆论对"无党"的竭力提倡、专制君主对"结党"的深恶痛绝,可以说非常深刻而又相当准确地从社会心理的角度反映了中国古代社会结构与政治结构的组成方式及其稳定条件。专制政治的另一基本特征是君主私欲的无限扩张,与之相适应的是统治集团私欲的恶性膨胀。与前一特征相表里,社会关系的非正常性特别是利益关系的不明确为君主肆无忌惮地扩张、满足私欲提供了相当充分的依据,而社会结构的愈益松散所导致的制衡功能尤其是权力制衡功能的日趋薄弱又为这种扩张与满足创造了极为有利的条件。随着专制君主对社会财富的控制能力的逐步

发展,人民、江山转化为名符其实的"王臣"、"王土",在某种程度上
也成为私产。对江山、人民、社会财富的占有欲不仅刺激了专制君
主对实现"大一统"的强烈冲动,对绝对权力的狂热追求,而且诱发
了臣工治具对各种残余利益的拼命争夺。在这种情况下,统一战争
的反复进行、君主集权的不断加强就不仅代表了历史发展的趋势与
社会进步的潮流,而且在很大程度上反映了专制君主的利益需要,
随之而来的必然是利益再分配过程中人与人之间、地区与地区之间
的不平均现象。由此而导致的一系列连锁反应不仅进一步造成了
人与人之间的恐惧与仇恨,而且进一步加剧了地区与地区之间由于
地理环境特殊、发展水平失衡、文化传统互异等各种因素所导致的
矛盾和冲突。

　　问题并没有到此结束。封闭的地理环境、矛盾的经济形态、变
形的社会结构与不断发展、强化的专制政治相互作用,形成了一种
综合效应。其结果不仅是血缘宗法关系的根深蒂固,而且是以血缘
宗法关系为共同基础的各种区域文化传统的绵延不绝。这种区域
文化传统的内在倾向之一是以家族观念为主体的极端排外并进而
演变为以地域观念为主体的极端排外。当孤立的人与人之间发生
冲突的时候,与小农经济相伴而生并因此具有封闭性特点的血缘家
族关系便成为唯一可靠的支点,于是才有了社会各个领域中形形色
色的裙带关系;当冲突进一步扩大到地区与地区之间的时候,与小
农经济、血缘家族关系相伴而生并因此同样具有封闭性特点的地域
关系便成为唯一有利的屏障,于是又有了政治斗争中大大小小的地
域集团。在这里,家族事实上是地域集团的核心,而地域集团的本
质则是家族的放大。在中国古代社会频繁发生的利益冲突之中,家
族与地域集团互为依托,唇亡齿寒。其间,由于主体人格软弱、自我

意识盲目以及社会关系非正常性发展而导致的派系斗争的无原则性往往起到推波助澜的关键作用;而引发冲突的地域观念又往往在无原则的利益争夺过程中、在社会阶层极不稳定的情况下成为扩张派系势力的有效手段。

以地域矛盾为线索、以政治地位的争夺为焦点的统治集团内部冲突贯穿于中国古代社会的全部历史。这一冲突首先在中原各小区域之间展开,然后随着中国古代社会政治、经济、文化中心的南移,逐步扩展到全国范围。在唐宋之际,南方经济与文化实力的增长已经使南人不仅有能力将其政治势力伸展到北方,而且有能力在大一统的中央朝廷之内夺得一席之地并逐步占据主导地位。这是一个历史巨变的关键阶段,南方的崛起不仅使政治、经济、文化的发展得以在更广大的范围之内进行,从而推动中国古代社会进入全盛时期,并且改变了地域冲突主要限于中原各小区域之间的旧格局,形成了以南北冲突为基线的新形势。

就南唐的情况来说,江淮地区地处南北中国之间,与中原政权在军事、外交上的抗衡已足以反映时代的特色。但是,南北中国之间的军事外交较量只是这一时代特色的一个侧面。唐宋分合之际所暴露出来的问题,不仅是南北矛盾所导致的国家分裂,而且是南北矛盾所导致的社会分裂。在这一点上,南唐统治集团内部的派系冲突尤为典型。

南唐统治集团内部的派系冲突,在李昪篡吴之际就已经初露端倪。当时,李昪经过二十年的筹措,一切准备工作均已就绪,只剩下履行"受禅"这一道手续。不料,以宋齐丘为首的土著势力与侨寓人士争夺首赞禅代之功,一场意外风波,几乎毁掉了李昪的前程。宋齐丘反对行禅,不仅因为担心侨寓人士捷足先登,在未来的南唐政权中占据优势,而且有他自己的打算,这一点,我们在叙述李昪诸子争夺储位时已经涉及。宋齐丘的态度,李昪当然不能不加考虑,于是暂时按下急切的心情,贬斥首建此议的周宗,以安抚土著人士的不满情绪。但是,就在宋齐丘自以为得计之时,侨寓人士发动了一次联合行动。陈州李建勋、彭城徐玠、密州孙晟等人纷纷向李昪进言,劝其早日下手。李昪于是将周宗官复原职,而把宋齐丘由扬州召还,令其居家赋闲,不得参预国事。不久,李昪受禅,李建勋、徐玠、张延翰等侨寓人士拜相,周宗任枢密使,占满了朝廷显位,而宋齐丘仅仅官加司徒而已,虽然他自悼失计,懊悔不迭,但大势已去,无可奈何。

不过,土著势力虽然遭受挫折,却并未就此销声匿迹。李昪时期,南北两大势力之所以没有发生更大规模的冲突,原因之一是富有统治经验的李昪善于在两派之间玩弄平衡,审时度势,把他们置于自己的严格控制之下,稍有越轨之举,立即加以制裁。因此,这一时期中,双方都不敢在这一问题上过分露骨。与此同时,李昪自己也十分注意在外表上保持不偏不倚的立场。据载,李昪受禅以后,曾召诸位功臣夜宴天泉阁。李德诚曰:"陛下应天顺人,惟宋齐丘不悦。"遂出示宋齐丘劝止他参与"劝进"的书信。李昪心中有数,但嘴上却说:"子嵩三十年故人,岂负我者!"宋齐丘十分羞惭,顿首谢罪①。这是一个巧妙的回答,也是一个严厉的警告。宋齐丘心知其意,局外人却看不出破绽,此后,不再有人向李昪提出类似的问题,而宋齐丘本人也稍加检点,竭力讨好,自求媚计。

---

① (清)吴任臣《十国春秋》卷二十《南唐·宋齐丘传》,中华书局 1983 版,第293 页。

这一时期中,土著势力的主要活动是在暗中积蓄力量。对此,宋齐丘早有准备。当李昪在篡吴之际大力招揽南北士人的同时,宋齐丘也在暗中积极扶植自己的私人势力。史载:

> 烈祖出镇金陵,以元宗入辅政,委齐丘左右之。齐丘于是益树朋党,潜自封植。①

其间,遭到宋齐丘排挤的四方贤德大有人在。如北海史虚白:

> 世儒学,与韩熙载友善。唐晋之间,中原多事,遂因熙载渡淮。闻宋齐丘总相府事,虚白放言曰:彼可代而相矣!齐丘欲穷其伎,因宴僚属,而致虚白。酒数行,出诗百咏,俾赓焉。恣女奴玩肆,多方挠之。虚白谈笑献酬,笔不停缀,众方大惊。②

又如岭表陈陶:

> 以儒业名家,陶挟册长安,声诗历象,无不精究,常以台铉之器自负,恨世乱,不得逞。升元中,至南昌,将诣建康,闻宋齐丘秉政,凡所进擢,不惬士论,自料与齐丘不合,乃筑室于西山,日以诗酒为事。会宋齐丘出镇南昌,陶志不屈,而齐丘亦不为之荐辟。陶作诗自咏曰:一顾成周力有余,白云闲钓五溪鱼;中原莫道无麟凤,自是皇家结网疏。陶少与水部员外郎任腕相

---

① (宋)马令《马氏南唐书》卷二十《宋齐丘传》,墨海金壶本,第 2 页。
② (宋)马令《马氏南唐书》卷十四《史虚白传》,墨海金壶本,第 2 页。

善,尝以诗贻之云:好向明朝荐遗逸,莫教千古吊灵均。①

史虚白与陈陶后来都成了著名的隐士。但究其本来之意,实属不得已而为之。其中宋齐丘的排斥异己,起到了关键作用。与此同时,扬州陈觉、袁州李徵古、扬州冯延巳、歙州查文徽之辈却甚得宋齐丘的垂青,迅速成为显要人物。

到了李璟时期,南唐朝廷内部已经形成了南北两派人士壁垒森严的格局。史称:

> 汉以党锢衰,唐以朋党灭。汉唐之乱,虽愚者与知焉。迨乎利害相攻,则为之而不知其非,盖亦蔽于好恶之情而已。南唐之士,亦各有党。智者观之,君子小人见矣。或曰:宋齐丘、陈觉、李徵古、冯延巳延鲁、魏岑、查文徽为一党;孙晟、常梦锡、萧俨、韩熙载、江文蔚、钟谟、李德明为一党。……盖世衰道丧,小人阿附以消君子,而君子小人反类不合。故自小人观之,因谓之党与,而君子未尝有党也。②

纯以派别立论,不顾"君子"、"小人"之别,难免正邪不明、良莠不分,使人有"直无君子"之感。史家自己在谈到这一问题时,也颇难措辞。不过,时人对南唐党争中两派人物的区分却大体符合实际。事实上,尽管派系之争中存在着德才优劣、见解高下的问题,但形成派系的根本原因却往往不在其中。如果我们暂且抛开君子小

---

① (宋)马令《马氏南唐书》卷十五《陈陶传》,墨海金壶本,第3页。
② (宋)马令《马氏南唐书》卷二十《党与传序》,墨海金壶本,第1页。

人之论,就上述人物的背景作一番认真考查,首先就会注意到两派之间鲜明的地域分野:

宋齐丘:世为庐陵(今江西吉水)人;

陈觉:扬州海陵(今江苏泰州)人;

李徵古:袁州宜春(今江西宜春)人;

冯延巳、冯延鲁:异母兄弟,广陵(今江苏扬州)人;

魏岑:郓州须城(今山东东平)人;

查文徽:歙州休宁(今安徽歙县)人。

以上七人除魏岑以外,其籍贯都在南唐境内。

孙晟:密州(今山东高密)人;

常梦锡:扶风(今陕西扶风)人,或曰京兆万年(今陕西西安)人;

萧俨:庐陵(今江西吉水)人;

韩熙载:北海(今山东潍坊)人;

江文蔚:济阳(今山东邹平北)人;

钟谟:会稽(今浙江绍兴)人;

李德明:不详。

以上七人除李德明家世失考、萧俨为当地土著之外,其余五人都是由其他地区、特别是唐末战乱中由北方迁入江淮地区的侨寓人士。

除上述十四人之外,烈祖李昪及元宗李璟时期与党争有关的重要人物还有以下几位:

游简言:建安(今福建建瓯)人;

王建封:升州上元(今江苏南京)人;

以上两人属于宋齐丘一党,均系土著人士。

周宗:秣陵(今江苏南京)人;

徐玠:彭城(今江苏徐州)人;

李德诚:陈州西华(今河南西华)人;

严续:冯翊(今陕西大荔)人;

徐铉、徐锴:兄弟,会稽(今浙江绍兴)人。

以上六人属于孙晟一党,除周宗籍贯尚有疑问之外①,均系侨寓人士。

宋齐丘与孙晟两派人士在政治见解上的分歧留待后论。这里所要指出的是,上举二十二人中,只有两个特殊的例子:魏岑世居郓州,属侨寓人士,但旧史家认为他蠹国害民,所以把他列入宋齐丘之党;萧俨祖籍庐陵,系当地土著,但因其刚正直言,所以被划入孙晟一派。实际上,魏岑与土著人士争权从不手软,萧俨与侨寓人士的关系亦非融洽。在土著人士与侨寓人士之间的矛盾冲突中,魏岑与萧俨的立场仍然是十分鲜明的。

实际上,南唐党争所涉及到的人物并非仅限于上举之数。翻开南唐史料,土著人士与侨寓人士之间的倾轧无处不在。斗争着的两派按有关人士的籍贯来决定对他们采取何种态度,这些人亦各依其籍贯,分别站在宋党或孙党一边。此类事例不胜枚举,马令、陆游两部《南唐书》所载将相大臣百官属吏不过百名,而其中与党争有关并可按籍贯判明其立场者,竟居大半之数。可以说,整个南唐政权实际上是以籍贯为界限,分裂为截然对立的两大阵营。这种状况,显然已经超出了政见分歧的范围,是一个社会问题,而非单纯的政治问题。

---

① 参见38页注①

　　李璟是一个庸懦的人物。他没有乃父的自卑感,但同时也没有乃父的政治手腕。对于朝廷内外形成这样一种大分裂的局面,李璟几乎是束手无策。他得以继承大位,是靠了侨寓人士的支持,他对此十分感激,并因此对宋齐丘及其党人恨之入骨。但是,李璟并不懂得,作为一个君主,在这种形势之下,即使内心有所偏爱,也一定要在外表上让臣子们认为他处事公正。因为他是南唐全体臣子的皇帝,而不是哪一派人的皇帝,尤其不能被认作侨寓客卿的皇帝。这一分寸至关重要,遗憾的是,李璟没有掌握住这一分寸。他把自己的倾向暴露出来,几乎是公开地站在侨寓人士的一边,这种态度使李璟自己处于十分糟糕的境地,对朝廷政局也产生了极为不利的影响,而他的政治生涯便只能随着侨寓人士势力的涨落而起伏跌宕,有如狂涛巨浪中的一叶小舟。

　　侨寓人士的内在弱点,我们在前面已做过分析。实际上,早在李昪末年,侨寓人士已经难以与土著势力匹敌。李璟即位以后,在朝的侨寓人士虽然有三位宰相,但徐玠旋即病死,周宗不久罢政,李建勋唯唯诺诺,八面玲珑,无济于事。而土著之中,宋齐丘为相,陈觉为枢密使,冯延巳、游简言为翰林学士,与地方各州掌兵刺史声气相通,推奖唱合,“在外者握兵,居中者当国”,把持朝政,说一不二。当时,还有两位枢密副使,一位是查文徽,系宋齐丘死党;另一位是魏岑,此人虽系侨寓人士,但急功好利,见风使舵,虽暗中与土著争权夺利,但侨寓人士认为他气味不对,不予理睬。这种力量对比的悬殊不仅不利于侨寓人士,而且也不利于大局的稳定。

　　李昪死后,宋齐丘故态复萌。史载:

　　　烈祖初造唐,劳心五十余年,须发为之早白。其所以侧席倾迟天下之士,盖可谓无所不至者矣。然仅得宋齐丘、孙忌、李建勋等数人而已。就数人中,孙与宋不能善终,而钟山公又雅尚廉退,是以三世开国,而谱传所录,无大可纪者。当是时,天下瓜裂,中国衣冠,多依齐台,以故江南称为文物最盛处。然其濯濯如此云尔。及宋子嵩用意一变,群憸人乘资以骋,二冯、查、陈,遂有五鬼之目,望风尘而投款者,至不可以数计。彼正人端士,虽数路广取,劳谦迟久而不可以多得,翕訿诡随之党,顺风一呼,而肩摩踵决,唯恐其不容。天意之不齐,乃至于是。①

　　这一时期中,当地土著与侨寓人士之间的主要政见分歧在于采取何种军事与外交策略。就两党大体倾向而言,当地土著初掌大权,锐于进取,主张攻取邻邦,扩展土宇;侨寓人士则比较保守,坚持李昪的既定国策,保境安民,等待有利时机出师中原。土著人士的看法是:“羽毛不备,不可以远举;旌旗黯闇,不可以号召”,“如将有所志,必从跬步始”,“今王潮余孽,负固闽徼,井蛙跳梁,人不堪命;钱塘君臣孱弩,不能自立,而又刮地重敛,下户毙踣;荆楚之君,国小而夸,以法论之,皆将肇乱”,如欲建“兴王之功”,必“先事于三国”②。侨寓人士则认为:“咸洛之地,陛下之先业”③;“长安千门万户,是公家百姓;五陵联络,是公家坟墓,舍此将欲何之?”“倘不能拓定中土,王有京洛,终不足言也。”④但是,国策的分歧固然反映出

①（宋）史虚白《钓矶立谈》,知不足斋丛书本,第22—23页。
②（宋）史虚白《钓矶立谈》,知不足斋丛书本,第13页。
③（宋）马令《马氏南唐书》卷十四《史虚白传》,墨海金壶本,第2页。
④（宋）史虚白《钓矶立谈》,知不足斋丛书本,第40页。

两党政治态度的对立,却绝非问题的全部。关键在于,随着土著势力的急剧膨胀,对侨寓人士的排斥也愈演愈烈,侨寓人士也不甘寂寞,竭力相攻。双方操戈于朝廷内外,表面上是政策分歧,骨子里却是争权夺利。

李璟天性谦谨,对待臣下,恭慎威仪,动循礼法,即使布衣僚友之交,亦不过如此。夏日居小殿,欲便服见大臣,必先遣侍从询问:"小苦巾裹,不及冠褐",可以相见否①?对宋齐丘不肯直呼其名,而常称其字"子嵩",可谓恭敬之至。但宋齐丘党人对李璟却几乎毫无君臣之礼。李璟曾于宫中宴请众臣,酒酣之际,命内宫乐伎以歌舞助兴,宋齐丘竟在李璟面前对宫伎动手动脚。李璟不加责罚,反而于次日在卧帷之中写手诏慰谕,唯恐其心不自安。李璟初即位,尚未听政,而冯延巳自恃曾与之交游,屡次求见,说三道四,弄得李璟心烦意乱,只好说:"书记有常职,何为如是其烦也!"②升州王建封居然公开向李璟"讨求中书政事",要当宰相。李璟哭笑不得,对他说:"汝无惹闹。"③事情传开以后,议论哗然,王建封从此得了一个"王惹闹"的绰号。李璟末年,国势日蹙,常自叹曰:"吾国家一朝至此!"遂黯然泪下。李徵古见状,大加嘲讽:"陛下当治兵以扞敌,涕泣何为!岂饮酒过量邪,将乳母不至邪?"气得李璟面色惨白,而李徵古竟然举止自若,似乎什么事情也没有发生过一样④。宋齐丘党人这种目中无人的举动,自然不能不引起李璟的憎恨。因此,只

①(宋)郑文宝《南唐近事》,宝颜堂秘笈本,第7页。
②《资治通鉴》卷二八三《后晋纪四》,齐王天福八年,中华书局1956年版,第9247—9248页。
③(宋)马永易《实宾录》卷七《王惹闹》,四库全书本,第920册第366页。
④《资治通鉴》卷二九四《后周纪五》,世宗显德五年,中华书局1956年版,第9589页。

要找到借口,李璟就对这些人进行清洗。但是,这样一来,朝臣之间的分裂和倾轧更无法遏止。

李璟即位之初,侨寓人士对他也很不放心。宰相李建勋曾说:"主上宽仁大度,优于先帝;但性习未定,苟旁无正人,但恐不能守先帝之业耳。"①孙晟诸人惧宋齐丘党人用事,而李璟懦弱,难以驾驭,打算奉元敬皇后宋氏临朝称制,但没有成功。当时,宋齐丘党人暗中支持齐王李景遂夺位,李璟迫于形势,下诏:"齐王景遂参决庶政,百官惟枢密副使魏岑、查文徽得白事,余非召对不得见。"②诏出之后,国人大骇。大臣纷纷上书谏阻,但毫无结果。后来,侍卫军都虞候贾崇叩阁求见,对李璟说:"臣事先朝二十余年,每见延接疏远,未尝壅隔,群下之情,罔有不达。今陛下始即位,所委任者何人,而顿与群臣谢绝。深居邃处,而欲闻民瘼,犹恶阴而入乎隧道也。臣老矣,长不复奉颜色。"③涕泗交流,语不成声。李璟得到都城禁军的支持,心中稍安,于是批复道:

> 旻天不吊,降此鞠凶;越予小子,常恐弗类于厥德,用灾于厥躬。故退处恭默,思底于道,而壅隔之弊,以为卿忧。惟予小子,实生厉阶。④

李璟收回成命,宋齐丘见势不妙,方才假意进言,以为此举不

---

① 《资治通鉴》卷二八三《后晋纪四》,齐王天福八年,中华书局 1956 年版,第 9248 页。
② 《资治通鉴》卷二八三《后晋纪四》,齐王开运元年,中华书局 1956 年版,第 9262 页。
③ (宋)马令《马氏南唐书》卷二《嗣主书》,墨海金壶本,第 2 页。
④ (宋)马令《马氏南唐书》卷二《嗣主书》,墨海金壶本,第 2 页。

妥。李璟冷冷地说："公何不早诲我！"①恰在此时，枢密副使魏岑弹劾枢密使陈觉过恶，李璟找到借口，把宋齐丘与陈觉一起贬斥出朝。宋齐丘一计不成，又生一计，上表求归九华山旧隐，对李璟进行要挟。不料李璟顺水推舟，赐宋齐丘书云：

> 明日之行，昔时相许。朕实知公，故不夺公志。②

宋齐丘目瞪口呆，自悼失计，怏怏而去。

这是李璟即位以后遇到的第一次政治危机。对宋齐丘党人来说，这是他们遭到的第二次挫折。但是，建州之役以后，宋齐丘党人又卷土重来。这次战事完全由土著人士包办。战争结束以后，论功行赏，土著将领分茅裂土，在地方上势力大增。在朝廷之中，陈觉首先还朝，然后又与李景遂合谋，召还宋齐丘，拜为太傅。不久，冯延巳也出任宰相。宋齐丘、陈觉、冯延巳、冯延鲁、查文徽之辈，高据要津，结党营私，气焰更加嚣张。

建州之役以后，福州李弘义拥兵自守。陈觉自称可以不费一兵一卒，以三寸不烂之舌，说服李弘义归降，宋齐丘也企图为自己的私党树立功名，于是推荐陈觉为宣谕使，到福州游说。不料，李弘义拒不从命。陈觉游说不成，恼羞成怒，擅自与冯延鲁发兵围攻福州。魏岑此时为漳泉安抚使，见宋齐丘党人兴兵，唯恐陈觉专功，也擅自发兵参战。消息传到朝廷，李璟大怒，欲治其罪。但宋齐丘诸人出

---

① （宋）马令《马氏南唐书》卷二《嗣主书》，墨海金壶本，第2页。
② 《资治通鉴》卷二八三《后晋纪四》，齐王天福八年，中华书局1956年版，第9257页。

面为其开脱,声称:"兵业行,不可止。"①势已至此,李璟遂命王崇文为招讨使、王建封为副使,冯延鲁为南面监军使、魏岑为东面监军使,陈觉为诸军监军使,会攻福州。实际上,李璟此时已经对宋齐丘党人失去控制,处于无可奈何的境地。

宋齐丘党人在地方上擅自兴兵,在朝廷内也步步紧逼。保大五年(947)正月元日,正当福州战事紧张之际,李璟召李景遂与众臣登楼,赐宴赋诗。这一天,大雪纷飞,君臣诗酬酒和,夜艾方散。也就在同一天,李璟下诏,正式立李景遂为太弟,徙封燕王李景达为齐王,领诸道兵马元帅。李璟的地位再一次受到严重威胁。

土著势力甚嚣尘上,侨寓人士也见机反击。建州之役以后,徐锴上书,指斥冯延巳、冯延鲁兄弟"有罪无才"②;高越亦上表暴扬冯延巳之罪。当时,宋齐丘党人用事,二人上疏弹劾,虽然使侨寓人士一吐闷气,但并不能真正解决问题。事后,二人都被贬官。

保大五年(947)春,陈觉、冯延鲁、王建封、魏岑在福州战场上争功不协,大败而归。李璟闻讯,召集大臣,下令将陈觉、冯延鲁斩于军中。宋齐丘党人惊慌失措,侨寓人士趁热打铁。韩熙载、徐铉、江文蔚同时发动,朝堂之上,韩熙载直接攻击宋齐丘过恶,言"宋齐丘党与必基祸乱"③。江文蔚疏文尤为激切,其疏云:

赏罚者,帝王所重,赏以进君子,不自私恩;罚以退小人,不自私怒。陛下践阼以来,所信重者,冯延巳、延鲁、魏岑、陈觉四

① (宋)马令《马氏南唐书》卷二《嗣主书》,墨海金壶本,第5页。
② (宋)陆游《陆氏南唐书》卷五《徐锴传》,秘册汇函本,第99页。
③ (清)吴任臣《十国春秋》卷二十八《南唐十四·韩熙载传》,中华书局1983年版,第398页。

人。皆擢自下僚,骤升高位。未尝进一贤臣,成国家之美。阴狡图权,引用群小。陛下初临大政,常梦锡居封驳之职,正言谠论,首罹谴逐,弃忠拒谏,此其始也。奸臣得计,欲擅威权,于是有保大二年正月八日敕,公卿庶僚不得进见。履霜坚冰,言者悁悁,再降御札,方释群疑。御史张纬论事,忤伤权要。其贬官敕曰:罔思职分,傍有奏论。御史奏弹,尚为越职,况非御史,孰敢正言。严续国之戚里,备位大臣,不附奸险,尚遭排斥。张义方上疏,仅免严刑。自是守正者得罪,朋邪者信用,上之视听,惟在数人;虽日接群臣,终成孤立。陛下深思远虑,始信终疑。复常梦锡宥密,擢萧俨侍从,授张纬赤令。群小疑惧,与酷吏司马正彝同恶相济,迫胁忠臣。高越之于卢氏,义兼亲故,受其寄托,痛其侵陵,诉于君父,乃敢蔽陛下聪明,枉法窜逐。群凶势力,可以回天。在外者握兵,居中者当国。师克在和,而三凶邀利,迭为前却。天生五材,国之利器,一旦为小人忿争妄动之具。使精锐者奔北,馈运者死亡,谷帛戈甲,委而资寇,取弱邻邦,贻讥海内。同列之中,有敢议论,则冯魏毁之于中,正彝持之于外,构成罪状,死而后已。今陈觉、延鲁虽已伏辜,而魏岑犹在。本根未殄,枝干复生。冯延巳善柔其色,才业无闻,凭恃旧恩,遂阶任用。蔽惑天聪,敛怨归上。高审知累朝宿将,坟土未干,逐其子孙、夺其居第,使舆台窃议,将帅狐疑。陛下方以孝理天下,而延巳母封县太君、妻为国夫人,与弟异居,舍弃其母。作为威福,专任爱憎,咫尺天威,敢行欺罔。以至纲纪大坏,刑赏失中,风雨由是不时,阴阳以之失序。伤风败俗,蠹政害人,蚀日月之明,累乾坤之德。天生魏岑,道合延巳,蛇豕成性,专利无厌。遹逃归国,鼠奸狐媚,谗疾君子,交结小人,善事延巳,遂当枢要。面欺人主,孩视亲王,侍燕喧哗,远近惊骇。进俳优以取容,作淫巧以求宠,视国用如私财,夺君恩为己惠。上下相蒙,道路以目。征讨之柄,在岑折简;帑藏取与,系岑一言。先帝卑官勤俭,陛下守之勿失。而岑营建大第,广役丁夫,孽子之居,过于内殿;亭观之侈,逾于上林。前年建州劳还,文徽入觐,西苑会燕,舍爵策勋。岑披猖无礼,狂悖妄言,与延巳用意多私,行恩不当,俾军士怀恨怒之志,受赏无感励之心。将校争功,喧动京邑;奸谋诡计,诳惑国朝。致漳州屠害使者,福州违拒朝命;百姓肝脑涂地,国家帑藏空虚。福州之役,岑为东面应援使,而自焚营壁,纵兵入城,使穷寇坚心,大军失势。军法:逗留畏懦者斩。律云:主将守城,为贼所攻,不固守而弃去,及守备不设,为贼掩覆者皆斩。昨敕赦诸将,盖以军威政令,各非巳出。岑与觉、延鲁,更相违戾,互肆威权,号令并行,理在无赦。烈祖孝高皇帝栉风沐雨,勤劳二纪,成此庆基,付之陛下。比诸邻邦,我为强国,奈赏罚大柄,肆奸宄之谋;军国资储,为凶狡所散。昨天兵败衄,统内震惊,将雪宗庙之羞,宜醢奸臣之肉。已诛二罪,未塞群情,尽去四凶,方祛众怒。今民多饥馑,政未和平。东有伺隙之邻,北有霸强之国。市里讹言,退尔危惧。陛下宜轸虑殷忧,诛锄虺蜮。延巳不忠不孝,在法难原;魏岑同罪异诛,观听疑惑。请行典法,以谢四方。①

江文蔚表文洋洋洒洒,一千余言。其中所举事实,尽人皆知。

---

① 《全唐文》卷八七〇,江文蔚《劾冯延巳魏岑疏》,中华书局 1983 年版,第 9108—9109 页。

从中可以看出,宋齐丘之党蠹政害民,对时局风气所造成的不利影响。但是,江文蔚书生意气,虽词色慷慨,对南唐政局的症结却知之不深,对李璟的处境也缺乏了解。李璟虽有意清洗宋齐丘党人,但投鼠忌器,不敢大动杀伐。就在李璟进退两难之际,宋齐丘乘机进谗,将韩熙载、徐铉、江文蔚贬官。不过,宋齐丘、冯延巳不久也被罢免。陈觉、冯延鲁虽免于一死,终被夺官流放。这是一场名符其实的混战。在这场混战之中,两派主要人物大多出朝,可谓两败俱伤。不过,对李璟本人来说,福州之败,宋齐丘党人气焰稍敛,自己的地位有所巩固,算是一个意外的收获。

但是,恰如江文蔚所说:"本根未殄,枝干复生。"不久,陈觉官复原职,重新把持朝政。保大九年(951),土著将领边镐出兵灭楚,宋齐丘党人势力复振。宋齐丘复为太傅,冯延巳再次入相,游简言、李徵古亦相继用事。宋齐丘党人势力三落三起,其根源正在于南唐立国的特殊时代与地域。离开了土著势力的支持,南唐政权就不能存在。这种局面,并非侨寓人士所能改变。事实上,即使李璟末年终于下决心将宋齐丘党人置于死地,也并没有改变土著势力日益壮大的趋势。

第九章　元宗李璟时期军事外交的失利

　　按照李昪的设想，南唐之地有如"覆瓯"，所谓"地势未便"，"锥未得处囊中"。唯一的希望，在于"中原变故"，一旦有了这样的机会，南唐挥师北上，收复中原以后，形成高屋建瓴之势，南方诸国可"尺书而召之"，不必费很大周折，即可完成统一中国的大业。因此，李昪在位期间，休兵息民，辑睦邻邦，积储军资，训练兵旅，即使有机可乘，也不肯在南方用兵。及其临终，特别嘱咐李璟："汝守成业，宜善交邻国以保社稷"，又啮其指至血出，预言："他日北方当有事，勿忘吾言！"

　　李昪的这一战略方针，即使有其个人性格方面的因素，反映出这位自卑的割据皇帝的矛盾心理，但仍不失为一个比较精明的打算。中国历史上曾经多次出现分裂局面。不过，在五代十国以前，最后统一中国的，无一不是北方政权，春秋战国、三国、南北朝三次较大的分裂，最终为秦、西晋、隋等北方政权所克服，说明南方尚不足以与北方相抗衡。五代十国时期，南方经济、文化发展很快，水平已经超过北方，但是，南方的优势，是一种整体优势。在小国分立的状态之下，其优势得不到集中的发挥。与统一的中原地区相抗衡，实际上仍然处于劣势。因此，当时南方各邦的统治者，在心理上都有一种不自信感，并非仅仅李昪一人有这种弱点。南方有许多割据政权"动以奉事中国为辞",其余较为独立者,亦大多视北方政权为"大朝"、"中国",就是这种不自信感的反映。在这种形势下,南唐固然可以逐一吞并邻邦,首先统一南方,然后再图北举。但是,完成这一行动需要一个过程,把南方分散的实力集中起来,在南方各区域之间矛盾重重的情况之下,绝非一朝一夕可以奏效。只有首先控制中原,才是最便捷的途径。退一步说,只求保据一隅之地,为子孙计,则攻取南方邻国,不过"徒得尺寸地"而已,并无太大的意义。且不论在南方用兵,旷日持久,有可能丧失直取中原的良机,一旦师老兵疲,敌对之国乘虚而入,后果更不堪设想。因此,无论南唐统治者目标大小,都不宜与邻邦交恶,妄动刀兵。

南唐政权中的土著人士虽然不赞成李昪的方针,但由于李昪善于掌握局面,对他们控制极严,所以并不敢轻举妄动。及李昪死后,宋齐丘党人擅权,南唐国策遂为之一变。土著人士在朝中议政,以天下为己任,把李昪的战略方针贬斥得一钱不值,统统推翻。冯延巳甚至公然在李璟面前谩骂:

> 常笑烈祖戢兵,以为龌龊无大略。安陆之役,丧兵数千,而辍食咨嗟者旬日。此田舍翁安能成大事![1]

李璟并不赞成宋齐丘党人的狂傲。他受了李昪临终的嘱托,即位以后,把年号改为"保大",据说其中含有"止戈"之旨[2]。但是,宋齐丘党人势力过盛,有些时候甚至擅自行动。李璟迫于形势,也只

---

[1] （宋）马令《马氏南唐书》卷二十一《冯延巳传》,墨海金壶本,第3页。
[2] （宋）史虚白《钓矶立谈》,知不足斋丛书本,第8页。

好默认。后来的事实证明,南唐政权改变方针,造成了极为不利的后果。

一　建州之役与闽国的灭亡

李璟初年,闽国内乱加剧。富沙王王延政拥兵占据建州称帝,国号大殷,遣其将陈望等人进攻闽都福州。保大二年(944)三月,朱文进、连重遇合谋杀死闽景宗王曦,朱文进自立为闽王,占据福州,与王延政互相厮杀。消息传来,宋齐丘党人跃跃欲试。枢密使查文徽首先倡议出兵攻取建州。李璟于是命查文徽前往边境察看形势。

查文徽来到江西,立即上表要求出兵。十二月,李璟任命查文徽为江西安抚使、边镐为行营招讨诸军都虞候,同翰林待诏臧循共攻建州。首战告捷,攻克建阳(今福建建阳)。

初获小胜,查文徽骄傲起来,率军直扑建州。但是,南唐军队为数不多,只有几千人,又没有进行认真的准备,纯属冒然轻进。行至盖竹(今松溪上游一带),与王延政大军遭遇,被打得大败。这时候,又听说漳、汀、泉三州已经归附王延政,王延政实力大增,又派大将张汉卿率兵八千来攻。查文徽惊慌失措,与残卒退保建阳。臧循率别部屯驻邵武(今福建邵武),被闽军击破,臧循本人被俘至建州斩首。

李璟闻败,又命何敬洙为福建行营招讨、祖全恩为应援使、姚凤为诸军都监,会同查文徽再攻建州。这时,福州发生兵变,归附王延政,朱文进、连重遇被杀。王延政恢复闽国国号,以福州为南都,自居建州,派遣南都侍卫及福、建两军甲士一万五千人御敌。双方在赤岭(今福建崇安南)隔建阳溪对阵。闽军于溪南列水栅,旬余不战,南唐军亦不敢进逼。后来,王延政下令出战,闽将陈望无奈,涉水出击。祖全恩以大兵迎敌,又出奇兵攻其后背,闽军大败,陈望战死。王延政闻报大惊,固守建州,同时调发福州兵驰援。

此时,福州又发生兵变。李弘义控制福州,立僧人卓俨明为天子,称藩于后晋。王延政大怒,发兵讨伐李弘义,大败而还。不久,李弘义杀死卓俨明,自称威武留后,奉表归附南唐。建州孤立无援,被南唐军队团团包围。由于城内空虚,难以坚守,王延政只好遣使向吴越称臣,请求援兵。

保大三年(945)八月,建州城已经被围数月。吴越援兵不至,城内无食,人心离散。南唐军先锋桥道使王建封率先攻入城内。王延政出降,闽国灭亡。

闽国灭亡,实际上是内部分裂的结果。由于闽国统治者横征暴敛,闽人不堪其苦,闻南唐大军来攻,争相"伐木开道"以迎之,从而为南唐夺取建州提供了方便条件。但是,查文徽诸人以灭闽为功,纵兵大肆抢掠,将建州宫室庐舍焚毁殆尽,几乎成了一座空城。城破之夕,寒雨突降,居民冻饿而死者枕藉于道,闽人大失所望,这种不识大体的举动,为南唐军队下一步的行动制造了无形的障碍。

二 福州之役及南唐与吴越的冲突

建州之役以后,李弘义据福州,名义上隶属南唐,暗地里招兵买马,以图久计,实际上成为一个新的割据政权。

保大四年(946)六月,陈觉受宋齐丘推荐,任宣谕使,前往福州游说李弘义入朝。不料,李弘义拒不从命,陈觉自耻无功,还至南剑州,假称诏敕,征发建、汀、抚、信四州兵马,以冯延鲁为将,出人不意,直趋福州城下。当时,魏岑受命安抚漳泉,闻陈觉、冯延鲁兴事,唯恐二人专功,亦擅自发兵响应。李璟迫于宋齐丘党人的压力,只好派王崇文诸将出兵助战。李弘义见形势危急,奉表向吴越乞师。

南唐军队貌似强大,实际上内部矛盾重重,不堪一击。诸将争功夺利,互相间不肯配合。"你进则我退",你东则我西,从当年八月一直到次年三月,仗打了足足半年有余,而福州城依然如故。南唐数万大军空耗粮秣,兵疲马乏,只在外廓城兜来转去,没有获得任何实质性的进展。

保大五年(947)三月十四日(乙亥),吴越援军由海路到达福州南白虾浦。南唐出兵阻击,万箭齐发,加之海岸泥泞,行动不便,吴越军进退两难,处境十分困难。冯延鲁说:"城所以不降者,恃此救也。今相持不战,徒老我师,不若纵其登岸尽杀之,则城不攻自降矣。"裨将孟坚反对说:"浙兵至此,不能进退,求一战而死不可得。若纵其登岸,彼必致死于我,其锋不可当,安能尽杀乎!"但冯延鲁固执己见,不听孟坚的劝告,声称:"吾自击之!"①及吴越士卒登岸以后,大呼奋击,一以当十。冯延鲁招架不住,弃军落荒而逃。孟坚力战,死于乱军之中。吴越军乘胜而进,李弘义亦由城内出兵夹击,南唐军大败溃散。王崇文见势不妙,亲率牙兵三百人拒战,吴越兵锋受挫,南唐诸将惊魂稍定,方才收拾残卒,稳住阵脚,双方形成对峙局面。

---

① 《资治通鉴》卷二八六《后汉纪一》,高祖天福十二年,中华书局1956年版,第9349页。

当时,有人传言吴越军将放弃福州,携李弘义之众撤还。南唐诸将闻讯,企图等到吴越军退走之后再取福州。但是,闽降将、泉州刺史留从效有割据泉州之心,恐福州失陷、泉州孤立,因此竭力阻挠。大将王建封与陈觉有隙,也不肯再战,说:"吾军败矣,安能与人争城!"①当天夜里,王建封擅自焚烧营栅,率部撤走。其余各路军队,见王建封已撤,军心涣散,亦各为己计,逃之夭夭。

福州之役,旷日持久而功亏一篑。南唐士卒死者二万余人,委弃军资器械数十万。冯延鲁无地自容,拔出佩刀自杀,被左右亲吏救止。

南唐军败退以后,福州为吴越控制。留从效见有机可乘,决意割据。回到泉州之后,留从效设酒宴款待南唐屯驻泉州的军将,对他们说:"泉州与福州世为仇敌,南接岭海瘴疬之乡,地险土瘠。比年军旅屡兴,农桑废业,冬征夏敛,仅能自赡,岂劳大军久戍于此!"②把他们统统赶出泉州。李璟因福州新败,无力制裁,只好承认既成事实,即拜留从效为检校太傅,以图羁縻。不久,留从效兄留从愿在漳州发动兵变,杀死漳州刺史,归附留从效。李璟升泉州为清源军,以漳州隶之,以留从效为节度使。这样,南唐不仅没有得到福州,反而又对泉、漳二州失去了控制,建州、福州二次战事的成果,由此而大半化为乌有。

南唐的损失还不仅如此。南唐灭闽,夺取建州,吴越本已有唇亡齿寒之感。只因形势不明,不敢轻举而已。闽人求救,吴越迟迟

---

① 《资治通鉴》卷二八六《后汉纪一》,高祖天福十二年,中华书局1956年版,第9350页。

② 《资治通鉴》卷二八六《后汉纪一》,高祖天福十二年,中华书局1956年版,第9350页。

不出,其中消息已大略可知。及南唐进一步窥视福州,疲兵于城下,吴越方下决心一战。南唐将领自以为是,没有把握住机会,反而授人以柄。此后,南唐与吴越关系逐步恶化,东南形势遂至不可收拾。

福州之败,宋齐丘党人并未甘心。保大八年(950),吴越派人诱骗永安军留后查文徽,声称福州发生动乱。查文徽以为雪耻之机来临,不假思索,立即出兵进攻福州。军至城下,有数百人出城迎接。大将陈海疑城中有诈,劝查文徽小心从事。但查文徽立功心切,斥责道:"疑则生变。"①遂传令入城,结果中了埋伏。查文徽坠马被俘,士卒死者万人。南唐遭此惨败,从此再没有能力在东南用兵。建州之役以来,凡七八年时间,南唐一败再败,实力大为削弱。查文徽作为东南战事的始作俑者,亦自食其果,作了吴越的阶下之囚。后来,李璟用陈海俘获的吴越将领马先进等人把查文徽换回。查文徽临行之际,吴越王设宴相送。查文徽喝了毒酒,虽然没有丧命,却从此瘖哑,病废于家。

三　湖南之役及南唐与南汉的交恶

保大八年(950),楚国内乱加剧。马氏诸子"众驹争栈",抢夺王位,自相残杀。朗州节度使马希萼攻破长沙,杀死废王马希广,自立为楚王。不久,大将徐威作乱,把马希萼幽禁于衡山,拥立马希崇。马希崇为政荒淫,国人不服,惧怕诸将作乱,向南唐求援;同时,

① (清)吴任臣《十国春秋》卷二十六《南唐十二·查文徽传》,中华书局 1983 版,第 371 页。

彭师嵩与衡山守将合谋,聚众万人,推戴马希萼为衡山王,与马希崇分庭抗礼,但因实力不足,也向南唐乞师。

宋齐丘党人见有机可乘,立即建言出兵灭楚。李璟迫于朝议,于保大九年(951)任命边镐为湖南安抚使,相机进讨。九月,边镐由萍乡(今江西萍乡)攻入楚境。龙回关(今湖南长沙东)一战,大破楚军。马希崇势穷出降,马希萼无以为计,也向边镐投降。与此同时,武昌节度使刘仁赡率水军攻克岳州,于是楚国全境平定。

边镐攻楚,行军之中,常载佛事以随,迎合楚人佞佛之风。边镐自己也是一个虔诚的佛教信徒,这对南唐的军事行动不无益处。攻克长沙以后,李璟任命他为武安军节度使,驻守长沙。入城之后,市不改肆,每日施舍沙门,以求福佑。楚人大悦,称他作"边佛子"、"边菩萨"。当时,南唐朝廷之中,宋齐丘党人势力复振,百官相贺之声不绝于耳,以为统一大业成功在即,甚至李璟也飘飘然有得意之色。唯独侨寓人士忧心忡忡,认为前途未卜。高远对别人说:"我乘楚乱,取之甚易。观诸君之才,守之实难。"①但是,闻之者皆以为言过其实,宋齐丘党人更是不以为然。

南唐克平楚国,版图几乎扩大了一倍。但是,正如高远所说,如何保持这一战果,显然是一个难以应付的问题。边镐坐镇长沙,控制都城,马氏宗族被迁往金陵,但各地楚国降将仍然具有一定的实力。南唐既不可能把他们统统迁走,也不可能一律杀掉,只能加以安抚,使其镇守原地。除此之外,南唐驻守楚地军队需要大量给养,一时也难以解决。由于南唐吞并楚国,与虎视桂州一带的南汉,也可能发生冲突。高远所说的"守之实难",正是基于对上述形势的

---

① (宋)陆游《陆氏南唐书》卷九《高远传》,秘册汇函本,第196页。

分析。

事态的发展，亦恰为高远不幸而言中。次年三月，南汉出兵夺取桂州，大将张峦与侯训率兵万余人出战，企图夺回失地，却被南汉军杀得大败。与此同时，长沙城内的形势也逐渐失去了原来的轻松和安静。

边镐军中，有一位名叫孙朗的军校。当时，楚国内乱，孙朗跟随成师朗归附南唐，李璟即以成师朗所部为奉节军。南唐攻楚，奉节军从征。驻守长沙时，奉节军禀给极薄，甚至少于楚国降卒。军兵怨恨，喧哗骚动。边镐虽有菩萨心肠，但治军无方，优柔寡断，以致政出多门、纲纪颓弛。楚人失望，把"边菩萨"这一美称改做"边和尚"。部下粮料使王绍颜得知奉节军怨言，变本加厉，动辄刻削其军粮。边镐知情，却并不加以制止。不久，孙朗与军卒合谋，企图杀死王绍颜。王绍颜藏身于粮囷之下，才得活命。边镐部下请求处死王绍颜，以安军心，边镐又不肯答应。孙朗走投无路，遂率部发动兵变，乘夜进攻边镐府衙。叛军在焚烧府门之时，被更卒发觉。边镐闻报，派牙兵击退孙朗，又命吹响号角，召集部将。孙朗误以为天将破晓，于是杀出长沙城，投奔朗州。

此时，朗州守将是楚国降将刘言。刘言骁勇善战，颇得楚人之心。南唐灭楚，刘言与王逵、周行逢拥兵朗州，抗命不朝。这一时期中，楚乱初定，府库空虚，南唐驻军给养困难。宰相冯延巳认为大事已定，以克楚为功，不欲取费于国内，于是重敛楚民，以赡军用。楚民怨愤，人心思动。刘言诸人见有机可乘，暗中准备力量，以图举事。及孙朗逃到朗州，刘言尽知长沙虚实，遂决意夺取长沙。边镐亦派大将李建期屯驻益阳（今湖南益阳），以图朗州。

南唐朝廷闻报，李璟立即召集大臣商议对策。按照李璟的想法：

> 湖湘之役，楚民厌乱，求息肩于我。今欲罢桂阳之师，解益阳之戍，即授刘言以节钺，使自安辑其民。吾亦得惠养湘、衡之地。如是则远迩完实，二蕃在吾度内尔。公等亟行之，无为后悔。

当时，孙晟等侨寓人士在侧，十分赞成李璟的主张。孙晟立即草拟诏书，准备执行。但是，宋齐丘党人不肯迁就。冯延巳身为宰臣，不顾大局，仅仅考虑："吾以偏师克全楚，天下惊动。今三分丧二，何以为功？"因此故意稽留诏命，拖延时间①。

同年十月，刘言遣王逵、周行逢进攻长沙。益阳一战，南唐军大溃，李建期阵亡。楚人乘胜南下，直逼长沙城。边镐支持不住，逃归洪州，驻楚屯戍各部亦相继逃散，唯独与南汉军相峙于桂州的张峦所部，且战且行，得以全军而还。将近二年的辛苦经营，至此又化为乌有。

四 中原之役与南唐的失利

李璟即位以后，继续奉行联结契丹、牵制中原政权的策略。保大初年，李璟派公乘镕与伴送使陈植由海路达于契丹，以修"旧好"。公乘镕到达目的地以后，派人携密信向李璟汇报出使情况。

---

① （宋）马令《马氏南唐书》卷三《嗣主书》，墨海金壶本，第4页。

信中说：

> 臣镕自去年六月离罂油，七月至镇东关。遣王朗奉表契
> 丹，九月乃有番官彝离毕部牛车百余乘及鞍马沿路置顿。十月
> 至东京，留三日，契丹主遣闲厩使王庭秀称诏劳问，兼述泰宁
> 王、燕王九月同行大事。兀欲即世，母妻并命，又辽东以西水潦
> 坏道，数百里车马不通，今年方至幽州，馆于悯忠寺，先迎御容
> 入宫，言先欲见唐皇帝面，乃引见如旧仪。问国书中机事，臣即
> 述奕世欢好，当谋分裂之事。契丹主喜，问复有事否？臣曰：军
> 机别有密书。契丹主接至袖间，乃云：吾与唐皇帝一如先朝往
> 来。因置酒合乐。又谕臣曰：使人泛巨海而至，不自意变起骨
> 肉，道路有闻亦忧恐。手斟一玉钟酒，先自啜，乃以劝臣令饮
> 酳。自旦至日餔始罢。自时数遣使宣劳。三日一赐食。谨遣
> 王朗赍骰号子归闻奏。①

　　公乘镕此次出使契丹，效果并不明显。南唐欲与契丹共同采取
军事行动，但契丹内忧初宁，虽久有南下之志，却一时难以付诸实
施，况且双方往来不便，相互配合，并非易事。

　　但是，几年之后，形势已经发生了变化。后晋高祖石敬瑭死后，
其侄子石重贵即位。后晋政权本来是在契丹支持之下建立起来的，
靠了石敬瑭纳贡割地、自称儿皇帝才得以维持。及石重贵即位，内
则横征暴敛，外则结怨于契丹，很快便陷入困境之中。石重贵遣使

---

① 《全唐文》卷八七〇，公乘镕《使契丹进元宗腊书》，中华书局 1983 年版，第
　9107—9108 页。

至契丹告哀,称"孙"而不称"臣",表示不再受契丹的控制。宰相景延广公开对契丹使者说:"先帝则北朝所立,今上则中国自策,为邻为孙则可,无臣之理。"又大言声称:"晋朝有十万口横磨剑,翁若要战则早来,他日不禁孙子,则取笑天下,当成后悔矣。"①契丹主闻言大怒,遂发兵攻晋。后晋君臣虽口出大言,却并没有认真进行战争准备。从后晋开运元年(944)开始,契丹频繁入寇。开运三年(946),契丹攻陷后晋京师汴梁,后晋灭亡。

契丹灭晋,中原扰攘,给南唐北上提供了良好的时机。遗憾的是,南唐大军正在福州城下徘徊,无暇北顾。契丹灭晋以后,遣使至南唐告捷,又请李璟至中原会盟。契丹使者对李璟说:

> 晋少主逆命背约,既遣入蕃。虏主欲与君继先君之好,将册君为中原之主矣!②

这番话中,契丹使者以"蕃"、"虏"自称,显然经过南唐人的润饰。其实,此语本身的真实性亦值得怀疑。当时,赵延寿、杜重威皆承契丹主耶律德光之命,有册立为帝的希望,因此互相争夺,暗中较量。不久,耶律德光自己称帝,哪里会有诚意到江南去请李璟?

但是,不论契丹作何打算,对南唐来说,却都有些进退两难。当时,韩熙载上书请求出师。书云:

> 陛下有经营天下之志,今其时以。若戎主遁归,中原有主,

---

① (宋)薛居正等《旧五代史》卷八十八《景延广传》,中华书局1976年版,第1144页。
② (宋)龙衮《江南野史》卷二《嗣主》,豫章丛书本,第3页。

则不可图矣！①

这种形势，李璟并非毫无了解。只是心有余而力不足，只好回复契丹使者说：

> 唐守江淮，社稷已固，与梁宋阻隔。若尔主不忘先好，惠锡行人，受赐多矣。其它不敢拜命之辱。②

后来，南唐遣使至契丹，请求允许派人到长安修复唐朝陵寝，契丹没有答应。李璟叹道："闽役惫矣，其能抗衡中原乎！"③

由于中原人民的反抗，耶律德光当了几天中原皇帝以后，自知难以持久，于是命其弟萧翰留守汴梁，仓皇北归，途中染疾身亡。萧翰坚持到五月，也逃归契丹。李璟闻讯，下诏说："乃眷中原，我之故地。"④命李金全为北面行营招讨使，以图北上。但是，南唐经福州之败，元气大伤，尚需一段休整军队的时间，难以立即采取行动。到了六月份，又听说后汉军队已经控制汴梁，北上之事，只好搁置下来。

当契丹北归、中原无主之际，淮北各地的地方武装纷纷过淮归附南唐，并请求出师北上中原，而南唐兵力国用，耗于东南，熟视而不能出，国人皆以为恨。李璟本人也十分懊悔，对大臣说：

---

① （宋）陆游《陆氏南唐书》卷十二《韩熙载传》，秘册汇函本，第267页。
② （宋）马令《马氏南唐书》卷三《嗣主书》，墨海金壶本，第1页。
③ （宋）马令《马氏南唐书》卷三《嗣主书》，墨海金壶本，第1页。
④ （宋）陆游《陆氏南唐书》卷二《元宗本纪》，秘册汇函本，第33页。

孤不能因其危运,命将兴师,抗行中国,恢复高、太之土宇,而乃劳师于海隅,孤实先代之罪人也!①

关于南唐此时是否有控制中原、统一中国的希望,旧史家的看法极不一致。《资治通鉴》载:

晋密州刺史皇甫晖,棣州刺史王建,皆避契丹,帅众奔唐;淮北贼帅多请命于唐。唐虞部员外郎韩熙载上疏,以为:"陛下恢复祖业,今也其时。若虏主北归,中原有主,则未易图也。"时方连兵福州,未暇北顾;唐人皆以为恨,唐主亦悔之。

司马光的看法,似乎关键在于南唐的"未暇北顾"。但胡三省注曰:

韩熙载以定中原自期,仅见此疏耳。自古以来,多大言少成事者,何可胜数!

又注曰:

使唐无福州之役,举兵北向,亦丧师而已矣!②

《陆氏南唐书》则认为:南唐之失,主要在于用人不当。其说云:

① （宋)龙衮《江南野史》卷二《嗣主》,豫章丛书本,第4页。
② 《资治通鉴》卷二八六《后汉纪一》,高祖天福十二年,中华书局1956年版,第9338页。

　　元宗举闽楚之师,境内虚耗。及契丹灭晋,中原有隙可乘,而南唐兵力国用,既已弗支,熟视而不能出,世以为恨。予谓不然。唐有江淮,比同时割据诸国,地大力强,人材众多,且据长江之险,隐然大邦也。若用得其人,乘闽楚昏乱,一举而平之,然后东取吴越,南下五岭,成南北之势。中原虽欲睥睨,岂易动哉!不幸诸将失律,贪功轻举,大事弗成,国势遂弱。非始谋之失,所以行之者非也。且陈觉[为](冯)延鲁辈,用师闽楚,犹丧败若此,若北向而争天下,与秦晋赵魏之师战于中原,角一旦胜负,其祸可胜言哉!①

《钓矶立谈》云:

　　保大中,查文徽、冯延鲁、陈觉等争为讨闽之役。冯延己因侍宴为嫚言曰:先帝龊龊无大略,每日戢兵自喜。边垒偶杀一二百人,则必赏咨动色,竟日不怡。此殆田舍翁所为,不足以集大事也!今陛下暴师数万,流血于野,而俳优燕乐,不辍于前,真天下英雄主也!元宗颇领其语。其后,闽土判涣,竟成迁延之兵,湖湘既定而复变。地不加辟,财乏而不振。会耶律南入,中国大乱,边地连表请归命,而南唐君臣束手,无能延纳者。韩熙载上疏,请乘衅北略,而兵力顿匮,茫洋不可为计。②

　　如我们在分析李昪军事外交策略时所指出:就南唐的实力,尚

---

① (宋)陆游《陆氏南唐书》卷二《元宗本纪》,秘册汇函本,第57页。
② (宋)史虚白《钓矶立谈》,知不足斋丛书本,第15页。

不足以支持全国规模的战争。但如果行之得当,乘中原变故,首先控制中原,然后南下扫平诸国,应该说,统一中国还是有可能的。其中的关键,是南唐必须等待中原发生大规模的动乱,实力削弱,乘虚而入。这里需要深谋远虑,耐心等待,还要善于抓住战机,及时行动。就当时的形势来说,虽然契丹灭晋,中原扰攘,但刘知远拥兵太原,富强冠于诸镇,步骑五万人,时刻窥视,是一支不可忽视的力量。考虑到这一因素,南唐欲图中原,必须动员全部力量,破釜沉舟。这实际上是一场赌博:胜则一统天下,败则破国丧家。在这场赌博中,南唐有赢的希望,也有输的可能。有利的条件是:南唐距汴梁较太原为近,又以恢复大唐为号召,有淮北各种武装力量的支持,本身又具备相当的实力,发动十万军队,与刘知远形成二比一的优势,一决雌雄,从理论上来说,并非全无胜着。不利的条件在于:南唐内部不和,而李璟昏懦少断,无力控制局面,南唐军队将领与士卒在素质上也存在一些问题。因此,从实际情况来看,胜负实未可知。这些弱点,我们将在以后局势的发展中逐步看得更加清楚。

李璟初即位,亦有统一中国之志。数年之中,未尝亲祀郊庙。群臣询问,他回答说:"俟天下一家,然后告谢。"①朝廷中的北方人士,亦时时以出师中原为怀。韩熙载南渡之际,李谷置酒相送。韩熙载说:"江淮用吾为相,当长趋以定中原。"②魏岑尝因侍宴,对李璟说:"臣少游元城,乐其风土,俟陛下定中原,乞魏博节度使。"③一

---

① 《资治通鉴》卷二九〇《后周纪一》,太祖广顺元年,中华书局 1956 年版,第9466 页。
② (宋)马令《马氏南唐书》卷十三《孙鲂传》,墨海金壶本,第 6 页。
③ 《资治通鉴》卷二九〇《后周纪一》,太祖广顺元年,中华书局 1956 年版,第9467 页。

席话说得李璟十分高兴。但是，李璟受制于宋齐丘党人，即使有所谋划，亦难以实施；北方人士如魏岑之流，忙于争权夺利，根本不顾大局，克定中原云云，不过逢场作戏，说说而已；其余孙晟、韩熙载诸人，虽有才略，但为宋齐丘党人所抑，不得施展；而宋齐丘党人专横跋扈，专以扩大派系势力为务，其志虽大，然才疏识陋，不堪重任。上述各家之说，着眼点皆在此处。李昇没有等到的机会，李璟等到了；但李昇有可能抓住的机会，却被李璟轻轻放过。难怪胡三省、陆游愤愤然口诛笔伐，而史虚白伤感不已，慨叹："国之将亡，反本塞源。元宗自在藩邸，仁孝播闻。及怵于贼臣之谀言，至诋诬先烈以自圣。啮指顾命，忽如风之过耳。天不祚唐，可为伤心。吁！憸人小夫不足以共谋国也如此。叟每置念于中，则不觉为之堕睫。"①

福州之役以后，南唐开始留意中原，并且有过几次军事行动。但是，时过境迁，这些行动并无什么收效。

保大六年（948），后汉护国军节度使李守贞据河中反叛，求援于南唐。李璟命北面行营招讨使李金全率兵出援，以刘彦贞为副将，查文徽为监军使，魏岑为沿淮巡检使。到达沂州境内以后，李金全正与诸将用餐，斥候报称山涧之北有后汉羸弱兵卒数百人，诸将以为后汉阵容不过如此，请求冲杀过涧。李金全置之不理，下令："敢言过涧者斩！"诸将不敢违拗。黄昏时分，涧北伏兵四起，金鼓声闻十余里，诸将莫不变色股慄。李金全对他们说："向可与之战乎？"②由于李金全谙熟兵机，善于判断敌情，才使南唐军队免遭覆亡。李金全审时度势，认为河中路途遥远，士卒厌战，没有取胜的把握，遂

① （宋）史虚白《钓矶立谈》，知不足斋丛书本，第16页。
② 《资治通鉴》卷二八八《后汉纪三》，高祖乾祐元年，中华书局1956年版，第9404页。

下令退保海州。

保大七年（949），契丹寇扰后汉，李璟认为有机可乘，出师渡淮北上，至颍川正阳（今安徽颍上东南），被颍州守将白福进击败。

保大九年（951），后汉枢密使兼天雄军节度使郭威率军攻陷汴梁，建立后周政权。李璟又与众臣商议出师。韩熙载谏阻说："北伐本吾意也，但今已不可耳。郭氏奸雄，曹、马之流，虽有国日浅，守境已固。我兵妄动，岂止无功耶？"①李璟从之，仅仅派兵在淮河沿岸炫耀了一番武力，就撤了回来。

保大十年（952），后汉兖州节度使慕容彦超与后周拒战，李璟应其请求，出兵驰援。燕敬权为将，率兵五千，来到下邳（今江苏邳县南），听说后周大军将至，退屯沭阳（今江苏沭阳）。后周徐州巡检使张令彬击之，南唐军大败，死者千余人，燕敬权被俘。后来，周太祖遣燕敬权南归，并带信给李璟，声称："叛臣，天下所共疾也，不意唐主助之，得无非计乎！"②

南唐与中原政权之间的军事冲突不仅一无所获，而且产生了相当不利的影响。南唐初期，江淮与中原不战不和，但正常的贸易往来尚得维持。及李璟与后汉开战，双方的经济交流遂致中断。北部边境形势日益紧张，对淮南一带的经济发展亦相当有害。

---

① （宋）陆游《陆氏南唐书》卷十二《韩熙载传》，秘册汇函本，第268页。
② 《资治通鉴》卷二九〇《后周纪一》，太祖广顺二年，中华书局1956年版，第9475页。

第十章　元宗李璟时期经济状况的恶化

　　元宗李璟时期,南唐社会经济的发展基本上处于停滞的局面。其中的原因,除了自然条件、经济形态的限制以外,南唐政权结构的特殊性也造成了一定的影响。李氏不敢过分触动当地势力的经济利益,一方面是官僚地主肆意兼并不受限制,另一方面必然是对平民百姓敲骨吸髓的残酷剥削,对经济发展的不利影响是显而易见的。尤其值得重视的是,元宗李璟时期对外战争过于频繁,不仅消耗了大量的社会财富,而且妨碍了社会生产的正常进行,这也是导致南唐社会经济陷入停滞局面的一个重要因素。

一　国库空虚

　　战争对国库的消耗是十分严重的。《钓矶立谈》云:

　　　　(烈祖)暮年先理治命,引元宗而告之曰:德昌宫凡积兵器缯帛七百余万,吾弃代后,汝善和邻好,以安宗祏为意,不宜袭隋炀帝之迹,恃食阻兵,以自取亡覆也。于时中外寝兵,耕织岁滋,文物彬焕,渐有中朝之风采。元宗之初,尚守先训,改元保大,盖有止戈之旨。三四年间,皆以为守文之良主。会元老去位,新进后生用事,争以事业自许,以谓荡定天下,可以指日而就。上意荧惑,移于多口,由是构怨连祸,蹙国之势,遂如削肌。其后,宋齐丘复起于迁谪之中,谋为自固,更相唱和,兵结而不得解矣。未及十年,国用耗半。有杜昌邻者,经事永陵,还自外镇,复领计司,抚案大恸曰:国事去矣! 夫鸿鹄养护六翮,将致千里,今拔取之以傅斥鴳,宁不使人恨恨也!①

引文中提到的"七百万",自然只是一个虚数。因为有记载说,宫内之物,有如山积,无法详尽勾校。还有记载说,德昌宫只是内帑别藏,则七百万亦仅属南唐国库之一部,或竟系李氏私产。不过,福州之役以后,南唐国库已基本耗尽。灭楚之时,冯延巳诸人不愿"取费于国",于是"掊敛楚民"以赡军用,以致楚人愤怨,民心浮动,造成楚地得而复失的惨败,其中的一个重要原因,就是南唐财政的拮据。实际上,南唐以偏据之国,即使倾其全力,也很难支撑这样大规模、长时间的战争消耗,而"七百万"也实在不是一个很大的数目。

为了支付战争费用,南唐的赋税征收日益苛繁,几乎达到无物不税的程度。酿酒有曲引钱,食盐则输盐米,供军需有鞋钱,入仓则有蘸米;江湖及池潭陂塘聚鱼之处,皆纳官钱,或令民户占卖输课,或官府派人主持;又有橘园、水硙、社酒、莲藕、鹅鸭、螺蚌、柴薪、地铺、枯牛骨、溉田水利等名目,不一而足;甚至住房居官地者要交纳地房钱;吉州缘江之地已经沦没,犹征勾栏地钱,编木浮水而居者则征以水场钱。庐州人李家明曾随李璟游于后苑,李璟登台,遥望钟

---

① (宋)史虚白《钓矶立谈》,知不足斋丛书本,第8页。

山,说:"雨即至矣!"李家明答道:"雨虽来,必不敢入城。"李璟怪而问之,对曰:"惧陛下重税。"李璟遂命榷务减征之半①。

但是,加重赋税征收,无异竭泽而渔。湖南之役以后,李璟痛下决心,休兵息民,恢复国力。此时,宋齐丘党人因连年出师无功,气焰稍有收敛,李璟处境大有改善,说话的口气自然也强硬了许多。当他把自己的想法告诉群臣之后,有人说:"愿陛下数十年不用兵,可小康矣!"李璟回答说:"将终身不用,何数十年之有!"②不过,李璟的休兵息民完全是一种无可奈何的收缩,一种迫不得已的防御性措施,与李昪时期主动性的休兵息民,显然不可同日而语,至于其效果如何,更值得怀疑。

保大十一年(953),一位在野的士人邵棠上言,说:"北朝恭俭修德,恐其南征,宜为备。"③其实,即使邵棠不说,李璟自己也十分清楚。自后周立国以来,北方气象与往昔不大相同,南伐之举,正在预料之中。因此,对李璟来说,休兵息民,最主要的目的还在于解决国库空虚,尤其是军粮不足的问题。

同年,李璟决定在淮南屯兵重地楚州一带开辟屯田。此举如果成功,不仅可以减轻国库负担,而且就近解决军粮,还可以免除转输之劳费。但是,楚州一带,人口密度较高,未被开垦的荒地并没有多少。在这里兴置屯田,势必与当地农户发生争夺土地的冲突。其冬,李璟派近臣车延规主持屯田事宜,又下令在楚州修凿白水塘,以

---

①　(清)吴任臣《十国春秋》卷三十二《南唐十八·李家明传》,中华书局1983年版,第460页。

②　《资治通鉴》卷二九一《后周纪二》,太祖广顺二年,中华书局1956年版,第9486页。

③　(清)吴任臣《十国春秋》卷十六《南唐二·元宗本纪》,中华书局1983年版,第219页。

备屯田灌溉。车延规到了楚州,大刀阔斧,把许多民田夺为屯田,又征发楚、常二州百姓修筑白水塘,洪、饶、吉、筠数州之民亦须出牛助役。结果"江、淮骚然。百姓以数丈竹去节焚香于中,仰天诉冤,道路以目"①。

知制诰徐铉闻讯以后,奏告于李璟。李璟手足无措,对他说:

> 吾国兵数十万,安肯不食捍边? 事有大利,则举国排之,奈何!②

徐铉竭力陈述利害,所言自然包括惧怕引起土著势力的不满,造成更为严重的后果。李璟无奈,只好命徐铉到楚州巡视。徐铉到了楚州,以君命自恃,擅作主张,不仅重责车延规,而且把所夺之田一概退还原主。实际上,李璟并无就此罢废屯田的想法。他交给徐铉的使命,只不过是"行视利害",以便再行商议。事情的结果使李璟大为恼火,徐铉的政敌又从中倾害,攻击他"擅作威福"③,于是李璟召徐铉还京,打算把他扔到江里淹死。

徐铉归来之后,李璟了解了楚州的实际情况,又感到他的做法并非毫无道理。特别是经过徐铉的安抚,"百姓感悦",群起为盗之民,亦被迅速镇压,一场即将爆发的政治危机得以缓和,李璟自己颇有些暗自庆幸。消气之后,李璟只是把徐铉贬到舒州,并且下令停

---

① (清)吴任臣《十国春秋》卷十六《南唐二·元宗本纪》,中华书局1983年版,第220页。
② (宋)陆游《陆氏南唐书》卷二《元宗本纪》,秘册汇函本,第41页。
③ (清)吴任臣《十国春秋》卷十六《南唐二·元宗本纪》,中华书局1983年版,第220页。

罢白水塘之役。

　　这是李璟在位期间，在经济方面采取的最重要的举措，其结局是不了了之。其中所反映出来的问题，不仅是李璟的治国无方，而且是社会弊端的积重难返。也许局外人认为南唐还有喘息的余地，但是，李璟心里应该清楚，他并没有多少后悔的时间。

二　民生凋蔽

　　李璟即位以后，比较体恤民间疾苦。在位期间，蠲免百姓逋租欠税，赈济鳏寡孤独。为了抑止民间侈靡之风，在宫室服饰方面，都比较节制，又采取措施，动员社会闲散人口归农。但是，由于租赋苛重，一遇灾年，百姓仍不免于饥寒。《稽神录》中载有这样一段故事：

　　　　霍丘令周洁，甲辰岁罢任，客游淮上。时民大饥，逆旅殆绝，投宿无所。升高而望，远见村落烟火，趋而诣之，得一村舍。扣门久之，一女子出应门，告以求宿。女子曰："家中饥饿，老幼皆病，愧无以延客，止中堂一榻可矣。"遂入之，女子侍立于前。少顷，其妹复出，映妇而立，不见其面。洁自具食，取饼二枚，以与二女。持之入室，闭关而听，悄无人声，洁方耸然而惧。向晓将去，使呼二女告别，了无声应者，因坏户而入，乃见积尸满屋，皆将枯朽，惟女子死未旬日，其妹面目已枯矣，二饼犹置胸上。洁后皆为瘗之。[1]

────────────

[1]　（宋）徐铉《稽神录》卷三《周洁》，学津讨源本，第448页。

剔除故事中的迷信成分,不难看出辗转于饥荒之中的南唐百姓的悲惨遭遇。

这一时期中,地方官吏的苛暴有增无减:

> 王鲁为当涂宰,颇以资产为务。会部民连状诉主簿贪贿于县尹,鲁乃判曰:汝虽打草,吾已蛇惊。为好事者口实焉。①

状诉主簿,打草惊蛇,似乎纯属意外,让我们再看看别的例子:

> 刘彦贞,吴功臣信之子也……及移镇寿春,渐自矜大,务为聚敛,以夺民利。寿春有安丰塘,溉田万顷。彦贞托以浚城隍,大兴工役,决水城下,而田亩皆涸。因急其征赋,民皆鬻田而去,彦贞取上腴者贱价买之,于是复涨塘水,岁积巨亿。②

利用职权之便搜刮民财,自然行之有效。实际上,南唐朝廷之中,南北人士一起成了暴发户,积聚财富的手段,大抵不过巧取豪夺。如李建勋所得赐田沐邑不计其数,岁入以万计;宋齐丘食青阳一县租税,犹不知足,又提高封境之内租谷之额,使其重于其他地区一倍以上,居坊之中,建造高宅大第,穷极富丽,坊中居民皆使出力助役,以致邻里无法安生,相率逃亡;少傅陈继善,富于资产,致仕之后,别墅林池,未尝暂住,既不嗜学,又绝宾客,每日里自荷一锄,理小圃成畦,把做官时搜刮来的珍珠布置于土壤之中,犹如种植蔬果

---

① (宋)郑文宝《南唐近事》,宝颜堂秘笈本,第17页。
② (宋)马令《马氏南唐书》卷十七《刘彦贞传》,墨海金壶本,第3—4页。

般,然后记颗俯拾,周而复始,以此为乐;孙晟家中豪富,每日用膳,不设几案,令众妓各执一器,环立而侍,号为"肉台盘",江南贵人效之,一时成为风气。其余急于赀财之流,刻剥百姓之辈,比比皆是,不胜枚举。

贵族官僚的巧取豪夺与土著地主扩展经济势力的活动相结合,造成了两个比较严重的后果。一是土地兼并迅速。唐中叶以来,江淮地区土地兼并现象已经相当突出。南唐官僚巧取豪夺,其目标亦大体集中于土地。失地农民,或为人佃户,或转徙流亡,甚者卖身为奴,由此又造成了第二个后果,即买卖奴婢之风日益盛行。

南唐奴婢的来源,一是战争中掳掠的人口,如建州之役中,南唐军队俘获大批人口,后来转卖为奴。也有将流亡入境的人口劫掠为奴婢的例子,如永新豪民龙氏,诱杀郴、衡流亡人口数以百计,取其财货,把妇女卖为奴婢。最主要的来源,还是买卖贫民子女。李昪在位时,禁止"压良为贱"。及李璟即位,冯延鲁伪称诏敕,开放买卖奴婢的限制,虽遭大臣反对,但遗诏业已公布,李璟也只好将错就错。当时大臣,多蓄奴婢。如韩熙载、何敬洙、刘承勋、孙晟、冯延鲁,都蓄养奴婢以数十百计。奴婢的遭遇十分悲惨。如何敬洙,因宠婢忤其意,塞入井中淹死。临川土人唐遇,虐待使婢,婢不堪其毒,逃入山中,以山果野草为生。《东轩笔录》载:

> 江南有国日,有县令钟离君,与邻县令许君结姻。钟离女将出适,买一婢以从嫁。一日,其婢执箕帚治地,至堂前,熟视地之窊处。恻然泣下。钟离君适见,怪问之,婢泣曰:幼时我父于此穴地为毬窝,道我戏剧。岁久矣,而窊处未改也。钟离君惊曰:父何人?婢曰:我父乃两考前县令也,身死家破,我遂流

落民间,而更卖为婢。钟离君遽呼牙侩问之,复质于老吏,是得
其实。

县令破落,其子女尚不免沦为奴婢,贫民百姓就更不堪设想了。
民生凋蔽的后果之一是社会的动荡。在烈祖李昇时期,淮南蕲
州一带,就发生过诸佑导民为乱的事件。

> 诸佑,蕲州独木人。自言不茹荤者数世,能使贫者富、富者
> 贫。俚民稍稍效之,其徒十数,男女猥杂,互易匹偶,谓之忍辱
> 生子,不知其父。行之数年,积数百众。夜行昼息,取资于盗。
> 竞相推唱,云祐术能升虚空、入水火,妄意民藏,潜使致之,而民
> 弗觉也。①

后来,黄梅令陈起与巡抚使周邺率兵将其男女全部杀死。从诸
佑之众男女混杂,互易匹偶的行为来看,确有妖言惑众、败坏风俗的
成分,但是,以"使贫者富、富者贫"为号召,却不能不说直接反映了
江淮地区社会矛盾十分尖锐的事实。

李璟初年,南唐虔州一带又受到张遇贤的骚扰。

> 张遇贤,秦州罗县小吏也。县之刻杉镇有神降于民家,所
> 言祸福辄验。遇贤往祷之,因留,奉事甚谨。会群盗大起,各拥
> 数百众,相与祷于神,求为主者。神曰:张遇贤是第十六罗汉,
> 当为汝主。于是共推遇贤为中天八国王,改元永乐,署置百官,

---

① (宋)马令《马氏南唐书》卷二十六《诸佑传》,墨海金壶本,第5页。

皆衣绛衣。遇贤庸懦无统御之略,贼帅各以便宜攻剽州县,告
其进退而已。屡为州兵所窘,复告于神。神曰:可过岭取虔州,
当成大事。遇贤遂袭南康。百胜军节度使贾浩始轻之,不设
备。贼众连陷诸县,州兵击之不胜。浩戒严守城。遇贤据白云
洞,造宫室营署,群盗四出攻劫。①

张遇贤之众后来被边镐率军镇压。张遇贤被俘,斩于金陵。

值得注意的是,南唐时期江淮农民的反抗斗争由于土地私有制
的发展与租佃关系的演变而具有了某些新的特点。农民不仅感受
到赋役的压力,而且更多地承担了地租的剥削。因此,在他们同国
家发生对抗之时,同土地占有者即地主的矛盾也日益突出。他们企
图改变贫富不均的现象,幻想"使贫者富、富者贫",从某种意义上
来说,与宋初王小波、李顺以"均贫富"为号召的农民起义同出一
辙,值得我们认真研究。

---

① (宋)马令《马氏南唐书》卷二十六《张遇贤传》,墨海金壶本,第4页。

第十一章　南唐的衰落

政治局势的混乱、军事外交的失利、经济状况的恶化,标志着南唐的鼎盛时期已经成为过去。与此同时,中原政权的局面日新月异。特别是周世宗柴荣即位以后,选贤任能,改革政治,发展经济,扩充军力,一扫梁、唐、晋、汉四朝颓败之风,而且柴荣本人英武明断,素有澄清六合、匡复天下之志,一场决战,势所难免。对于这种险恶局面,南唐君臣并非一无所知,但是,究竟如何扭转颓势,却并无可行之良策。

一　淮南之役

保大十三年(955)十一月,周世宗柴荣出师南征。在南征诏书中,周世宗说:

> 朕自缵承基构,统御寰瀛,方当恭己临朝,诞修文德,岂欲兴兵动众,专耀武功。顾兹昏乱之邦,须举吊伐之义。蠢尔淮甸,敢拒大邦。因唐室之陵迟,接黄寇之丧乱,飞扬跋扈,垂六十年。盗据一方,僭称伪号,幸数朝之多事,与北境而交通,厚

起戎心,诱为边患。晋汉之代,寰宇未宁,而乃招纳叛亡,朋助凶慝。李金全之据安陆,李守贞之叛河中,大起师徒,来为应援。攻侵高密,杀掠吏民。迫夺闽越之封疆,涂炭湘潭之士庶。以至我朝启运,东鲁不庭,发兵而应接慕容,观衅而凭陵徐部。沐阳之役,曲直可知,尚示包荒,犹稽问罪。尔后维扬一境,连岁阻饥,我国家念彼灾荒,大许籴易,前后擒获将士,皆遣放还。自来禁戢边兵,不令侵挠。我无所负,彼实多奸。勾诱契丹,至今未已。结连并寇,与我世雠,罪恶难名,人神共愤。今则推轮命将,鸣鼓出师,征浙右之楼船,下朗陵之戈甲,东西合势,水陆齐攻。吴孙皓之计穷,自当归命,陈叔宝之数尽,何处偷生!应淮南将士军人百姓等,久隔朝廷,莫闻声教,虽从伪俗,应乐华风。必须善择安危,早图去就。如能投戈献款,举郡来降,具牛酒以犒师,奉圭符而请命。车服玉帛,岂吝旌酬;土地山河,诚无爱惜;刑赏之令,信若丹青;苟或执迷,宁免后悔。王师所至,军政甚明,不犯秋毫,有同时雨。百姓父老,各务安居,剽虏焚烧,必令禁止。自兹两地,永为一家,凡尔蒸黎,当体诚意。①

　　这是一篇真正的檄文。从中我们不仅可以看出后周南伐的理由,而且可以回顾江淮地区割据的历史过程及其影响。但是,当这篇檄文公布的时候,南唐的局面已今非昔比。

　　后周讨伐南唐,经过了相当充分的准备。除了训练军旅,积聚粮草之外,在外交方面也做了大量的工作。吴越、楚、荆南迫于压

①《全唐文》卷一二五,周世宗《征淮南敕》,中华书局1983年版,第1262—1263页。

力,或出兵助战,或纳物助饷,形成了对南唐三面围攻的形势。而南唐的盟友,或鞭长莫及,或虚张声势,犹如隔岸观火,很难给予南唐实际的帮助。后蜀、荆南自顾不暇,无足多论,即使一度曾给中原政权造成很大影响的契丹政权亦捉襟见肘,不敢妄动。

这一时期中,南唐与契丹的往来已大体中断。其中的原因,自然有后周的干预。史载:

> 述律遣其舅来,夜宴清风驿,起更衣,忽仆于地。视之,失其首矣。厚赏捕贼不得。久之乃知周大将荆罕儒知契丹使至,思遣客刺之以间唐。乃下令能得吾枕者赏三百缗,俄有剑客田英得之,即给赏如约。仍屏人语之曰:能得江南蕃使头,赏三千缗。英果得之。自是唐与契丹遂绝。①

此事发生在保大十二年(954),正是南伐之举即将进行之时,不能不说后周下手的时机掌握得相当准确。不过,契丹与南唐结盟,本意如何,十分难测,大抵在于获得南方的特产而已,正如陆游所论:

> 方石晋以父事契丹,而契丹每以兄事南唐。盖戎狄习见唐之威灵故,闻后裔在江南,犹尊之不敢与他国齿。南唐亦颇恃以自骄。其实相结约挠中原,皆虚辞,非能为南唐助也。②

---

① (宋)陆游《陆氏南唐书》卷十八《契丹传》,秘册汇函本,第410页。
② (宋)陆游《陆氏南唐书》卷十八《契丹传》,秘册汇函本,第411页。

　　李璟时期，南唐还与北汉建立了联系。这个后汉政权的残余以恢复后汉基业为己任，竭力与南方割据政权联络，以为外援。但是，北汉所面临的形势并不乐观，这种同盟能够给予南唐的助力更值得怀疑。因此，在即将来临的考验面前，南唐只能孤军奋战。

　　周世宗号令一出，宰相李谷为帅，许州节度使王彦超为副，统领韩令坤等十二将，气势汹汹，数十万大军直扑淮南。周师到达正阳（今安徽寿县西），首先派遣军卒携带羊皮、马匹，伪装成商旅，渡过浮桥，控制桥南阵地。大军继进，一举过淮，连连击败唐军，进而围攻寿州。

　　李璟虽然已经知道后周有南伐之意，并且做了一些准备，他任命宿将刘仁赡为清淮军节度使，扼守寿州重镇；又派冯延鲁为东都留守，以侍卫军都虞候贾崇为东都屯营使，防卫扬州，但是，李璟与朝臣们都还存有一丝侥幸心理，对业已逼近的战争风云，并无充分而清醒的认识。举例来说，就在后周南伐前一个月，寿州监军使吴廷绍还认为边疆无事，徒然耗费军粮，下令撤出沿淮“把浅”兵卒。刘仁赡上表力争，李璟竟不予理睬。及周师渡淮，朝廷上下慌作一团。李璟急令神武统军刘彦贞为北面行营都部署，率兵二万，驰援寿州；又命奉化节度使皇甫晖为北面行营应援使，率兵三万，屯驻定远（今安徽定远东），以作策应；命李煜为沿江巡抚，以防不测。

　　次年正月，刘彦贞率兵到达寿州西南百里的来远镇，又派战舰数百艘进逼正阳，企图夺取浮桥，断绝周师援路。周师统帅李谷闻报大惊，担心浮桥失守，腹背受敌，于是解除寿州之围，退保正阳。

　　刘彦贞祖籍兖州，属侨寓人士，但却是一个急功近利之徒。他与魏岑关系甚密，魏岑受了他的馈赠，便到处为他播扬声名，赞其

"用兵如韩、彭,理民如龚、黄",俨然一面"长城"①。但是,宋齐丘党
人不以为然,对他竭力排斥。李璟鉴于此前南方战事屡屡失利,对
土著将领的军事才能大为怀疑,此番防御周师,大多委任北方籍将
领。这种安排,使土著人士十分不满。宋齐丘得知李璟派刘彦贞出
援寿州,讥笑说:"斯乃蹴踘射帖之徒,焉能总众以御劲敌!"②上表
要求将其召还。刘彦贞闻讯大怒,一意孤行,闻周兵后撤,下令追
杀。刘仁赡在寿州城内得到消息,派人劝阻说:

> 君来赴援,未交战而敌人退,不可测也,慎勿追逐。君为大
> 将,安危以之,脱有不利,大事去矣!③

裨将张全约亦以为不可轻动,劝其勿追。但是,刘彦贞立功心
切,对这些意见不加理睬。恰在此时,周世宗因寿州久攻不克,亲临
前线督师。行至圉镇(今河南杞县境内),得知李谷退兵,急调侍卫
都指挥使李重进率兵渡淮,在正阳东阻击唐军。李重进率军兼程赴
战,尚未用饭,刘彦贞大军已到。刘彦贞追击李谷,本以为周师气
馁,可以轻易取胜,堵住宋齐丘之口,不料突然遭遇生力军,顿时慌
了手脚。趁李重进阵势未成之时,刘彦贞在军前布下了许多拒马、
铁蒺藜之类的防御武器,企图阻止对方的进攻。周兵见唐军胆怯,
士气大振,一鼓作气,把唐军杀得大败。刘彦贞战死,偏将咸师朗等
人被俘,士卒死者二万余人,伏尸三十里,损失军资器械三十万,马
五百匹。

---

① (宋)马令《马氏南唐书》卷十七《刘彦贞传》,墨海金壶本,第4页。
② (宋)龙衮《江南野史》卷四《宋齐丘》,豫章丛书本,第4页。
③ (宋)马令《马氏南唐书》卷十七《刘彦贞传》,墨海金壶本,第4页。

正阳之败,南唐朝野震惊。李璟准备亲自率军御敌,大臣乔匡舜力谏。李璟发怒,把乔匡舜贬官,以示惩诫。但亲征之计,亦从此不见下文。与此同时,周世宗到达正阳,任命李重进为前线主帅,指挥诸路兵马猛攻寿州,又派别部攻取淮南腹地。

当时,应援使皇甫晖闻刘彦贞兵败,退保清流关(今安徽滁县北),企图扼止周师深入。周兵倍道奇袭,皇甫晖兵败,退保滁州城。不料,滁州刺史王绍颜早已弃城而逃,无人接应。皇甫晖入城,立足未稳,周兵大至,并力攻城,城破,皇甫晖重伤被俘。

清流关之败,形势更加严峻。李璟一时无法调集援兵,只好遣使奉表向周世宗求和。在表文中,李璟说:

> 臣僻在一方,谬承余业。比徇军民之欲,乃居后辟之崇。虽仰慕华风,而莫通上国。伏自初劳将帅,远涉封疆,叙寸诚则去使甚艰,于间路则单函两献。载惟素愿,方俟睿慈。遽审大驾天临,六师雷动,猥以遐陬之俗,亲为跋履之行。循省伏深,兢畏无所,岂因薄质,有累蒸人。伏惟皇帝陛下义在宁民、心惟庇物,臣倘或不思信顺,何以上协宽仁。今则仰望高明,俯存亿兆,虔将下国,永附天朝。已命边城,各令固守,见于诸路,皆俾戢军。仰期宸旨才颁,当发专人布告。伏冀诏虎贲而归国,巡雉堞以回兵。万乘千官,免驱驰于原隰,地征土贡,常奔走于岁时。①

---

① 《全唐文》卷一二八,南唐嗣主李景《上周世宗第一表》,中华书局1983年版,第1280页。

南唐不仅在表文之中卑辞称臣、允诺纳贡,而且进献金器一千两,银器五千两,锦绮绫罗二千匹,还有御衣、犀带、茶茗、药材等物以及犒军牛五百头、酒二千石。

钟谟、李德明奉使见到周世宗,献上和表。周世宗对他们说:"尔主自谓唐室苗裔,宜知礼义,异于他国。与朕止隔一水,未尝遣一介修好,惟泛海通契丹,舍华事夷,礼义安在?"又说:"可归语汝主:亟来见朕,再拜谢过,则无事矣。不然,朕欲观金陵城,借府库以劳军,汝君臣得无悔乎!"①钟谟、李德明使命失败,狼狈不堪。

这一段时间里,周师已经夺取淮南的滁、泰、光、舒、常以及东都扬州等大片土地。坐镇东都的冯延鲁剃去头发,伪装成僧人模样,企图逃命,被周兵擒获。周人见他如此狼狈,讥笑道:"执节分符,始作大军之帅;被缁削发,潜为行脚之僧。"②实际上,李璟的防御部署已经有四分之三不复存在,只有刘仁赡率领孤军,困守寿州危城。

三月,李璟又派司空孙晟、礼部尚书王崇质出使后周求和。表文中称:

> 伏闻朝阳委照,爝火收光;春雷发音,蛰户知令。惟变通之有在,则去就以斯存。……臣伏念天祐之后,率土分摧,或跨据江山,或革迁朝代,皆为司牧,各拯黎元。臣由是克嗣先基,获安江表。诚以瞻乌未定,附凤何从。今则青云之候明悬,白水之符斯应,仰祈声教,俯被遐方,岂可远动和銮,上劳薄伐,有拒怀来之德,非诚信顺之心。臣自遣钟谟、李德明入奏天朝,具陈

---

① 《资治通鉴》卷二九二《后周纪三》,世宗显德三年,中华书局1956年版,第9540页。

② (宋)马令《马氏南唐书》卷二十一《冯延鲁传》,墨海金壶本,第5页。

恳款,便于水陆,皆戢兵师。方冀宽仁,下安亿兆,旋进历阳之
旌旆,又屯隋苑之车徒。缘臣既写倾依,悉曾止约,令罢警严之
备,不为捍御之谋。其或皇帝陛下未息雷霆、靡矜葵藿,人当积
惧,众必贪生。若接前锋,偶成小竞,在其非敌,固亦可知。但
以无所为图,出于不获,必于军庶,重见伤残,岂唯渎大君亭
育之慈,抑乃增下臣咎衅之责。进退维谷,夙夜靡遑。臣复
思东则会稽,南惟湘楚,尽承正朔,俾主封疆。自皇帝陛下允
属天飞,方知海纳,虽无外之化,徒仰祝于皇风,而事大之仪,
阙卑通于疆吏,惟凭元造,猥念后期。方今八表未同,一戎兹
始,倘或首于下国,许作外臣,则柔远之风,其谁不服;无战之
胜,自古独高。臣幸与黎人,共依圣政,蚩蚩之俗,期息于江淮;
荡荡之风,广流于华裔,永将菲薄,长奉钦明,白日誓心,皇天
可质。①

　　李璟此表辞气更加卑屈,所献金银罗绮亦大增于前。但是,表
文之中也包含着某种软中带硬的威胁,暗示周世宗,一旦短兵相接,
后果难以逆料。但是,周世宗不加理睬。李璟无计可施,又以削去
帝号,割淮南寿、濠、泗、楚、光、海六州之地,岁输金帛百万,作为罢
兵条件。周世宗则认为,周师已经夺取淮南大半土地,胜利在望,要
求尽割江北之地,与南唐划江为界,至于李璟是否保留帝号,无关
紧要。

　　当时,李德明在周世宗帐下,尚未归国,知周兵勇劲,淮南必不

① 《全唐文》卷一二八,南唐嗣主李景《上周世宗第二表》,中华书局 1983 年
版,第 1280—1281 页。

可保,便向周世宗建议:"唐主不知陛下兵力如此之盛,愿宽臣五日之诛,得归白唐主,尽献江北之地。"①周世宗允诺,派人送李德明与王崇质归国,又赐书李璟,声称:

> 顷自有唐失御,天步方艰,巢蔡丧乱之余,朱李战争之后,中夏多故,六纪于兹。海县瓜分,英豪鼎峙,自为声教,各擅蒸黎。连衡而交结四夷,乘衅而凭陵上国。华风不竞,否运所钟,凡百有心,孰不兴愤。朕猥承先训,恭荷永图,德不迫于前王,道未方于往古。然而擅一百州之富庶,握三十万之甲兵,农战交修,士卒乐用,思欲报累朝之宿怨,刷万姓之包羞。是以践位已来,怀安不暇,破幽并之巨寇,收秦凤之全封,兵不告疲,民有余力。一昨回军陇上,问罪江干,我实有辞,咎将安执!朕亲提金鼓,寻渡淮泷,上顺天心,下符人欲,前锋所向,彼寇无遗。弃甲僵尸,动盈川谷;收城徇地,已过滁阳。岂有落其爪牙,折其羽翼,溃其心腹,扼其吭喉,而能不亡者哉!……朕今躬统戎师,龚行讨伐,告于郊庙社稷,询于将相公卿,天诱其衷,国无异论,苟不能恢复外地,申画边疆,便议班师,真同戏剧,则何以光祖宗之烈,厌士庶之心,匪徒违天,兼且咈众。但以淮南部内,已定六州,庐、寿、濠、黄,大军悉集,指期尅日,拉朽焚枯,其余数城,非足介意,必若尽淮甸之土地,为大国之提封,犹是远图,岂同迷复。如此,则江南吏卒,悉遣放还,江北军民,并当留住。免违物类之性,俾安乡土之情。至于削去尊称,愿输臣礼,非无

---

① 《资治通鉴》卷二九三《后周纪四》,世宗显德三年,中华书局 1956 版,第9548 页。

故事，实有前规。萧詧奉周，不失附庸之道；孙权事魏，自同藩
国之仪。古也虽然，今则不取。但存帝号，何爽岁寒。倘坚事
大之心，终不迫人于险。事实真悫，词匪枝游，俟诸郡之悉来，
即大军之立罢。质于天地，信若丹青。我无彼欺，尔无我诈。
言尽于此，更不繁云。苟曰未然，请从兹绝。①

　　李德明归国以后，对李璟盛称周世宗之英武以及周兵之强劲，
劝告李璟同意周世宗的议和条件。李德明之言未免过于直率，李璟
闻之，心中很不高兴。当时，宋齐丘已经还朝复职，与陈觉、李徵古
诸人互相唱合，声称："割地为无益，德明轻佻。"反对议和。又诱使
与李德明一起归国的王崇质作伪证，攻击李德明"卖国求利"，李璟
发怒，遂下令将李德明腰斩于市②。

　　李德明被杀，和议不成。周师围攻寿州愈急。守将刘仁赡虽患
重病，仍毫无懈怠之意，亲冒矢石，指挥军民守城。周师屡攻不下，
周世宗焦躁，强令被扣留的南唐使臣孙晟到寿州城下劝降。刘仁赡
在城上看见孙晟，大礼参拜。孙晟对他说："君受国厚恩，不可开门
纳寇。"③又说："无堕臣节，援兵即至矣！"④刘仁赡闻言感励，斗志
弥坚。周世宗大怒而质之，孙晟答曰："臣为宰相，岂可教节度使外

---

① 《全唐文》卷一二六，周世宗《赐李景玺书》，中华书局 1983 年版，第 1270 页。
② 《资治通鉴》卷二九三《后周纪四》，世宗显德三年，中华书局 1956 年版，第
　 9548—9549 页。
③ 《资治通鉴》卷二九三《后周纪四》，世宗显德三年，中华书局 1956 年版，第
　 9548 页。
④ （清）吴任臣《十国春秋》卷二十七《南唐十三·孙晟传》，中华书局 1983 年
　 版，第 383 页。

叛邪!"①其后,周世宗又多次向他询问南唐虚实,孙晟一言不发。周世宗盛怒之下,把他下狱处死。临刑之际,孙晟神色怡然,南望而拜曰:"臣谨以死报国!"李璟闻讯,痛哭失声,周世宗事后亦颇有悔意②。

就在淮南战局吃紧之际,宋齐丘党人仍然不顾大局,竭力排挤侨寓人士。李德明之死,便是一例。周兵围攻寿州,吴越出兵策应,进攻常、宣一带。柴再用之子柴克宏请率军救援,枢密使李徵古多方沮抑。柴克宏的母亲亲自表奏李璟,称柴克宏有"父风",堪当重任,如其不能克敌制胜,甘与同受孥戮。李璟感动,命柴克宏为右武卫将军,驰援常州。李徵古又从中刁难,仅给老弱士卒数千,戈甲器械亦皆朽钝。柴克宏力争:"今以羸兵赴难,器甲当得坚利者,此色何用?"李徵古竟然出言不逊,漫天叫骂。士卒愤怒,柴克宏力劝止之,毅然而行。到了润州,李徵古又遣使召柴克宏还京,另以土著将领朱匡业代其出征。时李璟长子、燕王李弘冀为宣、润大都督,见此情状,心中不平,对柴克宏说:"君但前战,吾当论奏。"于是上表称柴克宏有大将才略,可以成功,今常州危在旦夕,不宜中途移易主将。但是,李徵古还是不肯罢休。柴克宏已到常州,李徵古犹遣使促其还朝。柴克宏忍无可忍,怒道:"吾计日破贼,汝来召吾,必奸人也!"传令将来人斩首。使者辩解说:"受李枢密命而来。"柴克宏说:"李枢密来,吾亦斩之!"遂率兵急进,大破吴越军,斩首万级③。

① 《资治通鉴》卷二九三《后周纪四》,世宗显德三年,中华书局 1956 年版,第 9548 页。
② (清)吴任臣《十国春秋》卷二十七《南唐十三·孙晟传》,中华书局 1983 年版,第 383 页。
③ 《资治通鉴》卷二九三《后周纪四》,世宗显德三年,中华书局 1956 年版,第 9549—9550 页。

此时的形势,对后周来说亦并非十分有利。和议不成,寿州又久攻不下。周世宗只好返回汴梁,重新组织力量,为下一步行动做准备。战争处于僵持状态。

后周南伐,以吊民伐罪为辞。举兵之前,布告淮南民众,声称:"王师所至,军政甚明,不犯秋毫,有同时雨。百姓父老,各务安居,剽虏焚烧,必令禁止云。"但是,武夫悍将,恶习难改。周师过淮,守将士卒纷纷投诚,当地百姓,准备牛酒,犒劳大军。及周师入境之后,大肆杀掠,视小民犹如土芥。正阳之役,南唐士卒被俘者三千人,全部被周将赵晁杀死。周师失去民心,处境开始恶化。百姓或聚集山泽,或立堡壁自固,积纸为甲,操农器为兵刃,与周师对抗,当时人称之为"白甲军"。其后入夏,暑雨随至,淮南地低潮湿,道路泥泞。周兵善于步战,不习水攻,一时陷于困境。

李璟抓住时机,调集军队,命诸道兵马元帅、齐王李景达率军五万增援淮南。大将朱元为先锋,陈觉为监军使,水陆并进,直趋寿州。沿途收复为周帅攻占的泰、扬、舒、蕲、光、和、滁七州。周师势蹙,被迫收缩战线,退往寿州。

当周师后撤之际,南唐诸将纷纷建议据险邀击,分部消灭周师。但宋齐丘固执不可。他认为:"如此,则怨益深,不如纵之以德于敌,则兵易解也。"[1]于是命诸将各自保守,不得擅自出击。结果,周师不仅保存了有生力量,而且齐集寿州,合力攻城。

保大十五年(957),正月,李景达援军到达寿州境内,屯兵于紫金山,与刘仁赡守军遥相呼应。但是,陈觉拥兵揽权,并无决战之

---

① 《资治通鉴》卷二九三《后周纪四》,世宗显德三年,中华书局 1956 年版,第 9558—9559 页。

意。刘仁赡请求率军出战,又不被允许。二月,周世宗再次率军亲征,三月,到达寿州城下,摆开阵势,志在必得。

这时的南唐军队,不仅丧失了有利的战机,而且内部倾轧复起。陈觉之流不顾大局,排斥异己,对北方籍将领朱元等人百般刁难,弄得军心涣散,无复斗志。

朱元原籍颍川,本来姓舒,为后汉河中节度使李守贞客。李守贞叛汉,遣其与杨讷至南唐求援。及李守贞败死,二人遂留居江淮。李璟爱其才,任为驾部员外郎、待诏文理院。后来改姓为朱,杨讷亦改名李平。朱元曾经多次上书论事,要求委任军职,率兵出征。但是,宋齐丘党人包揽军政,唯恐朱元得志,大权旁落,因此攻击他:"远人谋握兵,包藏莫测。"①李璟迫于形势,将朱元免职。及周师伐淮南,朱元又上疏献御敌之策。李璟颇以其言为是,遂命为李景达先锋,出援寿州。朱元性情豪爽,善抚士卒,每日与士卒同甘共苦,颇得其心。临战之际,挥泪誓师,辞气慷慨,士卒感奋,因此每战必胜。一路之上,克敌复地,战功卓著。

朱元出师大捷,朝野振奋,却引起宋齐丘党人的忌恨。监军使陈觉素与朱元不协,屡次上表,声称朱元"本学术纵横,不可信,不宜付以兵柄"②。南唐监军使权势极重,陈觉跋扈,元帅李景达亦无可奈何。李璟远在江南,详情不得而知,又担忧军中不和,重演福州之败的悲剧,只好下令由武昌节度使杨守忠代其为将。

朱元闻讯,悲愤不已,拔剑欲自尽。其客宋泪劝道:"大丈夫何

---

① (清)吴任臣《十国春秋》卷二十四《南唐十·朱元传》,中华书局1983年版,第342页。

② (清)吴任臣《十国春秋》卷二十四《南唐十·朱元传》,中华书局1983年版,第342页。

往不富贵,何必为妻子死乎!"①朱元自知别无出路,当天夜里,率领部卒万余人降周。

朱元反戈,唐军丧气。周师乘机出战,大破唐军。许文稹、边镐、杨守忠诸将被擒,李景达、陈觉逃归江南,士卒或死或降,损失四万人。至此,淮南战局之中,南唐大势已去。

刘仁赡在寿州闻援军覆灭,病势加重,卧床不起。城内诸将惶惶不可终日。刘仁赡之子刘崇谏于夜里出城降周,被小校擒获,刘仁赡下令将其立即斩首。监军使周廷构哭救于中门,刘仁赡不从。士卒闻之感泣,誓以死守。坚持数日,城内兵少粮乏,后援无望,刘仁赡又病得不省人事。诸将计无所出,乃用刘仁赡的名义,奉表降周。诸将把刘仁赡抬到周世宗帐下,周世宗十分钦佩,即拜为检校太尉、兼中书令、天平军节度使,并在制书中称赞他:"逾年固守,诚节不亏;近代封疆之臣,卿且无愧";"救援不及,回翔得宜;事主尽心,何罪之有"②! 当天,刘仁赡病死,李璟闻讯,下诏追赠为太师。

寿州既下,淮南大门洞开。是年年底,周世宗第三次亲征。大军鼓行而东,昼夜不息,再次攻陷淮南大部。李璟派往契丹求救的使臣,杳无音讯;吴越、楚东西牵制;清源军亦奉表向后周送款,求为藩属。南唐朝廷手足无措,李璟更是无计可施,只能每日"独坐垂泪"而已。

中兴元年(958)正月,李璟下诏改元。三月,又改年号为交泰。此时,周师日日进逼长江,大有一举灭唐之势。南唐君臣坐视淮南州县逐日陷落,忧心如焚。不久,周师开到长江北岸,周世宗亲

① (清)吴任臣《十国春秋》卷二十四《南唐十·朱元传》,中华书局1983年版,第342页。
② 《全唐文》卷一二五,周世宗《赐刘仁赡诏》,中华书局1983年版,第1258页。

临迎銮镇(今江苏仪征),摆开阵势,炫耀武力。李璟惧怕周师渡江,只好派遣陈觉奉厚礼去见周世宗,尽献淮南十四州六十四县之地以求和。双方议定:南唐与后周以长江为界,南唐奉周正朔,岁输土贡。

淮南之役,南唐丧失淮南,版图缩小三分之一,士卒死者以十万计,将领被俘者数十百人。南唐从此失去了近一半的税收来源,也失去了藩屏腹里的战略要地,形成了坐守江南、苟延岁月的局面。

淮南之败,有其客观的因素。就南唐的经济实力来说,尚不足以与北方相抗衡;就南唐的军事实力来分析,也存在许多弱点。除了军队人数以外,中原一带,由于传统的军事斗争艺术的熏陶,将领的军事素养较高,加之唐末五代连年战争,积累了丰富的作战经验,游刃有余,士卒较有韧性。南唐将领大多为当地人,与闽、楚的战争即由这些人主持,虽曾小胜,但实际上并没有打过多少硬仗。一遇北方劲敌,大抵畏缩不前、临阵脱逃。故时人云:"淮堧用兵,将统无略,或始阵惧敌,或望风靡旗,或挫而受降,或穷而被执,以致祸难相继,疆土仍侵。"①而立功者多为北方籍将领,如柴克宏以数千羸弱之卒,朽戈钝甲,大败吴越之师;刘仁赡以寿州孤城,坚守逾年;朱元为李景达先锋,克复淮南失地,势如破竹,都是明显的例证。至于南方士卒,"轻弱不任战"②,水战尚可支撑,陆战则显然不如北方人优越。而水战优势不久亦不复存在。史载:

---

① 《全唐文》卷八七五,陈致雍《德胜军节度使孙汉威相公谥议》,中华书局1983 年版,第 9151 页。
② (清)吴任臣《十国春秋》卷八《吴八·朱瑾传》,中华书局 1983 年版,第119 页。

先是周与唐战，唐水军锐敏，周人无以敌之，帝（世宗）每以为恨。返自寿春，于大梁城西汴水侧造战舰数百艘，命唐降卒教北人水战，数月之后，纵横出没，殆胜唐兵。至是命右骁卫大将军王环将水军数千自闵河沿颍入淮，唐人见之大惊。①

因此，皇甫晖在败于清流关之后，慨叹"南北勇怯不敌"②，绝非仅仅是一种自我解嘲。

从内部因素来说，主要在于南唐政权土著人士与侨寓人士之间的不和。一方面，两派之间的严重对立使南唐在与敌国对垒之时处于十分软弱的地位；另一方面，这种对立又往往直接导致军事行动的失败。尤其是朱元之叛，实际上使南唐最后失去了保全淮南的希望。影响不可谓不深，教训不可谓不大。张易在谈及淮南之败时曾说：

国家被山带河，守奕世之业。昔者夫差以无道之兵，威陵齐、晋；孙权以草创之国，势遏曹、刘。今若上下并力，敌何足畏哉！③

这番话，无论从哪一个角度来看，都是相当中肯的。

---

① 《资治通鉴》卷二九三《后周纪四》，世宗显德四年，中华书局 1956 年版，第 9564 页。
② （宋）陆游《陆氏南唐书》卷十《皇甫晖传》，秘册汇函本，第 222 页。
③ （宋）陆游《陆氏南唐书》卷十三《张易传》，秘册汇函本，第 297 页。

二 清洗朋党

淮南之役以后，南唐国势大为削弱，虽然名义上仍旧保持帝号，但实际上已经降为后周的附庸，称臣纳贡，奉其正朔，在大一统局面日益临近之时，不可能再有什么作为。与此同时，朝廷内部南北两派势力却开始了又一次大规模的倾轧。

李璟本人经过这场惨败，痛定思痛，胸中积郁已久的怨愤之气，突然爆发出来。当淮南之役败局已定之际，宋齐丘党人预感到形势不妙，唯恐遭到李璟的清算，便与太弟李景遂合谋，逼迫李璟禅位，委国事于宋齐丘，但是没有成功。不久，李景遂上表要求"归藩"，李璟顺水推舟，封其为晋王，加拜天策上将军、江南西道兵马元帅、洪州大都督、太尉、尚书令，另立长子燕王李弘冀为皇太子，参治朝政。

李弘冀受册之后，立即把李景遂赶出东宫。李景遂到了洪州，每日闷闷不乐。李徵古当时为洪州节度副使，见李景遂失势，态度为之一变，绝不似原先那般恭敬，世态炎凉，人情冷暖，更增加了李景遂的烦躁。他几次发怒，决心杀掉李徵古，只是由于左右的劝阻，才没有下手。

这时，刚刚登上太子之位的李弘冀地位并不稳固，唯恐有朝一日李景遂东山再起，卷土重来，同样也是忧心忡忡。李璟曾因事斥责李弘冀，话到怒处，竟以"吾行召景遂矣"①相威胁，更使李弘冀杯

---

① （清）吴任臣《十国春秋》卷十九《南唐五·文献太子李弘冀传》，中华书局 1983 年版，第 277 页。

弓蛇影，坐立不安。李景遂在洪州，曾因小过将都押衙袁从范之子杀死。李弘冀知道此事以后，便派亲信送毒酒给袁从范，令其毒死李景遂。袁从范受命，便乘李景遂击鞠口渴、向随从索水之机，以毒酒进献。李景遂中毒暴亡，年三十九。李弘冀恐事机泄露，串通李璟近侍，声称李景遂死前曾有言曰"上帝命我代许旌阳"①，一定是羽化做神仙去了。李璟本与李景遂积怨十余年，至此了却一块心病，也便不加追究，止下诏废朝七日，草草了结了这一场公案。

李景遂居东宫十三年之久，不仅威胁李璟的地位，而且与宋齐丘党人相表里，加剧了南唐政局的混乱。及李景遂归藩，宋齐丘党人失去内助，气焰大为收敛。李璟发泄积怨，乘机清洗政敌。议和之后，李徵古罢枢密副使，左迁洪州节度副使，被赶出朝廷；陈觉罢枢密使之职，守本官，被挤出决策核心；冯延巳罢相，贬为太子太傅。后周把淮南之役中俘获的冯延鲁、许文稹、边镐、周廷构等人放还，李璟也不再任用，宋齐丘党人在朝廷中的势力严重削弱。

与此同时，朝中侨寓人士势力复振。钟谟为李璟使臣，往来于后周与南唐之间，很受李璟的信任。他素与李德明相善，思为复仇，见时机已到，便经常向李璟进言，声称："齐丘乘国之危，遽谋篡窃，陈觉、李徵古为之羽翼，理不可容。"李璟此时有意彻底清洗宋齐丘党人，只是没有找到借口。恰巧陈觉奉使后周，还朝之后，企图借周世宗之口，除掉政敌严续，便伪称周世宗曾有言："闻江南连岁拒命，皆宰相严续之谋，当为我斩之。"李璟知陈觉之言出于捏造，便派钟谟到后周核实，声称："久拒王师，皆臣愚迷，非续之罪。"周世宗闻

---

① （宋）马令《马氏南唐书》卷七《晋王李景遂传》，墨海金壶本，第2页。

言大惊,回答说:"审如此,则续乃忠臣,朕为天下主,岂教人杀忠臣乎!"①

钟谟回国复命,李璟怒不可遏,决定动手。为了取得后周的谅解,又派钟谟向周世宗请示可否,在得到肯定的答复之后,李璟命知枢密院事殷崇义起草诏书,宣布宋齐丘党人罪状,把宋齐丘贬回九华山;把陈觉贬为国子博士,幽禁于宣州;削夺李徵古官爵,不久,下诏赐陈觉、李徵古自尽。已经病废于家的查文徽,也被流放到宣州。

宋齐丘回到九华山,立即被监禁于居室之中。李璟初命穴墙给食,不久又命断食,数日后饿死,谥曰"丑缪"。

宋齐丘是南唐史上一个十分特殊的人物。当李昇辅吴之际,他追随左右,为其出谋划策,劝说李昇招贤纳士,发展经济,收揽民心,终于成就霸业。李昇目之为"国士",颇加信重,宋齐丘自己亦颇负才气,以为诸葛亮之辈亦不足效法。他曾作《凤凰台诗》以言志,其中有云:

我欲烹长鲸,

四海为鼎镬;

我欲取大鹏,

天地为矰燉;

安得生羽翰,

雄飞上寥廓!②

---

① 《资治通鉴》卷二九四《后周纪五》,世宗显德五年,中华书局 1956 年版,第 9590 页。

② (宋)马令《马氏南唐书》卷二十《宋齐丘传》,墨海金壶本,第 2 页。

及其功成名就，却不能尽心为国，而汲汲于权势名利，不能自已，结党营私，排斥异己，终于身败名裂，充分反映了当地新兴地主阶级在政治上的不成熟。当时，许多人认为：

> 江南坚甲精兵虽数十万，而长江天堑，险过汤池，可当十万；国老宋齐丘，机变如神，可当十万。周世宗欲取江表，故齐丘以反间死。①

这种说法，与宋齐丘死期及周世宗后来对南唐的态度相参照，并无充分的根据。孙晟曾经诚恳地对宋齐丘说：

> 君侯以管乐之材，当阿衡之地，好恶举动，不可不审。且人主所与共心意者，近则法从数君子，远则七人之列，与三院御史皆绳愆纠缪之任；又劝讲金华，所以开发上听；羽仪储宫，所以隆重国本，皆须搜择硕德，其性方整，重质有守而不回邪之人。比日所除，群听尚且不惬，将复何所冀耶？

宋齐丘闻言对曰：

> 无忌素以大量称，号能容同异者。方今大业草创，实藉众俊，奈何铢称而衡较？且人全材，实不易得，若以一节一目而废其寻常，仆惧无时而可以得人也。

---

① （宋）马令《马氏南唐书》卷二十《宋齐丘传》，墨海金壶本，第5页。

宋齐丘以人无全才为名，掩盖其结党营私之实，对孙晟之言充耳不闻，始终不肯改过。韩熙载亦曾以小儿风筝之戏为喻，告诫宋齐丘说：

夫飞鸢之初逝也，其丝发于轮，缓急在掌握之间，或上或下，盖唯群儿所欲尔。及空回风迅，线尾端直，时或激昂动摇，群儿相语曰：此名索线也，慎不可纵，纵则断线而去矣！执线轮者心知其如此，然独念其决起，可以快一时之观，而又力亦有所不能加，力不能加，则虽欲不纵，亦不可得也。既纵之后，怦怦如鼓危弦，其声琤琤，忽一得势，则大挽裂以往，或盘珊太虚之上，或投于沧洲杳渺之外，或罥于积莽翳荟之间，群儿蹑断绪，穷荒径，尽日力而不可得，踵穿衣决而返，至为其亲加扑捶焉。嗟夫！世事大有似此者，愿相君以为念。[1]

但是，宋齐丘仍然无动于衷。后来，宋齐丘归九华山，一日晨起临镜，忽然有所悔悟，说："吾貌有惭色，应愧孙无忌、韩叔言。"[2]然而，"挽裂"之势已成，悔之何益。

李璟诛杀宋齐丘党人之后，胸中积怨之气，得以稍平。李璟深信扶风人常梦锡，曾对他说："吾观大臣中惟严续中立，然才短，恐不能胜其党，卿宜助之。"[3]常梦锡有感于李璟的信任，尽心竭力。但是，由于宋齐丘党人势力过盛，始终不能得志。每日里面壁纵酒，长

---

① （宋）史虚白《钓矶立谈》，知不足斋丛书本，第38—39页。
② （宋）史虚白《钓矶立谈》，知不足斋丛书本，第39页。
③ （清）吴任臣《十国春秋》卷二十三《南唐九·严续传》，中华书局1983年版，第323页。

吁短叹,结果在宋齐丘党人被诛杀之前不久得病身亡。至此,李璟念及常梦锡之忠耿,感伤地说:"梦锡生平欲杀齐丘,恨不使见之!"①

宋齐丘党人被清洗,事情并未就此结束。其后,钟谟用事,外则借助周世宗之名,内则倚恃太子李弘冀之势,一时之间,气焰熏天,朝野侧目。李弘冀素与宋齐丘党人关系不睦,册为太子之后,用钟谟亲信阎式为司仪郎,与钟谟互通声气,倚为外援,以图巩固自己的地位。但是,这对李璟来说,却显然不是一件令人愉快的事情。李璟有鉴于自己的经历,对外臣过分干预储嗣之计心有余悸。此时,宋齐丘党人已除,李景遂已死,李璟不再为自己的地位担忧,对侨寓人士亦逐渐疏远。兔死狗烹,本来就是专制君主的惯伎,而李璟改变态度,钟谟竟毫无知觉。不久,太子李弘冀暴病身亡,李璟打算册立李弘冀同母弟李煜为太子,钟谟不识时务,又效法宋齐丘,企图说服李璟废长立幼,把与自己关系密切的李璟第七子李从善扶上储君之位。

钟谟喋喋不休,李璟怒气益增。枢密使唐镐乘机进言,声称钟谟与张峦私相交结,常于府宅之内密谋,语至夜分。又云:"谟与峦气类不同,而过相亲狎,谟屡使上国,峦北人,恐其有异谋。"②钟谟与张峦友善,实有其事;称其有"异谋",则实为莫须有。正巧钟谟请求由张峦率部巡徼都城,被李璟抓住把柄,将钟谟贬官流放饶州,将张峦贬为宣州副使,不久,又下令把二人处死。这样,土著势力可谓报得一箭之仇。

---

① (宋)马令《马氏南唐书》卷十《常梦锡传》,墨海金壶本,第8页。
② 《资治通鉴》卷二九四《后周纪五》,世宗显德六年,中华书局1956年版,第9604页。

南唐土著与侨寓两派势力相互倾轧,终南唐之世,此伏彼起,未尝少息。其中是非,自有公论。遗憾的是,两派人士在某种程度上均未能摆脱私利之偏见,处以公心。其间,一大批著名人物死于非命,成为派系倾轧的牺牲品。至于李璟,初则懦弱少断,乏防微杜渐之明;继则大开杀戒,以天下之公,报个人私怨,后果是十分严重的。正如马令所论:

> 南唐之亡,非人亡之,亦自亡也。为国而自去其股肱,譬诸排空之鸟而自折其羽翮,孰有不困者哉!①

三 迁都南昌

显德六年(959)六月,李从善与钟谟入贡于后周,周世宗问:"江南亦治兵,修守备乎?"钟谟回答说:"既臣事大国,不敢复尔。"周世宗说:"不然。向时则为仇敌,今日则为一家,吾与汝国大义已定,保无他虞;然人生难期,至于后世,则事不可知。归语汝主:可及吾时完城郭,缮甲兵,据守要害,为子孙计。"②

《马氏南唐书》还记载说,这番话是周世宗特地派使者传达给李璟的。这件事情发生得突然而奇怪,不仅使南唐君臣对周世宗的话感到迷惑不解,甚至在今天,我们也很难对此做出一个比较令人满意的解释。周世宗英武睿智,一生以统一天下为己任,兢兢业业,

---

① (宋)马令《马氏南唐书》卷十九《诛死传序》,墨海金壶本,第 1 页。
② 《资治通鉴》卷二九四《后周纪五》,世宗显德六年,中华书局 1956 年版,第 9599 页。

不肯丝毫懈怠,此番要求南唐修缮城池、训练甲兵,以备长期割据,无疑下下之策。

司马光云:

> 夫天子所以统治万国,讨其不服,抚其微弱,行其号令,一其法度,敦明信义,以兼爱兆民者也……世宗以信令御群臣,以正义责诸国,王环以不降受赏,刘仁赡以坚守蒙褒,严续以尽忠获存,蜀兵以反覆就诛,冯道以失节被弃,张美以私恩见疏;江南未服,则亲犯矢石,期于必克,既服,则爱之如子,推诚尽言,为之远虑。其宏规大度,岂得与庄宗同日语哉!《书》曰:"无偏无党,王道荡荡。"又曰:"大邦畏其力,小邦怀其德。"世宗近之矣。[1]

司马光之言固然有其道理,但是,从另一个角度来加以解释,也许更为贴切。周世宗是一个专制君主。按照"溥天之下,莫非王土;率土之滨,莫非王臣"的传统,君主把江山人民视为自己的私产。他们致力于统一,原是出于一种自私的考虑,一种难以抑制的占有欲望。因此,在某些情况下,一反常态,放弃毕生为之奋斗的理想,也是十分自然的事情,周世宗并不能例外。值得注意的是,周世宗在说过那番话以后不久,便病重身亡。当时的太子,年方七岁,孤儿寡母,一夕之间落入一班悍将武夫之手,其下场已不难预料。五代军阀跋扈,废立君主如同儿戏。周世宗对此十分清楚。因此,他在临

---

[1]《资治通鉴》卷二九四《后周纪五》,世宗显德六年,中华书局1956年版,第9600页。

终之际,告诫李璟修治城池,以备不虞,除了感到人生如梦、前途渺茫之外,很可能还有借助南唐之力以襄助年幼的新皇帝的含义在内。所谓"吾与汝大义已定"云云,绝非随便说说而已。

不过,不管当时或后来的人们对周世宗这番话如何理解,对李璟来说,这却又是一个危险的信号。当周世宗的死讯传到江南以后,李璟的心情恐怕是难以形容的。

淮南之败以后,南唐岁岁入贡中原。尽管耗费巨大,李璟又颇有屈辱之感,但毕竟可以暂且偷安。如果周世宗没有壮年暴亡,也许这种局面还可以维持一段时间。当时,南唐与后周的关系十分密切,使者往来不绝于途。李璟对后周内部的形势,实际上相当了解。小皇帝的前途如何,也许正在意料之中。就是说,一旦中原改朝换代,南唐的前途也无法保障,而且变故迫在眉睫,南唐并没有多少时间进行应付变故的准备。

但是,李璟在领会了周世宗的此番美意以后,还是尽可能地抓紧时间,进行了一些备战工作。他下令修缮、加固了金陵城池,并在诸州要害之地,增加戍兵。不过,李璟认为这些措施无非以应急需,并不是根本之策。七月,李璟会聚众臣,商议迁都洪州。李璟说:

> 建康与敌境隔江而已,又在下流。敌兵若至,闭门自守,借使外诸侯能救国难,即为刘裕、陈霸先尔。今吾徙豫章,据上流而制根本,上策也。①

当时,群臣留恋金陵繁华,大多不愿迁都,唯枢密使唐镐竭力赞

---

① (宋)马令《马氏南唐书》卷四《嗣主书》,墨海金壶本,第3—4页。

成。不过,自从宋齐丘党人被诛之后,大臣恐惧,不敢抗旨,于是迁
都之议遂成。十一月,李璟下诏营建新都,命名为南都南昌府。

建隆元年(960)正月,后周禁军统帅、殿前都点检赵匡胤发动陈
桥兵变,回师汴梁,废黜周恭帝,建立北宋王朝。李璟闻讯,派使者
贡绢二万匹、银一万两作为贺礼。其后,南唐贡使不绝,负担比后周
时增加数倍,经济状况日益恶化。李璟此时谨小慎微,奉事北宋,不
敢稍越雷池一步,唯求相安无事。这一年的十月,宋扬州节度使李
重进拥兵叛乱,向南唐求援,李璟坚决不肯出援,及李重进兵败,李
璟又遣使犒劳宋师。年底,小臣杜著、彭泽令薛良奔宋,向赵匡胤献
平南唐之策。虽然赵匡胤未加理睬,又以不忠之罪,杀死杜著,将薛
良充军,但李璟更加惊慌。

建隆二年(961)二月,李璟下诏迁都,立吴王李煜为太子,留金
陵监国。迁都之际,发行旌麾仗卫六军百司同时上路,凡千余里不
绝。沿途劳问高年疾苦,游览名胜,宴会群臣,一直到三月,才到达
南昌。途中经过宋家洑的时候,遇到暴风,把李璟所乘龙舟几乎吹
到长江北岸,险些做了赵匡胤的俘虏。

第十二章 "惆怅落花风不定"

　　南昌位于江西北部,东靠鄱阳湖,西界赣江,北距长江二百余里,藏身于小孤山、怀玉山、大旭山、玉华山、武功山、九岭山、庐山诸峰拱卫之间,水路发达,地势险要。唐中叶以来,由于北方人口大量迁入,南昌的经济与文化日益发达,迅速成为江南重镇。

　　从地理条件和经济条件来考虑,南唐迁都于此,未尝不是一个明智的举动。但是,李璟经营南都,时间不过一年左右,宫室狭小,城阙卑陋,物资储备也很成问题。因此,上自公卿大臣,下至军卒皂隶,旦夕思归。李璟本人既后悔迁都,又惧怕出现变乱,心情十分忧郁。

　　"时来天地皆同力,运去英雄不自由"①。淮南之败中,南唐将领朱匡业的这番感慨完全可以用来形容此时南唐的处境与李璟的心情。南都春暮,群芳凋零。李璟每于退朝之暇,遥望金陵旧都,低吟:"灵槎思浩渺,老鹤忆岣嵝。"②以寄托内心的怅惘之情。澄心堂承旨秦裕藏见状不忍,往往用屏风遮住李璟的视线。枢密使唐镐见李璟后悔迁都,因自己竭力促成此举,竟至惧罪发疡而死。

　　使李璟悔恨不已的,并非仅仅在于迁都。他留恋金陵旧都,留

---

① 《资治通鉴》卷二九三《后周纪四》,世宗显德四年,中华书局 1956 年版,第9566 页。
② (宋)郑文宝《江表志》卷中,墨海金壶本,第 3 页。

恋那里的六朝胜迹、歌舞繁华。但是,他更留恋往昔"长淮之表、大江之南,万里封疆、两朝清谧"①的太平景象。作为一个君主,李璟不仅素怀"化龙"之志,而且不吝改过。当其嗣位之初,春秋鼎盛,歌舞击鞠,略无虚日。一日大醉,命乐工杨花飞奏水调词。杨花飞恐其荒废国政,欲借机讽谏,于是唯歌"南朝天子好风流"一句,反复数四。李璟闻之醒悟,赞道:"使孙、陈二主得此一句,固不当有衔璧之辱也!"②次日,罢宴废舞,留心政治。不料,宋齐丘党人用事,攻闽伐楚,空耗国力,淮南之战,一败而再败,终于不可收拾。当是之时,"龙争虎斗,山昏海沸",李璟守奕世之业,兵精粮足,号称大邦,然进不能因势利导,成就统一大业;退不能辑睦邻国,守土勿失。这个责任,当然不能完全由李璟本人来承担。但是,李璟性情懦弱,治国无术、御臣无方,也是南唐衰败的重要原因。至此,李璟深感有负于乃父之厚望,悔恨百端,不能自拔。

李璟是一位很有才华的词人。他留下来的几篇词作,格调清越,意境高远,抒发了对后半生坎坷遭际的感慨和怅惘。特别是他的两首《浣溪沙》,大概就写于淮南之败以后。其词曰:

> 手卷真珠上玉钩,
> 依前春恨锁重楼。
> 风里落花谁是主,
> 思悠悠。
> 青鸟不传云外信,

①《全唐文》卷八七七,韩熙载《汤泉院碑》,中华书局1983年版,第9177页。
②(宋)郑文宝《南唐近事》,宝颜堂秘笈本,第18页。

　　丁香空结雨中愁。
　　回首绿波三楚暮，
　　接天流。

　　菡萏香销翠叶残，
　　西风愁起绿波间。
　　还与韶光共憔悴，
　　不堪看。
　　细雨梦回鸡塞远，
　　小楼吹彻玉笙寒。
　　多少泪珠无限恨，
　　倚阑干。①

　　词中愁肠百结，徘徊反侧，孤寂忧愤之情，跃然笔端，充分反映了李璟对家国前途的忧虑和绝望。然而，大势既去，时不再来，恰如南唐僧人文益诗中所叹：

　　发从今日白，
　　花是去年红。
　　何须待零落，
　　然后始知空。②

---

① 张璋、黄畬编《全唐五代词》卷四，李璟《浣溪沙三首》，上海古籍出版社1986年版，第437—439页。
② （清）吴任臣《十国春秋》卷三十三《南唐十九·僧文益传》，中华书局1983年版，第468页。

李璟在淮南之败以后,日夜忧惧。迁都之时,已经病入膏肓。入夏,南昌苦热,李璟无奈,又议还都金陵。但是,未及成行,李璟病危,不复进膳。唯"啜蔗浆、嗅藕华"以延时日。六月二十七日(己未),李璟亲笔写下遗诏,命葬之于南昌西山,累土数尺为坟。又曰:"违吾言,非忠臣孝子。"①次日(庚申),李璟死于长春殿,年四十六。李煜不忍从其遗命,迎梓宫还于金陵,又征得北宋同意,追复帝号,谥为明道崇德文宣孝皇帝。次年正月,葬于顺陵,庙号元宗。

徐铉曰:

> 嗣主工笔札,善骑射,宾礼大臣,敦睦九族,每闻臣民不获其所者,辄咨嗟伤悯、形于颜色,随加救疗。居处服御,节俭得中。初立,有经营四方之志,邪臣阿谄,职为厉阶,晚岁悔之,已不及矣!②

马令云:

> 呜呼!甚哉!守成之难也。非特守之难,而授之者尤难;非授之难,而知其可授者为难……元宗即位一十九年,有经营四方之志,约己慎刑,勤政如一。向非任用群小、屏弃忠良,国用不殚于闽楚,师旅不弊于淮甸,则庶几完成之君也。志有之曰:杨者,易生之木也。一人植之,十人拔之,无生杨矣。以新

---

① (清)吴任臣《十国春秋》卷十六《南唐二·元宗本纪》,中华书局1983年版,第235页。
② (宋)马令《马氏南唐书》卷四《嗣主书》,墨海金壶本,第4—5页。

造之唐,而守之非道,不几乎朝葅而夕擢,其亡也不旋踵。故周世宗以衰世之锋,一鼓而十四州之地掇如也,悲夫!①

从这些感叹中,悟出南唐衰败的某些因素,并不十分困难。

---

① (宋)马令《马氏南唐书》卷四《嗣主书》,墨海金壶本,第5页。

下编　南唐的灭亡

　　建隆二年(961)至乙亥岁(975),后主李煜在位,这是南唐政权苟延残喘的时期。

　　南唐丧失淮南以后,局限于江南一隅之地,虽然统治者刻意经营,颓势却不可逆转。随着南方诸邦的渐次平定,南唐日益危殆,终于被北宋灭亡,结束了立国三十九年的历史。

第十三章　风流君主

李璟死后,李煜即位,是为后主。

李煜,字重光,初名从嘉,即位后改名煜。李煜是李璟的第六个儿子,生母即光穆皇后钟氏。李煜生于南唐升元元年(937),据说出生之日正是七夕。李煜的相貌,据史书记载,广额丰颊,骈齿,一目重瞳子,颇类于传说中上古时代的贤君舜,故时人皆以为"奇表",而他的同母兄、太子李弘冀则因此对他十分讨厌,百计防范。

李煜出生之年,南唐刚刚建国。他的祖父李昇呕心沥血,辛苦经营,内则休兵息民,外则辑睦邻邦,一时之间,南唐四境晏然,物阜民丰,文物彬焕,人才济济,颇有中原风采。因此,李煜的少年时代是在一片太平盛世的气氛之中度过的。

这一时期中李煜的生活细节,由于文献阙略,我们了解得极少,仅仅知道他性情仁惠,聪敏洒脱,诗词、文赋、书画、音乐无所不通,在时人心目之中,是一个神童。

李煜七岁时,父亲李璟即位。当时的李煜已经粗知世事,对于父辈之间的皇位争夺颇有感触,并对尘世产生了厌恶之心。其后,南唐党争加剧,兵衅频开,百姓涂炭,国事日非,李煜更加无心于政治,每日与兄弟和睦相处,或研习经籍,或酬诗答文,对佛教也产生了浓厚的兴趣。

李煜第一次参与政治活动，是在保大十三年（955）十二月。当时，后周大军围攻寿州，李煜以安定郡公的身份，奉命沿江巡抚。但他既不曾临阵效命，也没有指挥救援，因此也无功过可言。这一年，李煜十九岁。他似乎很满意于当时的生活，尽管南唐正发生由盛至衰的转折，而人们并没有见到李煜对政局发表过什么看法。他写的一些词作中，情绪仍然轻松、洒脱，和李璟此时的作品相比，好像处于两个不同的世界。

但是，李煜的轻松自如在淮南之役以后不久，便无法维持了。交泰元年（958）三月，太弟李景遂归藩，李弘冀被立为太子。李弘冀为人严苛，猜忌心极强。由于李景遂长期占据东宫之位，好不容易才登上太子宝座的李弘冀对诸弟十分戒备，特别是对这位生有奇表的李煜，始终心存芥蒂。李煜虽然书生气十足，却并非不识时务。太弟李景遂之死，李煜也很清楚是什么缘故，于是深自韬晦，以避嫌疑。但是，这样一来，兄弟之间原有的那种和睦友爱之情，也便荡然无存了。

不久，太子李弘冀暴病身亡，李璟与大臣计议重新立嗣，于是又发生了南唐史上有关嗣位问题的第二次风波。

李璟十子，其中长子李弘冀、六子李煜、七子李从善、九子李从谦系钟后所出。按照封建礼法立嫡以长的原则，李弘冀死后，依次当立的便是李煜。但是，当时钟谟大权在握，力图把与他关系密切的李从善扶上嗣君的宝座。钟谟四处奔走，为李从善游说，又向李璟进言：

　　　　从嘉德轻志懦，又酷信释氏，非人主才。从善果敢凝重，宜为嗣。①

李璟听罢大怒。联想到自己的遭遇以及太弟李景遂的下场,李璟不寒而栗,唯恐在自己的诸子之中再发生争夺继承权的悲剧,于是下决心杀掉了钟谟,以绝后患,并且立即封李煜为吴王,又在迁都南昌之前,立李煜为太子,留于金陵监国。

李璟这一举措,确实比较明智,使诸子争位之危局得以避免。这对后来李煜与诸兄弟之间的关系比较缓和,也具有关键性的意义。这期间只发生过一件小事。当时,李从善扈从李璟至南都。及李璟病死,李从善主持丧礼,窥伺大位,向清辉殿学士徐游索要李璟遗诏。徐游不从,回到金陵以后,奏报李煜。李煜因其事未果,没有深究。

建隆二年(961)七月,李煜即位于金陵,这一年,李煜二十五岁。

一　李煜的家庭生活

李煜是一个性格仁惠的人物。在其家庭生活之中,对父辈颇有孝子之风,对兄弟不失恺悌之义,对子女亦堪称慈父。

李璟死后,李煜十分悲伤,居丧期间,哀毁骨立,他不忍听从李璟留葬于南都西山的遗命,迎梓宫归葬于金陵,又遣使向宋朝告哀,请求追封帝号。

---

① 《资治通鉴》卷二九四《后周纪五》,世宗显德六年,中华书局 1956 年版,第 9605 页。

李煜与兄弟的关系也十分和睦。太子李弘冀性严忌,李煜每每加以谦让。李弘冀死后,李从善与之争位,李煜也不加深究。后来,李从善奉使北宋,被赵匡胤扣留,李煜多次奉表请求放还,都不能如愿。李煜思之情切,每每登高北望,泣下沾襟,甚至岁时游宴,亦多罢废。他曾经撰《却登高文》以表达自己的心情。其中有句云:

> 原有鸰兮相从飞,嗟予季兮不来归。空苍苍兮风凄凄,心踯躅兮泪涟洏。无一欢之可作,有万绪以缠悲。①

情真意切,读来令人伤怀。对于庶出兄弟,李煜同样视如手足。开宝初年,李璟第八子李从镒出镇宣州,李煜亲率大臣送行,赋诗惜别。诗中写道:

> 浩浪侵愁光荡漾,
> 乱山凝恨色高低。
> 君驰桧楫情何极,
> 我凭阑干日向西。②

与《却登高文》一样,这首诗也是一曲表达手足之情的绝唱。

李煜有两个儿子。长子名仲寓,字叔章;次子名仲宣,小字瑞保。二子均有才学,特别是次子李仲宣,三岁时即可诵读《孝经》,

---

① 《全唐文》卷一二八,南唐后主李煜《却登高文》,中华书局1983年版,第1285页。

② 《全唐诗》卷八,南唐后主李煜《送邓王二十弟从益牧宣城》,中华书局1960年版,第72页。

一字不遗；听到鼓乐之声，就可以分辨音律；又娴熟宫廷礼节，参加宴享、接待士大夫，犹如成人一般，李煜爱如掌上明珠。不幸的是，李仲宣四岁时，有一次在佛像前游戏，一盏琉璃灯被猫碰翻坠地，划然作声，李仲宣惊悸得病，不久死去。李煜悲痛欲绝，常常默坐饮泣，又作诗悼之曰：

> 永念难消释，
> 孤怀痛自嗟。
> 雨深秋寂莫，
> 愁引病增加。
> 咽绝风前思，
> 昏濛眼上花。
> 空王应念我，
> 穷子正迷家。①

左右闻其辞，无不为之泣下。

李煜是一个富于浪漫色彩的人物。同历史上许多君主一样，对待爱情并非十分严肃忠实，但也并非十分腐化糜烂。李煜的爱情生活，有真挚热烈的一面，同时也有放诞不羁的一面。不过，我们似乎不应就这一点来苛责一位生活在一夫多妻制时代的君主。

李煜十八岁的时候，与昭惠后周氏成婚。周氏小字娥皇，是大司徒周宗的长女，年纪比李煜大一岁。周氏国色天香，性情贤淑，又通书史，善歌舞，采戏弈棋，无不妙绝，曾著《击蒙小叶子格》一卷传

---

① 《全唐诗》卷八，南唐后主李煜《悼诗》，中华书局 1960 年版，第 72—73 页。

世。李璟对周氏十分赏识。一次李璟寿辰,周氏弹琵琶为他祝寿,李璟叹服,把自己十分珍爱的烧槽琵琶送给了她。

李煜与周氏感情很好。即位以后,册立她为国后,宠嬖专房。周后与李煜皆好音律。一日雪夜酺宴,周后举杯,邀李煜共舞。李煜说:"汝能创为新声,则可矣。"①周后随即命笺缀谱,喉音无滞,笔无停思,一挥而就,名为《邀醉舞破》,又作《恨来迟破》,可惜已经失传。盛唐名曲《霓裳羽衣》经唐末战乱,已经失传。周后偶得残谱,按律寻音,为之补缀,遂使开元、天宝之遗音复行于世。

周后短命。当她补齐《霓裳羽衣》后,徐铉问乐工曹生:"法曲终慢而此声太急,何耶?"曹生答曰:"其本实慢,而宫中有人易之。然非吉征也。"②当时,南唐国势日下,周后亦病体衰弱。曹生之言,并非无的放矢。及李仲宣夭折,周后悲伤过度,一病不起。李煜衣不解带,晨夜侍旁,为她亲尝汤药,体贴备至。周后自知不久于人世,对李煜说:"婢子多幸,托质君门,冒宠乘华,凡十载矣。女子之荣,莫过于此。所不足者,子殇身殁,无以报德。"③遂将李璟所赐琵琶和臂上玉环留给李煜,与之诀别。几天以后,周后死于瑶光殿。时在乾德二年(964)十一月,周后刚刚二十九岁。

周后之死,使李煜十分悲伤。他在诔辞中痛心地说:

> 木交枸兮风索索,鸟相鸣兮飞翼翼。吊孤影兮孰我哀,私

---

① (清)吴任臣《十国春秋》卷十八《南唐四·后主昭惠国后周氏传》,中华书局 1983 年版,第 264 页。
② (宋)马令《马氏南唐书》卷六《昭惠周后传》,墨海金壶本,第 3 页。
③ (宋)马令《马氏南唐书》卷六《昭惠周后传》,墨海金壶本,第 3—4 页。

自怜兮痛无极！①

又在悼诗中写道：

珠碎眼前珍，
花凋世外春；
未销心里恨，
又失掌中身。
玉笥犹残药，
香奁已染尘；
前哀将后感，
无泪可沾巾！②

李煜虽然与周后感情笃厚，但仍不脱帝王习气，三宫六院，嫔妃亦自不少，得幸者亦不乏其人。如宫人流珠，通音律，工琵琶。周后死后，所制曲多被遗忘，唯流珠熟记无所失，常为李煜弹奏，由是颇得宠爱。又有秋水、宵娘，亦很得李煜欢心。秋水喜戴花，芳香拂鬓，常有蝴蝶环绕于头上，扑之不去。宵娘纤丽善舞，李煜为她制金莲，高六尺，饰以宝石、缨络，命其以素帛缠足，纤小屈上，犹如新月，舞于莲花之中，回旋如凌波之态。国人仿效，一时成为风气。这大概是中国妇女缠足的最早记录。

据文献载录，李煜还曾经偷偷地去过妓院。金陵为六朝繁华之

① 《全唐文》卷一二八，南唐后主李煜《昭惠周后诔》，中华书局1983年版，第1287页。
② 《全唐诗》卷八，南唐后主李煜《挽辞》，中华书局1960年版，第72页。

乡,青楼名妓,数不胜数。《南唐拾遗记》云:

> 李煜在国,微行娼家。遇一僧张席其中,煜遂为不速之客。僧酒令讴吟吹弹,莫不高了。见煜明俊酝藉,契合相爱重。煜乘醉大书石壁曰:浅酌低唱,偎红倚翠。大师鸳鸯寺主,传持风流教法。久之,僧拥妓之屏帷,煜徐步而去。僧妓竟不知是煜。煜尝密语徐铉,铉言于所亲焉。①

使李煜最受责难的,是他与小周后的关系。小周后是昭惠周后之妹,因为是国戚的缘故,时常出入宫中。太后钟氏爱其明慧,李煜对她也很有好感。据载:

> (昭惠)后寝疾,小周后已入宫中。后偶褰幔见之,惊曰:汝何日来?小周后尚幼,未知嫌疑。对曰:既数日矣!后恚怒,至死而不外向。故后主过哀,以掩其迹云。②

这种说法纯系猜测,根据并不充分。昭惠后死去的那一年,小周后尚未成年。按照封建礼法的原则,女子十五岁举行笄礼,而许多文献都记载说,昭惠死后,小周后待字于宫中,则小周后当时最多只有十三四岁。文献又载,当时,小周后年幼,未知嫌疑,因此才会对昭惠后说出已经进宫多日的实情。由此看来,昭惠后生前,李煜不可能与小周后有什么私情。一来,小周后年纪尚小;二来,小周后

---

① (清)毛先舒《南唐拾遗记》,昭代丛书本,第 8 页。
② (宋)陆游《陆氏南唐书》卷十六《后主国后周氏传》,秘册汇函本,第 357—358 页。

聪明绝顶,如果真有私情,岂会不知嫌疑。此外,李煜爱子李仲宣刚刚夭折不久,昭惠后卧病,李煜衣不解带,晨夜侍之,触目伤怀,常常垂泪。此时与小周后私下往来幽会,也不大合乎常情。从昭惠后临终前与李煜诀别的话语来看,也找不到二人之间有隔阂与忌妒的痕迹。

不过,昭惠后死后,小周后经常住在宫中。随着岁月的流逝,李煜对昭惠后的思念逐渐淡漠,与小周后的关系开始密切起来。李煜的一些词,相传就是为小周后所作。如《菩萨蛮》:

> 花明月黯笼轻雾,
> 今宵好向郎边去。
> 刬袜步香阶,
> 手提金缕鞋。
> 画堂南畔见,
> 一向偎人颤。
> 奴为出来难,
> 教郎恣意怜。①

此词传到宫外,国人议论纷纷。李煜有心立她为继室,却又由于太后钟氏在昭惠后死去的翌年谢世,李煜需居三年之丧。丧期之内,虽然小周后已经成年,却不能举行婚礼。直到开宝元年(968),才正式成婚。李煜举行了隆重的婚礼,亲自到周府去迎亲。百姓沿

---

① 张璋、黄畲编《全唐五代词》卷四,李煜《菩萨蛮》,上海古籍出版社1986年版,第471页。

途聚观,数万人熙熙攘攘,甚至有人从屋顶上跌下来丧了性命。这一天,李煜在宫中大宴群臣,韩熙载诸人于宴席之间献诗,对李煜进行讽谏。徐铉诗云:

> 时平物茂岁功成,
> 重翟排云到玉京;
> 四海未知春色至,
> 今宵先入九重城。①

其诗隐晦地提醒李煜,国家未安,百姓涂炭,不宜耽于声色享乐。李煜一笑置之,没有怪罪。

小周后丽质天生,神采端静,又颇有文才。成婚之后,嬖宠远过于昭惠后。当盛春之时,李煜将所居宫殿之梁栋、窗壁、柱栱、台阶之上插满鲜花,异香扑鼻,号为"锦洞天",又在花丛之中建小木亭,画栋彩梁,与小周后在其中饮酒赋诗。

这一时期中,李煜写了许多词,描述这种魂迷春梦般的生活。如《菩萨蛮》:

> 蓬莱院闭天台女,
> 画堂昼寝人无语。
> 抛枕翠云光,
> 绣衣闻异香。
> 潜来珠锁动,

---

① (宋)徐铉《徐公文集》卷五《又三绝》,四部丛刊本,第36页。

惊觉银屏梦。

脸慢笑盈盈，

相看无限情。①

　　小周后入宫之后，颇事忌妒，后宫女子往往遇害。李煜似乎也自加检点，不再心猿意马。

二　李煜的宗教信仰

　　李煜是一个仁惠的人物，这种说法毫无夸张之处。不仅在家庭生活之中，李煜堪称孝子恺兄慈父，对待臣僚百姓，同样堪称仁君。许多文献都记载，李煜在位，专以爱民为务，蠲赋息役，屡有美政。有的时候，李煜还亲临大理寺，核查案件，往往释放许多轻罪囚徒。李煜与大臣之间的关系，也十分融洽，虽然不能做到从谏如流，但也未曾堵塞言路。例如，大臣韩熙载因生活放纵而被贬官。当时，许多人都认为是监察御史柳宣进了谗言。柳宣有口难辩，于是数次上表，为韩熙载鸣冤。李煜览表不悦，斥责说："尔不是魏征，频好直言！"柳宣回答说："臣非魏征，陛下亦非太宗！"李煜闻言，颇悔之。后来，韩熙载病死，李煜十分伤感，认为自己无知人之明，以致韩熙载不得拜相，于是诏赠同平章事。有司以为历代无赠亡臣宰相之故事，请求再议。李煜说："当自我始！"②又亲赐衾服，为其安排丧事。

---

① 张璋、黄畬编《全唐五代词》卷四，李煜《菩萨蛮二》，上海古籍出版社 1986 年版，第 474 页。

② （宋）郑文宝《江表志》卷下，墨海金壶本，第 2 页。

李煜的仁惠,甚至在动物身上也能表现出来。据载,有一次李煜校猎于青山,有一牝狙触网被擒。牝狙见到李煜,两泪稽颡,自指其腹。李煜动了恻隐之心,令虞人小心看护,当晚,牝狙产下两只幼狙。这种传说未必可信,但能广为流播,无疑反映了李煜在人们心目中的善良形象。

李煜性格上的又一重要特征,是他对政治并不很感兴趣,甚至对南唐国主之位,也不十分热心。他得以继承皇位,几乎可以说是命运对他的嘲弄。虽然他书生气十足,但对当时的形势,并非毫无认识。他之所以勉为其难,不过是为了尽一点本分,并非真正想有什么作为。当时,朝臣谈论国事,往往长吁短叹,视中原为"大朝",而自以"小朝"况之,骨子里已经认输。而南唐亦确实无力回天,苟延残喘,只待中原南下收拾。韩熙载南渡之时,曾大言曰:"江淮用吾为相,当长趋以定中原!"及划江为界,志意消沉,于是纵情声色,昼夜歌舞宴饮,以致招来物议。后来,僧人德明试图劝谏,韩熙载回答说:"为此行,正欲避国家入相之命。"德明问其缘故,韩熙载叹道:"中原常虎视于此,一旦真主出,江南弃甲不暇,吾不能为千古笑端!"①徐锴为江南名臣,一生兢兢业业,及见国势日弱,复兴无望,忧愤成疾,临终时对家人说:"吾今乃免为俘虏矣!"②所谓"日月俱照,爝火销光",这种心情,李煜体会得比任何人都更为深刻。因为李煜身为一国之主,亡国的耻辱,主要由他来承担。当时,有人把宋太祖赵匡胤的画像送到金陵,李煜看了以后,日益忧惧,认为"真人在御",南唐穷途末路,灭国指日可待③。因此,虽然李煜勉自为治,

①（清）毛光舒《南唐拾遗记》,昭代丛书本,第4页。
②（宋）陆游《陆氏南唐书》卷五《徐锴传》,秘册汇函本,第101页。
③（宋）田况《儒林公议》,四库全书本,第1036册第276—277页。

但在内心深处，却认为这一切都不过是在做梦。

强敌的压力、附庸的屈辱，使本来就无心于治道的李煜更加消沉。与小周后成婚之后，李煜往往湎于酒色，废弛政事。但在欢宴之余，悲凉惆怅之感便袭上心头。这一时期中，李煜的词作很多，但大抵格调沉郁，初期那种轻松坦率的气氛一扫而空。例如《子夜歌》：

> 寻春须是先春早，
> 看花莫待花枝老。
> 缥色玉柔擎，
> 醅浮盏面清。
> 何妨频笑粲，
> 禁苑春归晚。
> 同醉与闲评，
> 诗随羯鼓成。①

这首词同样是写女子饮酒赋诗，但与早年所作的《一斛珠》中"一曲清歌，暂引樱桃破"，"烂嚼红茸，笑向檀郎唾"；《玉楼春》中"笙箫吹断水云间，重按霓裳歌遍彻"，"归时休放烛光红，待踏马蹄清夜月"相比，所流露出来的情绪已经是人生如梦，及时行乐，毫无原来那种豪侈飘逸的味道了。

但是，即使春早花繁，依然万事成空。例如《菩萨蛮》：

---

① 张璋、黄畲编《全唐五代词》卷四，李煜《子夜歌二》，上海古籍出版社 1986 年版，第 454 页。

　　　　铜簧韵脆锵寒竹，

　　　　新声慢奏移纤玉。

　　　　眼色暗相钩，

　　　　秋波横欲流。

　　　　雨云深绣户，

　　　　未便谐衷素。

　　　　宴罢又成空，

　　　　魂迷春梦中。①

　　李煜的词作所给予我们的启示，并不亚于史书的正面记载。从这些词句之中，我们不仅可以体会出南唐的衰败，而且能够直接把握李煜思想感情的变化脉络，从而使我们有可能对李煜的性格作深入的了解。

　　对南唐前途的绝望不仅导致李煜对政治的淡漠，而且使他的生活态度发生变化。李煜的词作之中，往往抒发对世俗的厌倦。如《渔父》二首：

　　　　浪花有意千重雪，

　　　　桃李无言一队春。

　　　　一壶酒，

　　　　一竿身，

　　　　世上如侬有几人。

---

① 张璋、黄畬编《全唐五代词》卷四，李煜《菩萨蛮三》，上海古籍出版社 1986年版，第 474 页。

一棹春风一叶舟，

一纶茧缕一轻钩。

花满渚，

酒满瓯，

万顷波中得自由。①

苏东坡曾抄录李煜的一首小诗：

心事数茎白发，

生涯一片青山；

空林有雪相待，

古路无人自还。

诗尾，东坡跋曰：

李主好书神仙隐遁之词。岂非遭离世故，欲脱世网而不得者耶？②

欲脱世网而不得的处境，无疑对李煜成为一个虔诚的佛教信徒，以求解脱之路，具有相当大的影响。而李煜素以慈悲为念，生性之中亦颇有与佛旨相合之处。李煜幼时即对佛教经典有所涉猎。即位以后，愈发笃信不疑。他经常素食，买鸟兽虫鱼放生。宫中建

---

① 张璋、黄畬编《全唐五代词》卷四，李煜《渔父》，上海古籍出版社 1986 年版，第 492 页。

② （宋）苏轼《东坡题跋》卷二《书李主诗》，津逮秘书本，第 20 页。

造了多所寺院,广募僧人,李煜与小周后戴僧帽,衣袈裟,诵佛经,每日里拜跪顿颡,以至天长日久,膝上生出瘤赘。甚至亲手为僧徒削制厕简,制成之后,试之以面颊,如有芒刺,则重行修治。行路之时,双手合拢作"佛印"之状,百官仿效,一时成为风气。

李煜大力佞佛,究竟能否从中获得解脱,不得而知。但这种做法对社会所造成的影响却显而易见。百官士庶,则而效之,风靡全境。至其末年,有小长老渡江南下募化,朝夕与李煜讲论六根四谛、天堂地狱、循环果报之说。李煜大喜,谓之"一佛出世"。小长老生活奢侈,常披红罗销金衣。李煜疑其太过,小长老曰:"陛下不读《华严经》,安知佛富贵。"①于是劝说李煜广施梵刹,营塔造像。当时,宫有寺院十余所,金陵城内,佛寺不可数计,僧人万余,均由政府供养,耗费不可胜计,而小长老又请求在牛头山建造兰若千余间,广聚僧徒,每日设斋供食,享用不尽,便随处抛弃。尤为荒唐的是,李煜以慈悲自命,诸郡断死刑,上报朝廷,如果遇到李煜斋食之日,则于宫中对佛像燃灯,以达旦夕为验,称之为"命灯"。如果灯灭,则依法;如不灭,则贷死。富商大贾犯法者往往厚赂宦官,使之窃续其灯,于是获免者甚众。

李煜时期,僧人往往贪黩淫邪。这不仅因为事佛可获厚利,俗人慕利而来,本无真正的信仰可言;而且因为李煜对那些无行僧人过分宽容。当时,僧人犯奸罪,有司具牍奏闻,请按律令其还俗。李煜不许,说:"僧尼奸淫,本图婚嫁,若论如法,是从其欲。"②于是仅命礼佛百拜,便予宽释。

---

① (宋)马令《马氏南唐书》卷二十六《小长老传》,墨海金壶本,第2页。
② (宋)马令《马氏南唐书》卷二十六《浮屠传序》,墨海金壶本,第1页。

上述做法,不仅造成了国家财政的日益拮据,造成风俗颓坏,法纪荡然,而且使佛教组织更加腐败,无法遏止。汪焕曾上书谏曰:

> 昔梁武事佛,刺血写佛书,舍身为佛奴,屈膝为僧礼,散发俾僧践。及其终也,饿死于台城。今陛下事佛,未见刺血、践发、舍身、屈膝,臣恐他日犹不得如梁武也。①

李煜览书称叹:"此敢死士也!"但既没有加罪于汪焕,也没有采纳其言②。其中的原因恐怕是相当复杂的。

三　李煜的艺术造诣

李煜是一位卓越的艺术大师,在书法、绘画、音乐、诗词、散文等方面,均有高深的造诣。

南唐在五代十国时期,是文化最发达的地区,人才济济,举世莫比,其中精华,大多聚于宫廷。李煜的祖父李昪,尽管出身贫寒,却不乏聪慧之质,也颇有几分文才。至于他的父亲李璟,更是才华横溢,诗词文俱佳。生活在这种环境中的李煜,自幼耳濡目染,既培养了浓厚的艺术爱好,也造就了他杰出的艺术才能。李煜天性聪敏,使他的艺术具有敏锐而深刻的洞察力;坦诚仁惠,使他的艺术充满真挚而热烈的情感;笃信佛教,使他的艺术点染了空灵而洒脱的志

---

① 《全唐文》卷八七〇,汪焕《谏事佛书》,中华书局1983年版,第9110页。
② (清)吴任臣《十国春秋》卷二十五《南唐十一·汪焕传》,中华书局1983年版,第357页。

趣;遭际不幸,使他的艺术体现出委婉而悲愤的气氛;而南国旖旎秀美的自然风光,又使得陶醉于其中的李煜把这方面面融入清丽而柔媚的神韵之内,从而形成了他特殊的艺术风格。

1. 书法

李煜对书法有着特殊的爱好。他的父亲李璟工八分书,书体学羊欣。李煜则学柳公权,得其神韵。李煜书法,往往作"颤笔樛曲"之状,遒劲如霜松雪竹,名为"金错刀",非俗人所可为。他作的大字,卷布帛代笔,有如截竹水,纵横如意;小字则如聚针钉,亦非笔迹,而错落有致,潇洒自如,可谓自成一家。

李煜书法作品流传很广。北宋宣和年间,蔡宝臣曾搜集到宋师围攻金陵之时,李煜为祈求佛祖福佑所作的祷文原纸以及其他一些手迹。其祷文虽写于仓皇之际,字体潦草,毫无修饰,而仍然遒劲可爱。张舜民亦曾见李煜书《杂说》数千言及《德庆堂题榜》,欣赏品评之余,跋云:

> 欧阳永叔谓颜鲁公书正直方重,似其为人。若以书观后主,可不谓之倔强丈夫哉![1]

李煜对于搜求前代书法佳品不遗余力,宫中所藏极为丰富,而其中钟繇、王羲之墨迹尤多。他曾命徐铉把其中有代表性的作品摹勒上石,名为《升元帖》。《升元帖》共四卷,是中国法帖的始祖。

李煜对书法理论也有精湛的研究。现存李煜的书法论著,有

---

[1] (宋)董史《皇宋书录》中篇,知不足斋丛书本,第1页。

《书评》与《书述》两篇。在《书评》一文中，李煜分析、评论了王羲之书法艺术的影响以及唐代书法名家的得失。他认为：

> 善法书者，各得右军之一体。若虞世南得其美韵而失其俊迈；欧阳询得其力而失其温秀；褚遂良得其意而失其变化；薛稷得其清而失于拘窘；颜真卿得其筋而失于粗鲁；柳公权得其骨而失于生犷；徐浩得其肉而失于俗；李邕得其气而失于体格；张旭得其法而失于狂；献之俱得之，而失于惊急，无蕴藉态度。①

对名家书法艺术的认识，自然有助于李煜书法造诣的提高。在《书述》中，李煜详细叙述了书体的"抾"、"压"、"钩"、"揭"、"抵"、"拒"、"导"、"送"诸法，即"八字法"，又叙述了其法的形成及传授、运用技巧及要领。五代大乱，其法濒于失传，李煜绍而述之，使其得以不坠，对书法艺术的传承与发展，应该说是一个贡献。值得注意的是，李煜在《书述》一文中还分析了年龄与风格之间的关系。他认为：

> 壮岁书亦壮。犹嫖姚十八从军，初拥千骑，凭陵沙漠，而目无全虏。又如夏云奇峰，畏日烈景，纵横炎炎，不可向迩，其任势也如此。老来书亦老。如诸葛亮董戎，朱睿接敌，举板舆自随，以白羽麾军，不见其风骨，而毫素相适，笔无全锋。噫！壮老不同，功用则异。②

① 《全唐文》卷一二九，南唐后主李煜《书评》，中华书局 1983 年版，第 1287 页。
② 《全唐文》附《唐文拾遗》卷十一，南唐后主李煜《书述》，中华书局 1983 年版，第 10489 页。

此语分析精当,读来令人耳目一新,非深究精研者不能道此。

2. 绘画

李煜工于绘画,史有明文。凡花鸟、人物、山水之属无不高妙。

李煜传世的绘画作品,据宋人零星记载,有《雪鹊雀》、《鹤隼》、《杂禽花木》、《竹枝图》、《四时纸上横卷花》、《自在观音像》、《云龙风虎图》、《柘竹霜禽图》、《柘枝寒禽图》、《秋枝披霜图》、《写生鹌鹑图》、《竹禽图》、《棘雀图》、《色竹图》等十几种,明人张丑又载有一幅《江山搋胜图》。这些作品均已失传,令人难以亲睹其风采。但据时人的评论,可知李煜画风之大概。

李煜绘画,妙在用笔,同他的书法艺术一样,笔力遒劲,下笔颤掣,讲究"一笔三过",虽若甚瘦,而风神有余,若聚针铁。由于笔法超凡,故画风独特,非世之画工绳墨所可拘束。写花木则清丽可爱,写飞鸟则高出意外,写人物则风神洒脱,写山水则意趣深长。特别是他画的竹,由根至梢,一一勾勒,谓之"铁钩锁"。李煜自己也颇以此自负,曾说"惟柳公权有此笔法"①。

李煜的画风,在当时即有很大的影响。南唐名画家周文矩、宋代画家唐希雅都深得李煜笔法之妙,故其作品清爽不凡,颇得荒野萧疏之气韵。

李煜作画,必以"钟隐笔"落款。因为李煜一生喜好恬淡自然,曾自号"锦峰白莲居士",又称"钟峰隐者"。这种超脱世俗的志趣,正是李煜独有画风的渊源所在。

---

① (宋)黄庭坚《山谷集》卷六《次韵谢斌老送墨竹十二韵》,四库全书本,第1113册第49页。

3. 音乐

李璟、李煜父子皆妙于音律。李璟时期,宫廷之中颇有几位出色的乐工。如王感化,善于讴歌,声韵悠扬,声震林木,李璟爱之,曾手书《浣溪沙》词二阕以赐之。又如李冠,善吹洞箫,悲壮入云。李璟死后,李冠流落于江北,每于醉酒之时,登市肆之楼作曲而奏之,听者无不为之泪下,时人比做李龟年。李璟自己精通乐器及音律,李煜的国后昭惠周氏更是一位出色的音乐家,而李煜本人的音乐作品也相当丰厚。

李煜所制曲,有《念家山破》、《振金铃破》行于当时,惜其谱今已失传。据文献记载,其声急促愤婉,颇有"焦杀"之味,虽清越可听,而国人皆以为是不祥之兆。实际上,李煜制曲很多,上述两曲只是他晚期的作品。当时,南唐国势日危,灭亡指日可待,李煜忧心忡忡,发之而为乐章,自然不会再有以前那种和谐与稳健的情调。

李煜制曲,风格独特,自成一家。宋人曾云,唐末五代时期,乐章有独步之势,"虽乏高韵,而一种奇巧,各自立格,不相沿袭"。唐昭宗、前蜀王衍、后蜀孟昶、吴越钱俶、南唐李煜,皆为乐曲名家,以歌酒自娱。甚至后唐庄宗于戎马之间、百战之余,亦时时作歌制曲,而一唱百和,颇有思致。但是,北宋立国,统一宇内,法度礼乐渐复全盛,而"士大夫乐章顿衰于前日,此尤可怪"①。

4. 诗

李煜的诗作,据《全唐诗》所录,仅有十八首以及一些零散残句

---

① （宋）王灼《碧鸡漫志》卷二,知不足斋丛书本,第1页。

存世，而其中《渡中江望石城泣下》一首，所咏之事，又与南唐史事不合，显然不是李煜的作品，很可能是出自吴睿帝杨溥的手笔。

五代诗风卑弱，与盛唐意境不可同日语。世俗诗家，喜好标新立异，妄立格法，甚者至有"师子跳掷、毒龙顾尾"之势，虽间有奇思佳句，而通篇观之，则意境甚浅。至其末流，应酬敷衍，勉强成篇，毫无诗意。李煜的诗，虽然存世不多，但读来感情真挚，言之有物，在五代诗坛之中，堪称佳品。

李煜的存世诗作，大多属于他晚期的作品，往往有感而发，情真意切。特别是他的赠别悼亡之作，虽不脱雕词琢句之习，而仍可见其肺腑，读来十分感人。

李煜的诗作之中，如《九月十日偶书》、《秋莺》、《病起题山舍壁》等，大体为感时之作。其中"晚雨秋阴酒乍醒，感时心绪杳难平"；"栖迟背世同悲鲁，浏亮如笙碎在喉"；"暂约彭涓安朽质，终期宗远问无生"，是他忧虑家国前途的思想写照，比较真实地反映了李煜的愤郁和忧伤。而"背世返能厌俗态，偶缘犹未忘多情"；"莫更留连好归去，露华凄冷蓼花愁"；"谁能役役尘中累，贪合鱼龙构强名"，作为结句，却反映出一种欲脱世网而不可得的惆怅，虽非惊人之笔，倒也别有意境，从中可以体味到诗人活生生的存在。与那些无病呻吟、故作多情的世俗文人相比，高下悬殊，虽不脱唐人藩篱，却仍然有其存在的价值。

李煜的赠别诗，存有一首《送邓王二十弟从益牧宣城》；悼亡诗则有《挽辞》、《悼诗》、《感怀》、《梅花》、《书灵筵手巾》、《书琵琶背》等。其中如"珠碎眼前珍，花凋世外春"；"前哀将后感，无泪可沾巾"；"正悲春落实，又苦雨伤丛"；"永念难消释，孤怀痛自嗟"；"咽绝风前思，昏濛眼上花"；"凭阑惆怅人谁会，不觉潸然泪眼低"；"空有当年旧烟月,芙蓉城上哭蛾眉";"风威侵病骨,雨气咽愁肠"等句,极少雕琢,悲怀酸楚之情,跃然于纸上,从中可以清楚地看出作者直抒胸臆的艺术风格。

尤其值得一提的是,李煜《赐宫人庆奴》一诗,有如行云流水,意味深长,颇有余音绕梁的韵致:

> 风情渐老见春羞,
> 到处消魂感旧游;
> 多谢长条似相识,
> 强垂烟态拂人头。①

无论从哪一个角度来看,此诗都是五代诗中的上品。

5. 词

李璟、李煜父子都是成就很高的词人。李璟词作存世者极少,仅有四首而已,但从中已可见其造诣之深,非一般词人所可比拟。李煜的词作,流传至今者有三十余首。在中国文学史上,李煜的词历来受到极高的推崇。谭献曾云:"后主之词,足当太白诗篇,高奇无匹。"②

从文学发展史的角度来看,李煜的词主要有三个贡献:

其一,扩大了词的题材。

词至温庭筠,始由民间转向文人士大夫,成为一种正式的文学

① 《全唐诗》卷八,南唐后主李煜《赐宫人庆奴》,中华书局1962年版,第74页。
② (清)谭献《复堂词话》,词话丛编本,中华书局1986年版,第3993页。

形式。但是,温词及稍晚的花间词题材狭小,其范围大体不出男欢女爱、风花雪月,因此被世人目为"艳科"。李煜的词题材广泛,虽亦有男欢女爱、风花雪月之属,然身世之感、遭际之叹、宫廷之奢、渔隐之趣、忧家之愁、亡国之恨,信手拈来,无不入词。从李煜开始,词的创作从闺楼歌馆拓向社会人生,从而使词具有了相当强的社会性,词的地位也得到了进一步的提高。

其二,开创了新的词风。

温庭筠及花间派词人的作品,虽然文笔华丽、音律精谐,但着力于雕词琢句,以致风格卑弱;而其中大部分作品,追求香软艳丽,耗费笔墨,专门描写女子的体态和风情,淫靡颓废,无病呻吟,以致内容空虚,仅可助公子佳人娇娆之态、朋僚亲旧宴集遣兴而已,毫无生命力可言。少数作品虽不乏意境,但拘于形式,或曲折晦涩,繁冗铺述;或以辞害义,吞吞吐吐,大大降低了词的艺术价值。

李煜的词,自然率真,毫无雕饰。无论写何种题材,无不由切身感受出发,直抒胸臆,酣畅淋漓,有如一江春水,滔滔东流,既无造作之态,又无取容之习,因此也就更加感人。历代评论家都对李煜的词风给予极高的评价。周济云:"李后主词如生马驹,不受控捉",虽"粗服乱头"而"不掩国色"①。况周颐云:李后主之性灵,"铮铮佼佼",非"操觚之士能方其万一"②。王国维则云:"阅世愈浅则性情愈真",而李后主正所谓"不失其赤子之心者也"③。

其三,发展了词的艺术技巧。

从形式上来说,李煜词的句式结构是十分适合于表达委婉愤郁

---

① (清)周济《介存斋论词杂著》,词话丛编本,中华书局1986年版,第1633页。
② 况周颐《蕙风词话》卷一,人民文学出版社1960年版,第17页。
③ 王国维《人间词话》,人民文学出版社1960年版,第197页。

的思想感情的。在词的创作中,李煜成功地把短而急促、长而连续的两种句式融为一体,使他的作品呈现出前所未有的跌宕回环的气势,突破了前人句式长短变化不甚显著的旧形式,从而真正地把词与诗区别开来。

李煜词在结构上也有独到之处。他的词构思严密,中心思想突出,意象脉络十分清晰,既如完璧天成,毫无支离破碎之弊;又如高山流水,有一泻千里之妙。王国维云:"唐五代之词,有句而无篇。南宋名家之词,有篇而无句。有篇有句,唯李后主降宋后之作,及永叔、子瞻、少游、美成、稼轩数人而已。"[①]

李煜在语言运用上达到了很高的成就。他的作品用语精练准确,极富于形象的表现力;概括力强,又单纯明净,不加雕琢;通俗易懂,间有民间语言,而又不失优雅典赡之古风,有如一泓清水,读来自然可亲。

李煜的词风和艺术造诣,使他的词作意境高远而深沉。无论是抒情、写景还是描绘人物,都具有一种内在的感染力,使读者可以直接体验到美与真的交融,发人深思,启人灵慧。值得注意的是,李煜的词作自始至终贯穿着一种悲凉怅惘的情调。即使是他早期那些描绘男欢女爱、酒宴歌舞的作品,也同样表现出一种人生如梦的阴郁。这种情调,与其说是来自于李煜的多愁善感,莫不如说是来自于环境的压力。作为一个初则内外交困,继则身为臣虏的君主,其艺术创作并不是为了应景酬宾、附庸风雅。他倾心于艺术,在很大程度上是为了排遣苦闷,寻求慰藉。艺术是李煜表现自我的一种方

---

① 王国维《人间词话》附《人间词话删稿》,人民文学出版社1960年版,第240页。

式,他不是为了享乐而艺术,也不是为了艺术而艺术。唯其如此,他才能在艺术中熔入自己的心灵,毫无掩饰、毫无雕琢,把一颗赤子之心奉献给读者;唯其如此,后人才能在他的作品之中感觉到他的赤子之心的存在和跳动,并且发生强烈的共鸣,而李煜孤寂而苦闷的心灵也就在后人抛洒的同情之泪中,获得了新的生命与永久存在的价值,王国维云:"尼采谓:'一切文学,余爱以血书者。'后主之词,真所谓以血书者也。宋道君皇帝《燕山亭》词亦略似之。然道君不过自道身世之戚,后主则俨有释迦基督担荷人类罪恶之意,其大小固不同矣。"①此评过誉,显而易见。然李煜词有如血凝泪铸,其博大宏深,却足以包容人类的悲哀。这种包容力,正是后世形形色色的人们往往在李煜的词中发现其自我的主要原因,也正是李煜词历经千载而流传不衰的主要原因。

6. 散文

李煜的散文同他的诗、词一样,具有特殊的风采。

李煜幼年嗜书,饱览诸子百家之言,而对儒家之说的兴趣又尤为浓厚。即位以后,他曾因众臣备位、论议平庸而慨然叹曰:"周公、仲尼,忽去人远。吾道芜塞,其谁与明!"于是著《杂说》百篇,自称:"特垂此空文,庶几百世之下,有以知吾心耳!"②可惜其书已经失传,后人无由睹其宏论。我们仅仅可以从徐铉所撰《御制杂说序》中略知其大概:

---

① 王国维《人间词话》,人民文学出版社1960年版,第198页。
② (宋)史虚白《钓矶立谈》,知不足斋丛书本,第26页。

　　属者国步中艰，兵锋始戢，惜民力而屈己，畏天命而侧身。静虑凝神，和光戢耀，而或深惟邃古，遐考万殊。惧时运之难并，鉴谟猷之可久，于是属思天人之际，游心于今古之间。触绪研几，因文见意，纵横毫翰，炳耀缣缃。以为百王之季，六乐道丧，移风易俗之用，荡而无止；惉心埋耳之声，流而不反，故演乐记焉。尧舜既往，魏晋已还，授受非公，争夺萌起，故论享国延促焉。三正不修，法弊无救，甘心于季世之伪，绝意于还淳之理，故论古今淳薄焉。战国之后，右武戏儒，以狙诈为智能，以经艺为迂阔，此风不革，世难未已，故论儒术焉。父子恭爱之情，君臣去就之分，则襃申生、明荀彧，俾死生大义，皎然明白。推是而往无弗臻，皆天地之深心，圣贤之密意，礼乐之极致，教化之本源。六籍之微辞，群疑之互见，莫不近如指掌，焕若发蒙。万物之动不能逃其形，百王之变不能异其趣，洋洋乎大人之谟训也。①

　　除《杂说》之外，李煜尚有《文集》三十卷，"鸿笔丽藻，玉振金相"，允为一代巨制。可惜《文集》也已经散佚，甚至徐锴所作《御集序》亦不可见。今人所得，仅残文数篇而已。

　　李煜为文，主张"道义"为先。他曾经对大臣说：

　　卿辈从公之暇，莫若为学为文。为学为文，莫若讨论六籍，游先王之道义。不成，不失为古儒也。今之为学，所宗者小说，

① （宋）徐铉《徐公文集》卷十八《御制杂说序》，四部丛刊本，第129页。

所尚者刀笔,故发言奋藻,则在古人之下风。①

这种思想,与唐代古文运动领袖韩愈的"文以载道"之说一脉相承,而祖述周公、孔子之言,又与宋儒之学颇相契合。由于有了这种认识,李煜的散文虽不脱骈俪之藩篱,却仍然言之有物,感情真切,风格亦清新可喜。他的《即位上宋太祖表》、《送邓王二十六弟牧宣城序》、《却登高文》、《昭惠周后诔》,都可以说是五代散文中的杰作。如《送邓王二十六弟牧宣城序》:

> 秋山的翠,秋江澄空。扬帆迅征,不远千里。之子于迈,我劳如何。夫树德无穷,太上之宏规也;立言不朽,君子之常道也。今子藉父兄之资,享钟鼎之贵,吴姬赵璧,岂吉人之攸宝,矧子皆有之矣;哀泪甘言,实妇女之常调,又我所不取也。临歧赠别,其唯言乎? 在原之心,于是而见。噫! 俗无犷顺,爱之则归怀;吏无贞污,化之可彼此。刑唯政本,不可以不穷不亲;政乃民中,不可以不清不正。执至公而御下,则憸佞自除;察薰莸之禀心,则妍媸何惑! 武惟时习,知五材之难忘;学以润身,虽三余而忍舍。无酗觞而败度,无荒乐以荡神。此言勉从,庶几寡悔。苟行之而愿益,则有先王之明谟,具在于缃帙也。呜呼! 老兄盛年壮思,犹言不成文,况岁晚心衰,则词岂逮意。方今凉秋八月,鸣根长川;爱君此行,高兴可尽。况彼敬亭溪山,畅乎遐览,正此时也。②

---

① (宋)徐铉《徐公文集》卷十八《御制杂说序》,四部丛刊本,第 128—129 页。
② 《全唐文》卷八,南唐后主李煜《送邓王二十六弟牧宣城序》,中华书局 1983 年版,第 1285 页。

　　此文深沉厚重，虽无华藻丽饰，而真切感人。其中谆谆叮嘱，非一般文人墨客赠别之作所能设想，格调已自高出一筹；而修身勤政之言，亦非切身体验而不能道出，一唱三叹，既可见李煜惜亲之意，又可见李煜爱民之情，确是一篇难得的佳作。

第十四章　后主李煜时期应付危局的措施

李煜是一位很不走运的君主。即位之时，正值淮南败后，丧师失地，国库空虚，朝廷内外，惊慌失措。李煜既无文治的机会，又无武治的方略，一时之间，忧心如焚。但是，李煜虽然性格文弱，缺乏大丈夫英武刚断的气概，然既为一国之主，受命于危难之际，收拾残局的责任，自当义不容辞，况且李煜本身也并非毫无胆识，如何应付目前这种困难，还是有一些打算。

李煜即位之初，句容县尉张泌上表言事。表文中说：

今陛下当数岁大兵之后、邻封袭利之日，国用匮竭、民力罢劳，而野无刘章兴居之人，朝无绛侯曲逆之佐，可谓危矣。试使汉文帝之才，处今日之势，何止于寒心消志而已也。臣惟国家今日之急务，一曰举简大以行君道；二曰略繁小以责臣职；三曰明赏罚以彰劝善惩恶；四曰慎名器以杜作威擅权；五曰询言行以择忠良；六曰均赋役以恤黎庶；七曰纳谏诤以容正直；八曰究毁誉以远谗佞；九曰节用以行克俭；十曰克己以固旧好。亦在审先代之治乱，考前载之褒贬；纤芥之恶必去，毫厘之善必为；密取与之机，济宽猛之政；进经学之士，退掊克之吏；察迩言以广视听，好下问以开闭塞；斥无用之物，罢不急之务。此而不治,臣不信矣。……臣观今日下民,期陛下之致治,如百谷之仰膏雨,愿陛下勉强行之!①

张泌表文,言辞婉转而激越,所举十事,大多切中时弊。李煜览表感动,批复道:

　　读书不只为词赋口舌也。委质事人,忠言无隐,斯可谓不辱士君子之风矣!况朕纂承之始,政德未敷,哀毁之中,智虑荒乱,深虞布政设教有不足仰嗣(宗祧?)、下副民望。卿居下位而首进谠谋,观词气激扬,决于披览,十事焕美,可举而行,朕必善始而思终。②

李煜为政,言而有信。这一时期中,南唐虽不能恢复旧观,重振国威,然维持现状,勉而为治,亦堪称略有所成。

一　卑礼事宋

南唐在后主李煜时期所面临的问题,首先是处理与宋朝的关系。

南唐丧失淮南,与后周划江为界以后,奉中原正朔,去帝号,每岁贡献方物,成为附庸之国,但仍然保持着帝王的仪仗礼节,后周对

---

① 《全唐文》卷八七二,张泌《上后主书》,中华书局 1983 年版,第 9131 页。
② (宋)郑文宝《江表志》卷下,墨海金壶本,第 6 页。

南唐的态度实际上也相当宽容。其中的原因之一在于,周世宗统一中国,其步骤为"先北后南"。因为当时雄据北方的契丹是中原大敌,不首先消除这一障碍,后患无穷。至于讨伐南唐,主要目的是稳定后方。南唐丧失淮南,被迫就范,周世宗的注意力便又转向北方。北宋王朝建立以后,统一方针一变,"先南后北",首先把目光放在富庶的南方。周世宗与宋太祖统一方针之高下,姑且置之弗论。但对南唐来说,却无论如何不是一个喜讯。南唐素与中原为敌,数十年之间,令北方朝廷坐立不安,必欲灭之而后快。一旦中原开始行动,南唐首当其冲,而新败之后,国力虚耗,人心危惧,形势之严峻,可想而知。

李煜即位以后,首先奉表宋廷,以求得对方的优容。表文曰:

臣本于诸子,实愧非才。自出胶庠,心疏利禄,被父兄之荫育,乐日月以优游,思追巢许之余尘,远慕夷齐之高义。既倾恳恼,上告先君,固非虚词,人多知者。徒以伯仲继没,次第推迁。先世谓臣克习义方,既长且嫡,俾司国事,遽易年华。及乎暂赴豫章,留居建业,正储副之位,分监抚之权,惧弗克堪,常深自励。不谓奄丁艰罚,遂玷缵承,因顾肯堂,不敢灭性。然念先世君临江表,垂二十年。中间务在倦勤,将思释负。臣亡兄文献太子从冀,将从内禅,已决宿心,而世宗敦劝既深,议言因息。及陛下显膺帝箓,弥笃睿情,方誓子孙,仰酬临照,则臣向于脱屣,亦匪邀名。既嗣宗祊,敢忘负荷,惟坚臣节,上奉天朝。若曰稍易初心,辄萌异志,岂独不遵于祖祢,实当受谴于神明。方主一国之生灵,退赖九天之覆焘。况陛下怀柔义广,煦妪仁深,必假清光,更逾曩日,远凭帝力,下抚旧邦,克获宴安,得从康泰。然所虑者,吴越国邻于敝土,近似深仇,犹恐辄向封疆,或生纷扰。臣即自严部曲,终不先有侵渔,免结衅嫌,挠干旒扆,仍虑巧肆如簧之舌,仰成投杼之疑,曲构异端,潜行诡道,愿回鉴烛,显论是非,庶使远臣,得安危悫。①

从表文中我们可以看出,尽管南唐已经称臣纳贡,而宋廷之疑心并未消除,李煜既要卑词逊语以取得赵氏的宽容,又要防患于未然,避免吴越侵扰造成意外纠纷,给中原用兵提供口实。

这一时期中,南唐不仅频繁入贡,在礼节上也更加卑屈。赵匡胤曾因李煜举行即位典礼时,宫门立金鸡竿、降赦如天子之礼而大为恼火,并以此责问南唐进奏使陆昭符。陆昭符聪敏而善于应对,见势不妙,答曰:"此非金鸡,乃怪鸟耳!"②赵匡胤听罢大笑,没有深究。李煜闻讯,愈发小心谨慎,每逢宋朝使者南下,必改服紫袍,并撤除宫殿屋脊之上象征天子身份的鸱尾,以示谦恭。

李煜此举究竟能否真正改变北宋对南唐的基本态度,延缓宋兵南伐的时限,不言而明。不过,尽管李煜最后终于没有逃脱国亡家破、"一朝归为臣虏"的厄运,但在当时,南唐的卑词屈礼毕竟使其与宋朝的关系暂趋平和。淮南之败、宋朝继统、李璟辞世等一连串的事件所造成的恐慌,开始逐渐平静下来,使南唐得以稳定政局、恢复经济,并且在军事防御方面采取必要的措施,以应付势必来临的战争。

---

① 《全唐文》卷一二八,南唐后主李煜《即位上宋太祖表》,中华书局 1983 年版,第 1284 页。
② (宋)佚名《五国故事》卷上,说库本,第 4 页。

二 稳定政局

李璟末年,大开杀戒,诛戮宋齐丘党人,造成朝臣人人自危的局面。但是,南唐立国于江南,不可能将土著势力全部翦除,而侨寓人士在朝者寥寥无几,亦不足以支撑形势。李煜一方面深知南唐面临危局,维持统治,尚有赖于土著的支持;另一方面,由于侨寓人士钟谟曾经干预嗣位之计,李煜对他们也怀有一定程度的疑虑。因此,李煜在即位以后,改弦易辙,竭力缓和与土著势力的关系。

李煜下诏洗雪宋齐丘,赦还其家属,使居于金陵。又大力拔擢土著人士,如陈乔、张洎、朱匡业、林仁肇诸人,一时之间,高居要津。宋齐丘党人冯延鲁失势之后,闲居于家,此时也经常出入宫廷,且时有得意之色。李煜曾宴请众臣,冯延鲁在座。群臣举杯,一饮而尽,冯延鲁偏偏作梗,不肯尽饮,李煜只作看不见,优容不罪。

李煜时期,朝廷中的侨寓人士在政治上已不再有能力与土著势力分庭抗礼。由于李煜采取了较为明智的态度,两派之间的倾轧大为收敛。值得注意的是,两派相安无事局面,与南唐国势衰落、不可能再有什么作为亦有关系。当时的侨寓人士,四分五裂,各寻出路,无意与土著人士再争一时一事之得失,政治上的冲突亦随之消减。

李煜时期,对中央与地方的控制也有所加强。通判之制继续沿用,逐渐成为成规。中央机构之中,澄心堂权势日重,成为中枢机构里的中枢,而所委之人,仅皇侄李元楀、李元机、李元榆、李元枢而已。行政效能如何,无须多论,对于李氏控制军政大权,当不无助力。从某种意义上来说,这是唐宋之际中央集权制度向君主集权制度发展的一个重要环节。而李煜于国势衰微之际采取这一步骤,尤其引人深思。

三 恢复经济

淮南之役,南唐丧失淮南富庶之区,赋税收入锐减于前,加上战争耗费巨大,国库空虚,财政拮据,如何维持经济活动的正常进行,颇使统治者难以措手。

当时,经济领域中最突出的问题,一是钱荒,二是赋税苛重,不解决这些问题,国家无以为计,百姓无以聊生。

自李璟末年以来,南唐每年入贡中原,动辄数十百万。名义上是进贡土产方物,实际上铜钱占很大比重。宋朝建立以后,入贡数额倍增于前。南唐铜冶业虽有较大的发展,但仍不足以承受如此沉重的负担。南唐初期,行用"开元通宝"钱。其钱质地精良,在五代十国时期属于上乘。及李璟末年,铜荒严重,钟谟献策,请铸大钱,以一当开元通宝十,名为"永通泉宝";又铸小钱,以二当一,名为"唐国通宝"。这两种铸币凡有数品,制度不一,行之数月,流弊丛生,百姓盗铸,极为轻小,至置一钱于水上可漂浮不沉,遂下令罢之。后来,韩熙载建议铸铁钱,然未及行用而李璟亡故,其事中辍。

乾德二年(964)春,李煜下诏令行用铁钱。其制度一如"开元通宝",每十钱以铁钱六权铜钱四而行。经过一段时间的试用之后,铁钱流行于境内,于是停止使用铜钱,专作进贡之用。铁钱的行用,缓解了铜荒,既保证了南唐对中原的进贡,也维持了境内的商品流通。

李璟时期，军旅繁兴，大战频起，为了保证国家财政用度，赋税征收日益苛重。李煜即位，迫于宋朝压力，进贡数额大增，降低赋税额限，是根本办不到的事情。但是，去苛除繁，使百姓负担大体平均，并非绝无可能。

李煜即位之初，首先下诏罢除诸路屯田使。诸屯田租税，由地方州县按常赋统一征收，以其中十分之一作为地方官之禄廪。南唐屯田数量较大，屯田佃民负担重于编户之民数倍，而典掌屯田的官吏，恃势侵扰州县，争夺民利，百姓苦不堪言。李璟末年，周师南伐，为了缓和民怨，动员兵力，曾下诏废省屯田中害民尤甚者。但其范围，主要限于淮南，江南一带所存者尚不在少数。至此，屯田皆罢，屯田佃民摆脱公私之扰，得以休息。

南唐常赋征收，沿用唐代两税之制。李昪篡吴之际，曾一度改为征收实物。及南唐建号，又恢复旧制，秋税征收实物，夏税交纳现缗。当钱荒之际，百姓苦于变值折阅之烦，而富商大贾往往乘机压低物价，牟取暴利。李煜时期，永新制置使李元清奏请改制，纳帛一匹，折钱一贯。李煜采纳了他的建议，以为定制。此法之行，不仅便利百姓，促进农桑及手工业的发展，也增加了国库的收入。

钱荒的缓解，赋税的大体均平，使南唐的经济逐步复苏。这一时期中，南唐的农业生产基本恢复正常，商业活动得以维持，手工业中某些部门如纺织、印染、冶铸、造船尤其是文具制造业还获得了长足的进步。

四　加强防御

南唐在丧失淮南之后，与北方政权尚维持较为平和的关系，从后者的角度来说，关键在于其并无马上灭亡南唐的实力。

宋朝初年，后周旧将李重进据扬州叛乱，赵匡胤派兵讨伐。南唐派冯延巳出使汴梁，赵匡胤气势汹汹，对冯延巳说："凡举事，不欲再籍。我遂欲朝服济江，汝主何以相待？"冯延巳答曰：

> 重进奸雄，闻于一时，尚且一战就擒，易如拉朽。蕞尔小国，诚不足仰烦神虑。但江南士庶，眷恋主恩，各有必死之志。若天威暴临，恐须少延暑刻。大朝倘肯捐弃数十万卒，与之血战，何虑而不可？

赵匡胤闻言，自我解嘲地说："吾与汝主大义已定，前言聊以戏卿耳！"[①]

赵匡胤当然不至于被冯延巳一席软中带硬的话头所吓倒。当时，北宋忙于稳定内部，尚无暇南顾，赵匡胤无心与冯延巳进行口舌之争，也在情理之中。不过，冯延巳之言对赵匡胤也并非毫无触动。南唐割据江淮，垂数十年。虽然丧失淮南以后，难以恢复旧观，但坚甲利兵，尚有数十万之众，况据长江天堑之势，若凭险死守，人自为战，取胜亦非易事。以周世宗之英武果敢，当南唐虚弱之时，夺取淮

[①]（宋）史虚白《钓矶立谈》，知不足斋丛书本，第24页。

南,尚且经过几番进退,历时二载;赵匡胤以篡窃得位,人心未服,妄动大兵,一旦战事不利,迁延时日,不仅胜负难以预料,内部能否不出意外变故,亦不可逆测。因此,赵匡胤虽已决计南下,但尚需时间,须待内部稳定之后,迂回而进,首先夺取南唐周围诸国,形成对南唐的包围态势,然后寻找时机,集中力量消灭南唐。

就李煜来说,他十分清楚,宋唐之间,早晚必有一场决战,至于其胜败结局,亦已在预料之中。李煜与南唐多数大臣一样,对前途十分悲观。但是,他仍然希望维持一段暂时的和平,至少使自己得以在有生之年免遭作俘虏的命运。因此,尽管李煜书生气十足,以为自己卑躬屈节,可以换取北宋王朝的优容,却还是抓紧时机,暗中调兵遣将,布置江防,以备迎敌。此外,又下令设置龙翔军,演练水战,打算一旦江防不守,便利用江南河网密布,南人擅长水战的优势,与宋军周旋。

不过,李煜在这一问题上并没有什么长远计划,也没有死战到底的决心。他的基本设想,仍然在于求和。在位期间,对宋廷毕恭毕敬,不敢丝毫有所怠慢。甚至宋朝君臣也不得不承认这一事实。开宝年间,鄂国公李从谦与水部员外郎查元方出使汴梁。宋廷派卢多逊接待。卢多逊与查元方闲暇弈棋,突然问道:"江南毕竟如何?"查元方正色答曰:"江南事天朝二十余年,君臣礼分极矣。复以'如何'为问耶?"卢多逊闻言大惭,谢道:"勿谓江南无人!"[1]及宋廷命将南征,赵匡胤戒其主帅曹彬、潘美曰:"江南本无罪。但朕欲大一统,容他不得,卿等勿妄杀一人!"[2]

---

[1]（宋）郑文宝《江南余载》卷上,知不足斋丛书本,第3页。
[2]（清）毛先舒《南唐拾遗记》,昭代丛书本,第8页。

第十五章　南唐的灭亡

　　李煜受命于危难之际,凭借书生之才,数年之间,使南唐军事外交危机得以缓和,经济困境有所改善,政治混乱得以澄清,从当时的形势来说,确属不易。史载,李煜即位之初,勤于政事,经常召集大臣商议国政,往往达于夜分。当北宋虎视江南之际,南唐百姓安居乐业,不闻兵戈者十余年,使当地的经济、文化得以继续发展,李煜的功绩是不可磨灭的。但是,从根本上来说,李煜所采取的措施,并不足以扭转南唐的颓势,而卑礼事宋,频繁入贡,又无异于饮鸩止渴。因此,尽管南唐并没有失去继续存在的理由,但能否继续存在,却完全是另外一个问题。当赵匡胤完成了稳定内部的任务之后,统一中国的步骤渐次展开,南唐也便面临着一场真正的考验。

一　诸国之平

　　当李煜扩充水军,布置江防之时,北宋也在厉兵秣马,积极进行战争准备。

　　按照宋太祖赵匡胤的计划,南唐尚有相当强大的实力,贸然举兵,恐生不测。因此,他一方面维持与南唐在外表上的平和关系,同时做出种种暗示,迫使李煜频繁入贡,以削弱其经济实力;另一方面,首先在南唐周围邻国中用兵,除其藩屏,待其余诸国平定,然后大举南渡,与南唐进行决战。从中可以看出,北宋的战略步骤与南唐的防御计划显然存在着一定的距离,而李煜最初对形势的估计亦过于悲观,没有充分利用这一段有利的时间进行更充分的准备。

南唐灭楚以后,湖南为刘言、王逵所占据。其后,王逵与周行逢合谋杀死刘言,分领湖南。后周末年,王逵与旧将潘叔嗣发生冲突,兵败被杀,湖南全境遂尽为周行逢所控制。北宋初,周行逢病死。临终之时嘱其僚佐曰:"吾起陇亩为团兵,同时十人,皆以诛死,惟衡州张文表独存,然常怏怏不得行军司马。吾死,文表必乱,宜以杨师璠讨之。诸公善佐吾儿,无失土宇。必不得已,当举族归朝,无令陷虎口。"①

周行逢之言,为以后楚国的大政方针确定了基调。周行逢死后,其子周保权嗣位,年方十一。宋廷封其为检校太尉、朗州大都督、武平军节度使。嗣立之后不久,张文表果然发动叛乱。周保权一面派杨师璠率军讨叛,一面奉表宋廷,请求派兵来援。

此时,南平王位传至高继冲。高继冲嗣位以后,宋太祖赵匡胤遣卢怀忠入其境,以奉使为名,察看虚实,嘱之曰:"江陵人情去就,山川向背,我欲尽知之。"卢怀忠还朝,报告说:"继冲甲兵虽整,而控弦不过三万;年谷虽登,而民困于暴敛。南迤长沙,东距建康,西迫巴蜀,北奉朝廷,其势日不暇给,取之易也。"赵匡胤遂决计首先对

---

① (清)吴任臣《十国春秋》卷七十《楚四·周行逢传附周保权传》,中华书局1983年版,第978—979页。

南平用兵。及湖南张文表叛乱，高继冲奉表向宋廷报告情况，赵匡胤对宰臣范质说："江陵四分五裂之国，今出师湖南，假道荆渚，因而平之，万全策也。"①这样一来，湖南湖北便成为赵匡胤统一中国的首次行动的两个步骤。

北宋乾德元年（963）正月，赵匡胤派慕容延钊、李处耘出兵南下，到达襄州，派人入南平，向高继冲要求借道。南平大将李景威劝阻说："城外之约，不可信。"但大臣孙光宪坚持认为："宋帝规模宏远，不若早以疆土归之，不惟免祸，而亦不失富贵。"②高继冲于是派人奉牛酒犒劳宋师于荆门，以观虚实。李处耘一面款待来使，一面于当夜派轻骑数千直趋江陵城。高继冲闻宋师将至，惶怖出迎，在江陵城北十五里处遇到宋军骑兵。李处耘命高继冲等待主帅慕容延钊，自己率兵径入城中。及高继冲禀过慕容延钊回到城中，发现李处耘已经占领江陵全城，旌旗甲马，布列衢巷。高继冲无可奈何，在一口水井上虚设一顶无底轿子，把嫔妃骗入井中淹死，然后献上牌印户籍，归降于宋。

宋师平定湖北，立即征发当地军卒万余人，随宋师杀奔湖南。此时，张文表已经兵败被杀。周保权亲信牙校张从富等人见宋师来势汹汹，知其意不在张文表，于是据潭州自守，断桥沉船，伐木塞路。慕容延钊兵锋受挫，屯军待命。赵匡胤闻报，一面派人催促慕容延钊进兵，一面派人对周保权说："本发大军以拯尔难，妖孽既殄，是我

① （清）吴任臣《十国春秋》卷一〇一《荆南二·侍中高继冲世家》，中华书局1983年版，第1451页。
② （清）吴任臣《十国春秋》卷一〇一《荆南二·侍中高继冲世家》，中华书局1983年版，第1452页。

有大造于尔,反拒王师,何也?"又威胁说:"尔无自取涂炭,重扰生民!"①慕容延钊闻命急进,直趋朗州,一路势如破竹,锐不可当。周保权发兵在澧州南御敌,未及交战,望风而靡,退还朗州,焚毁庐舍府库,城郭为之一空。宋师继至,乘胜破城。周保权被大将汪端劫持,携其家人藏匿于长江南岸,随即被宋将俘获,送往汴梁。汪端率残部且战且退,宋师不能歼之,李处耘大怒,在俘虏中挑选肥硕者数十人,命左右活剥生吞,楚人闻之大惧,相继逃命。汪端势穷,兵败被杀,湖南全境遂平。

北宋占领湖南、湖北,不仅大大增强了军事与经济实力,而且在心理上给南方其他割据政权以沉重的打击。从战略上来说,这是一个更重要的收获。两湖入宋,切断了后蜀与南唐原来就很微弱的联系,不仅使后蜀完全处于北宋的三面包围之下,而且直接控制长江上流要地,威胁南唐。

湖南、湖北入宋以后,赵匡胤的下一个目标是后蜀。后蜀后主孟昶闻宋师占领两湖,十分恐惧,派重兵屯驻峡路,又增置水军,准备御敌。乾德二年(964)十月,山南节度判官张廷伟向枢密使王昭远献策说:"公素无勋业,一旦位至枢近,不自建立大功,何以塞时论。莫若通好并州,令发兵南下,我自黄花谷出兵应之,使中原表里受敌,则关右之地,可抚而有。"王昭远闻言大喜,即命赵彦韬等人携蜡丸书间道通使北汉,相约出兵牵制中原,又派人入汴梁窥测虚实。王昭远此举本属不识时务,而赵彦韬又是一个势利小人,他在途中偷看了蜡丸书以后,立即折路向东,跑到汴梁,把蜡丸书献给了宋

---

① (清)吴任臣《十国春秋》卷七十《楚四·周行逢传附周保权传》,中华书局 1983 年版,第 979 页。

廷。赵匡胤见到蜡丸书,不禁笑道:"西讨有名矣。"①

十一月,赵匡胤派王全斌等二十五将率禁军三万、诸州兵二万,分路进攻蜀中,一路浩浩荡荡,连破蜀军,直逼成都。孟昶势蹙,问计于左右。老将石頵建议聚兵坚守,以待宋师之敝。孟昶叹气说:"吾父子以温衣美食养士四十年,一旦临敌,不能为吾东向发一矢,虽欲坚壁,谁与吾守者邪!"②遂于次年正月命李昊草表,向宋师请降。

北宋灭亡后蜀以后,经过一段时间的休整,又把兵锋指向南汉。开宝三年(970),南汉发兵侵扰湖南,宋道州刺史王继勋上言,声称南汉"肆为暴虐,数出盗边",请求出师讨伐。赵匡胤找到借口,虽有意兴兵,却一时犹豫不决③。

北宋欲伐南汉,形势与讨伐湖南不同。湖南与南唐世为仇敌,北宋出兵迅捷,湖南未必向南唐求援,南唐也不可能出兵援救。赵匡胤平定南方,首先向湖南开刀,其中就包含这一层考虑。但是,南汉与南唐一向关系密切。尽管南唐灭楚之时,双方发生军事冲突,一度交恶,不过,如果南汉灭亡,南唐将处于四面受敌的困境之中,唇亡齿寒,未必坐视。一旦南唐出兵,宋师前则有五岭之险阻,后则遭唐军截击,腹背受敌、进退两难,胜负未卜。为了解决这个问题,赵匡胤派人到南唐,命李煜劝说南汉后主刘鋹向北宋称臣,把所占

① (清)吴任臣《十国春秋》卷四十九《后蜀二·后主本纪》,中华书局1983年版,第732页。
② (清)吴任臣《十国春秋》卷四十九《后蜀二·后主本纪》,中华书局1983年版,第735页。
③ (清)吴任臣《十国春秋》卷六十《南汉三·后主本纪》,中华书局1983年版,第866页。

湖南之地归还北宋。

赵匡胤的打算,一是借机探测李煜有无出援之意。二是离间南汉与南唐的关系。对李煜来说,这无疑是一项艰难的使命。对于当时的形势,李煜并非一无所知。但是,他对此毫无信心。北宋出师两湖,南唐坐视;后蜀临危,派人前来求援,南唐亦若无睹。因为大势所趋,李煜认为自己并没有力挽狂澜的能力,结果是赵匡胤对南唐有戒备之心,而李煜却毫无干涉之意,不过,如果南汉灭亡,南唐亦危。当时,南方割据诸邦,仅余南唐、南汉与吴越,而吴越一向为中原盟友,遇有缓急,可以稍加依赖的只有南汉,且不论南汉若亡,南唐后方必将暴露于宋师兵锋之下。所以,李煜虽无出兵援救之意,却希望用别的途径使南汉转危为安。为此,李煜命大臣潘佑起草了一封十分恳切的书信,派龚慎仪送往南汉。信中,李煜苦口婆心,极言相劝,希望刘鋹审时度势,割地称臣,以免亡国之祸。其言曰:

> 煜与足下叨累世之睦,继祖考之盟,情若弟兄,义同交契,忧戚之患,曷常不同。每思会面抵掌,交议其所短,各陈其所长,使中心释然,利害不惑,而相去万里,斯愿莫申。……昨命使臣入贡大朝,大朝皇帝累以此事宣示曰:"彼若以事大之礼而事我,则何苦而伐之;若欲兴戎而争我,则以必取为度矣。"见今点阅大众,仍以上秋为期,令敝邑以书复叙前意。是用奔走人使,遽贡直言。深料大朝之心,非有唯利之贪,盖怒人之不宾而已。……观夫古之用武者,不顾大小强弱之殊,而必战者有四:父母宗庙之雏,此必战也;彼此乌合,民无定心,存亡之几,以战为命,此必战也;敌人有进必不舍,我求和不得,退守无路,战亦亡,不战亦亡,奋不顾命,此必战也;彼有天亡之兆,我怀进取之

机,此必战也。今足下与大朝非有父母宗庙之雠也,非同乌合存亡之际也,既殊进退不舍、奋不顾命也,又异乘机进取之时也。无故而坐受天下之兵,将决一旦之命,既大朝许以通好,又拒而不从,有国家利社稷者,当若是乎……且足下以英明之资,抚百越之众,北距五岭,南负重溟,藉累世之基,有及民之泽,众数十万,表里山川,此足下所以慨然而自负也。然违天不祥,好战危事,天方相楚,尚未可争。若以大朝师武臣力,实谓天赞也。登太行而伐上党,士无难色;绝剑阁而举庸蜀,役不淹时,是知大朝之力难测也,万里之境难保也。十战而九胜,亦一败可忧;六奇而五中,则一失何补……人之情,端坐而思之,意沧海可涉也。及风涛骤兴、奔舟失驭,与夫坐思之时,盖有殊矣。是以智者虑于未萌,机者重其先见,图难于其易,居存不忘亡……又或虑有矜功好名之臣,献尊主强国之议者,必曰:慎无和也。五岭之险,山高水深,辎重不并行,士卒不成列,高垒清野而绝其运粮,依山阻水而射以强弩,使进无所得,退无所归,此其一也。又或曰:彼所长者,利在平地。今舍其所长,就其所短,虽有百万之众,无若我何,此其二也。其次或曰:战而胜,则霸业可成;战而不胜,则泛巨舟而浮沧海,终不为人下。此大约皆说士孟浪之谈、谋臣捭阖之策,坐而论之也则易,行之如意也则难。何则?今荆湘以南、庸蜀之地,皆是便山水习险阻之民,不动中国之兵,精卒已逾于十万矣。况足下与大朝,封疆接畛,水陆同途,殆鸡犬之相闻,岂马牛之不及。一旦缘边悉举、诸道进攻,岂可俱绝其运粮、尽保其城壁。若诸险悉固,诚善莫加焉;苟尺水横流,则长隄虚设矣。其次曰:或大朝用吴越之众,自泉州泛海以趋国都,则不数日至城下矣。当其人心疑惑,兵势动摇，岸上舟中，皆为敌国，忠臣义士，能复几人。怀进退者，步步生心，顾妻子者，滔滔皆是。变故难测，须臾万端，非惟暂乖始图，实恐有误壮志，又非巨舟之可及、沧海之可游也……且小之事大，理固然也……自足下祖德之开基，亦通好中国，以阐霸图。愿修祖宗之谋，以寻中国之好，荡无益之忿，弃不急之争，知存知亡，能强能弱，屈己以济亿兆，谈笑而定国家。至德大业无亏也，宗庙社稷无损也。玉帛朝聘之礼才出于境，而天下之兵已息矣。岂不易如反掌、固如太山哉！何必扼腕盱衡、履肠蹀血，然后为勇也……况大朝皇帝以命世之英、光宅中夏，承五运而乃当正统，度四方则咸偃下风……又方且遏天下之兵锋，俟贵国之嘉问，则大国之义，斯亦以善矣，足下之忿，亦可以息矣。若介然不移，有利于宗庙社稷可也，有利于黎元可也，有利于天下可也，有利于身可也。凡是四者，无一利焉，何用弃德修怨、自生雠敌，使赫赫南国，将成祸机；炎炎奈何，其可向迩。幸而小胜也，莫保其后焉；不幸而违心，则大事去矣。复念顷者淮泗交兵，疆陲多垒；吴越以累世之好，遂首为厉阶，惟有贵国情分愈亲，欢盟愈笃……近负大朝谕旨，以为足下无通好之心，必举上秋之役。即命敝邑，速绝连盟。虽善邻之怀，期于永保，而事大之节，焉敢固违，恐煜之不得事足下也。是以恻恻之意，所不能云；区区之诚，于是乎在。又念臣子之情，尚不逾于三谏，煜之极言，于此三矣。是为臣者可以逃、为子者可以泣、为交友者亦惆怅而遂绝矣！①

_____

① 《全唐文》卷八七六，潘佑《为李后主与南汉后主第二书》，中华书局1983年版，第9167—9169页。

从此信的语气中可知,南唐力劝南汉割地称臣以求息兵,使者往还不止一次,而南汉并无听从之意。当时,南唐迫于宋廷压力,不能公开说破形势,其中对南汉面临的困境的分析,虽然道出了南唐卑礼事宋的苦衷,但深层含义,却只能靠对方自己去体味。此信洋洋洒洒,累数千言,反复陈说,用心可谓良苦。旧史称,潘佑为此文,"文不加点,累数千言"①。但现存尚有另一封信,其内容与此相同,而文辞简略,名为《为李后主与南汉后主书》②,而上引之文,则称"第二书"。其实,潘佑第一书成,李煜以为太过简略,不足以表达其恳切之意,又命其修改一过,方才达到"情辞款洽"的程度,而所增之言,亦多为肺腑衷肠,足见李煜对此信的重视。但是,刘鋹执迷不悟,不仅把信使龚慎仪打入牢房,还派人送信至金陵,对李煜痛加斥责,结果双方断绝往来。

赵匡胤一箭双雕,既探知李煜无心出援,又破坏了南唐与南汉的联盟,于是决意兴兵。此时的南汉,虽大言已出,但长期以来,宦官用事,谋臣宿将,多遭杀戮,及中宗刘晟在位,耽于游宴,城壁壕隍大半饰为宫馆池沼,楼船兵器多所毁损朽蠹。闻北宋大军南下来攻,内外惊慌,人无战意。刘鋹任命的御敌主帅是宦官龚澄枢,敌兵未至,即已弃城逃命。宋师乘胜而进,于开宝四年(971)正月大败南汉都统潘崇彻,二月,逼进南汉都城番禺,在城外十里处双女山下安营扎寨。刘鋹见大势已去,用大船十余艘满载金宝嫔妃,打算入海逃命。还没有等到开航,宋兵已经逼近城门,而准备好的船舶又被

① (清)吴任臣《十国春秋》卷二十七《南唐十三·潘佑传》,中华书局 1983 年版,第 377 页。
② 《全唐文》卷八七六,潘佑《为李后主与南汉后主书》,中华书局 1983 年版,第 9166 页。

宦官乐范与卫兵盗走。刘鋹无计可施，只好遣使奉表，向宋师统帅潘美投降。

北宋灭亡南汉以后，立即着手做进攻南唐的准备。赵匡胤在湖北汉阳屯驻大兵，造战舰数千艘，积聚粮草，日夜操练兵马，等待战机。而对南唐来说，南汉灭亡以后，已经处于四面受敌的困境之中。特别是湖北入宋，控制长江上游要地，原来号称可当十万甲兵的长江天堑，实际上已经无险可守。

二 金陵之战

当北宋逐一削平南方割据诸邦，拔除南唐藩屏之时，李煜仍然对赵匡胤抱有幻想。

这一时期中，李煜对宋廷恭礼有加。凡遣使入贡，不再自称唐国主，而改称江南国主，把唐国印改为江南国主印，又上表请求宋廷下诏时直呼李煜之名；在国内，贬损仪制，改诏为教，改中书、门下省为左、右内史府，改尚书省为司会府，御史台为司宪府，翰林院为修文馆，枢密院为光政院，大理寺为详刑院，客省为延宾院；官职名号亦加改易，避免与宋朝重名；宗室子弟降低封爵；殿阙鸱吻尽行撤除，不再陈设。

但是，李煜的恭顺，并不能打消宋廷攻取南唐的决心。开宝五年（972），宋廷扣留奉使入贡的南唐楚国公李从善，任命他为泰宁军节度使，留居汴梁，又在汴阳坊内建造宅第，表示征李煜入朝之意。次年，赵匡胤又派学士卢多逊至金陵，索要南唐诸州图经，进一步对李煜进行威胁。李煜无可奈何，遣使上表，表示愿意接受北宋的封爵官职,留居金陵,以终残年,但却没有得到允许。

当北宋步步紧逼之际,南唐朝廷中主张厉兵秣马,决一死战者并不乏其人。建阳林仁肇刚毅有武略,深得人心,军中称为"林虎子"。北宋平定南汉之后,林仁肇见宋师疲弊,淮南空虚,上密表说:

> 宋淮南诸州戍守单弱,而连年出兵,灭西蜀,平荆朗,今又取岭表,往返数千里,师旅罢敝,此在兵家为有可乘之势。请假臣兵数万,出寿春,渡淝、淮,据正阳,因其思旧之民,累年之粟,复取淮甸,势如转丸。臣起兵日,仍驰闻北朝,言臣据兵窃叛,事成归国,否则请族臣,以明陛下无二。

林仁肇忠心耿耿,使李煜十分感动。但是,李煜担心其事不成,反而招祸,不肯应允。只是对林仁肇说:"无妄言,宗社斩矣!"①把他派到南都担任留守。当时,还有一位商人,请求密往江陵,焚烧北宋所造战舰,李煜亦不敢从。

与此同时,南唐朝廷内部又开始了新的倾轧。皇甫继勋、朱令赟等人,忌恨林仁肇雄略,诬称林仁肇与北宋暗中勾结,企图在江西称王。宋太祖赵匡胤亦颇闻林仁肇之名,设计除之。于是厚赂林仁肇侍从,窃取其画像悬挂于宫中,引李从善观看,对他说:"仁肇行且降,先持此为信耳!"又指一宅第称:"将以此赐仁肇。"②李从善大惊,设法把此事报告李煜。李煜不知是计,怒恨交加,皇甫继勋、朱

---

① (清)吴任臣《十国春秋》卷二十四《南唐十·林仁肇传》,中华书局 1983 年版,第 337—338 页。

② (清)吴任臣《十国春秋》卷二十四《南唐十·林仁肇传》,中华书局 1983 年版,第 338 页。

令赟又攻之不已,李煜遂派人到南都,将林仁肇毒死。当是时,南唐久不闻兵戈,武将有才略者寥寥无几,唯林仁肇威名服众,国人倚之以为栋梁。陈乔曾说:"令仁肇将外,吾掌机务,国虽迫蹙,未易图也。"及林仁肇被害,陈乔叹曰:"事势如此,而杀忠臣,吾不知其死所矣!"①

李煜对北宋一味退让,引起朝中许多大臣的不满。潘佑与李平多次上言,针对南唐弊政,提出改革主张。当时,南唐国内的主要问题是财政拮据。尤其是当北宋大兵压境之际,军需不足,势必难以支持。造成这一局面的原因,并非在于李煜的奢侈。其实,李煜最大的挥霍,不过是用红锦饰壁,押以银钉,或于七夕用白帛在庭院之内布成银河之状,随即赏赐百官而已。比诸其他诸国君主,如南汉后主刘鋹用珍珠、玳瑁、金银装饰宫殿、楼台、馆阁,宫内器皿杂物甚至溺器亦以金玉为之来说,几乎可以称之为节俭,而李煜甚至还经常把内库积蓄拿出来以充国用。但是,淮南入周以后,南唐丧失富庶之区,税收锐减,而频繁入贡,用度又大增于前。尤其是南唐末年,土地兼并日趋严重,农民丧失土地,或流离失所,或沦为佃户,或卖身为奴,以致国家编户减少,税源大批流失,而李煜普度僧尼,广建寺院,大赐田产,又加剧了问题的严重性。

潘佑、李平的改革方案,主要就土地兼并而发。其具体措施是,在境内恢复井田之制。潘佑、李平在南唐危难之际,挺身而出,为国分忧,确实忠心可嘉。但是,他们提出的改革方案,却是一种彻头彻尾的空想。唐宋之际,大土地私有制获得了空前的发展,与此相适应的租佃关系以及赋税制度亦日臻成熟。面对当地那些田产庄宅

---

① (宋)马令《马氏南唐书》卷十二《林仁肇传》,墨海金壶本,第5页。

跨州连郡的大地主,要他们把夺占的土地退还原主,谈何容易! 特别是南唐这样一个建立在土著势力基础上的政权,要对自己的支持者进行经济上的剥夺,岂非自拔根基。出发点既已背谬,而施行过程中又复苛酷。令行之日,命有买贫户田地者,立即归还;将全国民户依《周礼》之制造成籍册,又造牛籍,呈报中央;闲旷土地,皆令种植桑树;而百姓之舟车、碓砲乃至于箱箧、镮钏等物悉令清点造册,以备征税。地方官吏乘机高下其手,勒索民财,以饱其私囊。一时之间,举国骚动,民怨沸腾。

李煜书生气十足,虽有爱民之心,强国之志,但却并不真正了解民情、国情。最初,他对潘佑、李平的方案十分欣赏,亟命施行,后来,他发现此举不仅不符合实际,还有引起动乱的危险,又急令停止。潘佑心中不平,上疏指斥朝臣碌碌无为、坐以待毙,又声称李平可当重任,要求委任其主持政务,挽救危局。

潘佑、李平的改革,已经触犯了土著势力的既得利益,引起他们的强烈不满,李煜也认为二人想入非非,无补于事。此时,潘佑又提出由李平执政,立即在朝廷中引起了一场激烈的争吵,群情纷纷,以为朋党再起。陈乔、张洎、徐铉诸人,憎恶潘佑词语讦激、攻诘己过,于是联合起来,共同排挤潘佑。潘佑前后凡七表抗争,自知无可作为,于是请求告病归田。李煜未识其本意,遂命潘佑专修国史,而余职悉罢。潘佑大怒,抱定必死的决心,给李煜上表,声称:

> 三军可夺帅也,匹夫不可夺志也。臣乃者继上表章,凡数万言,词穷理尽,忠邪洞分。陛下力蔽奸邪,曲容谄伪,遂使家国惛惛,如日将暮。古有桀、纣、孙皓者,破国亡家,自己而作,尚为千古所笑。今陛下取则奸回、败乱国家,不及桀、纣、孙皓

远矣！臣终不能与奸臣杂处，事亡国之主。陛下必以臣为罪，则请赐诛戮，以谢中外！①

潘佑此表，不仅语气激切，而且认为南唐衰败，责任应由李煜承担，不由得令李煜恼羞成怒；陈乔、张洎、徐铉诸人乘势挤之，落井下石，李煜遂下令将潘佑、李平下狱。潘佑闻命自杀，李平亦被缢死于狱中。潘佑、李平为人迂阔，不识时务，改革失败，事属必然。但倾诚报国、死非其罪，亦甚可惜。处士刘洞闻其事，作诗吊之，国中人人传诵，为之流涕。

与此同时，判三司廖居素亦以李煜懦弱，一味对宋廷退让，以致国势不可复振，慷慨上表，前后数谏，希望李煜悔悟，而终不见听。廖居素失望之余，写下遗书，曰："吾之死，不忍见国破而主辱也。"遂闭门绝食，服朝衣冠，立于井中而死。国人哀之，称其有屈原、伍子胥的忠节②。

事势至此，南唐已经毫无前途。甲戌岁（974）秋，赵匡胤做好南伐准备以后，派阁门使梁迥至金陵，对李煜说："今岁国家有柴燎之礼，当入助祭。"③实际上是示意李煜献地入朝。李煜唯唯诺诺，没有明确表态。不久，赵匡胤又派中书舍人李穆携诏书出使南唐，劝李煜降宋。诏书中声称："朕于仲冬有事于圆丘，思与卿同阅牺牲。"④李煜此时已准备从命入宋，但陈乔、张洎诸人竭力劝阻。陈

---

① 《全唐文》卷八七六，潘佑《上后主疏》，中华书局1983年版，第9166页。
② （清）吴任臣《十国春秋》卷二十七《南唐十三·廖居素传》，中华书局1983年版，第380页。
③ （宋）马令《马氏南唐书》卷五《后主书》，墨海金壶本，第5页。
④ （宋）马令《马氏南唐书》卷五《后主书》，墨海金壶本，第5页。

乔说："臣与陛下俱受元宗顾命,今往,必见留,其若社稷何! 臣虽死,无以见元宗于九泉矣。"李煜认为其言有理,便称病拒绝入朝,又对李穆说："谨事大国者,盖望全济之恩。今若此,有死而已。"李穆为人忠厚,心知双方实力相差悬殊,势必不敌,因此又劝李煜说："朝与否,国主自处之。然朝廷兵甲精锐,物力雄富,恐不易当其锋也,宜熟计虑,无自贻后悔。"但李煜言已出口,又经陈乔诸人激励,于是决心一战,拒绝了李穆的劝告①。

这一时期中,李煜依靠陈乔、张洎诸人的筹划,也进行了一些必要的战备工作。南唐水寨、战船,布列江岸,形成防线;内地城池,修缮加固;金陵城内,积聚大批粮草,以备坚守;为了解决军费问题,鼓励豪民富商出钱买官。为了阻止北宋南伐,李煜做了最后一次外交努力。他派使臣入贡,献帛二十余万匹、茶二十万斤、钱五百万缗,又厚赂北宋朝臣,使其说项。但是,赵匡胤南伐之意已决。他扣留了南唐使臣,治受赂官员之罪。于是,李煜的最后一线希望也化为泡影。

同年十月,赵匡胤命曹彬为西南路行营马步军战棹都部署,以潘美为都监,曹翰为先锋都指挥使,率兵十万,由江陵出发,攻取南唐。曹翰先行,曹彬、潘美两军继进,水陆并发,直指金陵。

宋师行动迅猛,出兵不久,便由蕲阳(今湖北蕲春)渡过长江,直扑池州。池州守将尚未得到战报,见到宋兵,还以为是例行巡边,于是遣使奉牛酒犒军,旋即发现情况异常,遂弃城逃走。闰十月,宋师统帅曹彬进入城内。

---

① (宋)李焘《续资治通鉴长编》卷十五,太祖开宝七年九月丁卯条,中华书局1995年版,第323—324页。

李煜闻报，下令戒严，废除开宝年号，称甲戌岁，正式与北宋开战。

曹彬攻陷池州以后，乘胜东下，连克铜陵、芜湖、当涂，屯军于采石矶（今安徽马鞍山采石），打造浮桥，接应大军渡江。

北宋在长江打造浮桥，实为旷古未有之事。李煜闻讯，询问张洎。张洎回答说："载籍已来，长江无为梁之事。"李煜心中稍安，说："吾亦以为儿戏耳。"①但是，南唐君臣的想法并不能代替现实。当时，南唐池州人樊若水因举进士不第，心中怀恨。得知北宋将要南伐，预先扮作渔夫，来往于采石矶，测明江面宽度以后，跑到汴梁，向赵匡胤献造浮桥以渡大军之计。赵匡胤依计而行，事先在江陵打造黄黑龙船数千艘，备齐竹絙。及兴师南伐，由曹彬水军顺流运往石牌口（今安徽怀宁西），造成浮桥以后，再移往采石矶。时值初冬，长江水枯，不过三日，浮桥已成。在江北待命的宋军后续兵卒，浩浩荡荡，如履平地一般，杀奔江南。长江沿岸的南唐守军极力拒战，大小凡数十败，终于支持不住。李煜急令镇海军节度使郑彦华率领水军万人、天德军都虞候杜真率领步军万人，开赴战场，以拒宋师。李煜嘱之曰："两军水陆相济"，则"无不捷矣！"②书生之言，不识兵机，未可尽信。但是，南唐军队与宋师遭遇以后，李煜之令并未得到遵行。杜真一马当先，率部死战，郑彦华却停船中流，拥兵不救，致使杜真步军一败涂地。宋师乘胜而进，逼近金陵。

与此同时，吴越亦出兵西向，进攻常、宣、润一带。北宋南伐之前，南唐沿江巡检使卢绛曾向李煜建议出兵攻灭吴越，以绝后患。

---

① 《宋史》卷四七八《世家一·南唐李氏》，中华书局1977年版，第13859页。
② （宋）李焘《续资治通鉴长编》卷十五，太祖开宝七年十一月条，中华书局1995年版，第327页。

他说："吴越,仇雠也。他日必为北朝向导,掎角攻我,当先灭之。"
李煜说："大朝附庸,安敢加兵?"卢绛又献计曰:"臣请诈以宣、歙
州叛,陛下声言讨伐,且乞兵于吴越。兵至拒击,臣蹑而攻之,其
国必亡。"李煜瞻前顾后,不敢采纳他的意见①。北宋南伐,确实需
要借助吴越的兵力。赵匡胤在兴兵之前,对吴越使臣说:"汝归语
元帅,当训练兵甲。江南倔强不朝,我将发师讨之。元帅当助我,
无惑人言,云皮之不存,毛将安傅也。"②当时的吴越,并非没有这
种顾虑。但大势所趋,无如之何。及北宋兴兵,钱俶接受赵匡胤
委任的升州东南面行营招抚制置使之职,出军助战,宰臣沈虎子
谏曰:

> 江南,国之藩蔽,今大王自撤其藩蔽,将何以卫社稷乎?③

　　此言无疑道中要害,既指明了南唐与吴越依为唇齿的形势,也
说出了南唐在整个五代十国时期所起到的作用。但是,钱俶不敢
听从。

　　郑彦华、杜真之败,南唐进退失据;吴越出兵,在常州击破守军,
使形势更加窘迫。为了挽救败局,李煜下令在境内广募兵丁。李昇
时期,曾令境内百姓有产业二千缗以上者,家出一卒,编为义军;百
姓分籍者又出一卒,号为"新拟生军";新置产业者亦出一卒,号为

①　(宋)李焘《续资治通鉴长编》卷十一,太祖开宝三年十二月条,中华书局
　　1995 年版,第 255 页。
②　(宋)李焘《续资治通鉴长编》卷十五,太祖开宝七年八月条,中华书局 1995
　　年版,第 322 页。
③　(清)吴任臣《十国春秋》卷八十七《吴越十一·沈虎子传》,中华书局 1983
　　年版,第 1258 页。

"新拟军";客户有三丁者出一卒,号为"团军",又称"拔山军"。至此,上述人等皆尽编列部伍以御敌。李昪时期,郡县村社竞渡之风甚盛,每岁端午,官府阅试,胜者加以奖励,此时亦以之成队,号"凌波军"。此外,又把民间佣奴赘婿编为"义勇军";募豪民以私财招聚无赖亡命之徒,号"自在军";最后,大括境内除老弱以外,皆募为卒,号为"排门军"。民间又有自发组织御敌者,与后周攻淮南时一样,号称"白甲军"。各种各样的地方武装,前后共有十三等,名号纷杂,人数众多。遗憾的是,这些武装仅可供壮声势而已,实际上并无战斗力可言,往往一触即溃,于事无补。

为了阻止吴越军深入,李煜派人给钱俶送信,阐明利害,企图说服吴越罢兵。信中称:

> 今日无我,明日岂有君?一旦今天子易地赏功,王亦大梁一布衣耳。①

但钱俶不予理睬,把李煜的信函呈送汴梁,继续挥军西进。

当时,南唐朝廷内掌握机务的是陈乔和张洎。二人力主死战,但一介书生,既不能临阵杀敌,又不能筹划守御。实际上掌握军政的是皇甫继勋。皇甫继勋是皇甫晖之子。后周攻淮南,皇甫继勋随父率军拒战,败于滁州。时皇甫晖身负重伤,拼力死战,皇甫继勋见势不妙,竟脱身而逃。皇甫晖大怒,操戈击之,未中。后来,李昪因皇甫晖死于国难,厚待其家属,擢升皇甫继勋为将军。李煜即位以

---

① (清)吴任臣《十国春秋》卷十七《南唐三·后主本纪》,中华书局1983年版,第248页。

后,南唐宿将多已亡故,以其功臣之子,颇加信任,遂拜为大将军。及宋师南伐,即命其主持军政。

皇甫继勋主持金陵防御,保惜富贵,毫无效命之意。居常以降宋为言,向李煜说项。每闻南唐军败绩,即喜形于色,部下有献策破敌或请求出战击敌者,却往往遭其鞭打、囚禁,以致将士激愤、百姓切齿。李煜用这种人掌军,不能不说是极大的失误。

乙亥岁(975)正月,宋师已经越过秦淮河,杀到金陵城下。城外防守的南唐军队,大多撤回城内,登城坚守。按照陈乔、张洎的设想,南唐坚守金陵,旷日持久,宋师疲弊,将不战自溃。因此,虽然宋兵在准备攻城,李煜却并未感到十分紧张。他委派伍乔主持贡举,在金陵城内进行了南唐最后一次科举考试,放进士孙确等三十八人及第。宫廷之中,每天有僧道讲经谈易,李煜与他们高谈阔论,只等宋师自己退走。

二月,宋师攻破金陵阙城;四月,吴越兵攻陷常州,进围润州。

润州是金陵的东大门,一旦失守,后果不堪设想。大臣上言:"京口要害,当得良将守之。"李煜派亲信刘澄为润州节度留后,以拒吴越。临行之际,李煜嘱之曰:"卿本不合离孤,孤亦难与卿别。但此行非卿不可。"君臣挥泪而别。刘澄在李煜即位之前即为属僚,奉侍左右,颇得信任。接受任命以后,用车子把平日积聚的财物尽数运往润州,声称:"此皆国家前后所赐。今国家有难,当散此以图勋业。"李煜闻之,以为刘澄忠贞可嘉,心中颇感宽慰。实际上,宋师南伐,刘澄知南唐必亡,已有降宋之心。此番大言,不过掩人耳目而已[1]。

---

[1] (宋)马令《马氏南唐书》卷二十七《刘澄传》,墨海金壶本,第1页。

　　阙城失守之后,金陵形势日益恶化。皇甫继勋为了掩饰败迹,扣押各地告急文书,又经常借口军务繁忙,拒绝李煜的召见。因此,这时的李煜对战局并不十分清楚。当时,金陵城中守将有才略者寥寥无几,唯宜春人卢绛稍有威望。当宋师兵临秦淮河之际,卢绛依凭水寨,拼力拒战,多次挫败宋兵渡河的企图。但是,卢绛的战功不仅没有得到李煜的赏赐,反而引起了皇甫继勋的忌恨。刘澄出发不久,皇甫继勋又借口润州危急,说服李煜,委派卢绛率军增援。这样一来,金陵城防更加空虚。

　　与北宋开战以后,李煜日夜忧惧。尽管他不甚了解战局细节,但对大体形势尚知一二。宋师渡江已经半年,不仅没有不战自溃,反而愈战愈勇。加之吴越之兵已破常州,万一润州失守,金陵就将成为一座孤城。即使城池坚固,有若金汤,亦必不能持久。这一时期中,李煜仍然时常赋诗填词,可谓不失本色,但其情调,已非豪迈俊逸,而是迷茫孤寂、凄惨满纸了。例如他的《临江仙》一词:

> 樱桃落尽春归去,
> 蝶翻金粉双飞。
> 子规啼月小楼西,
> 画帘珠箔,
> 惆怅卷金泥。
> 门巷寂寥人去后,
> 望残烟草低迷。
> 炉香闲袅凤凰儿,
> 空持罗带,

回首恨依依。①

这首词，许多文献都认为系金陵城破之时，李煜慌急之中所作，故未成篇。但是，词中所咏，乃暮春景象，而金陵城破，则在冬十一月。又据《耆旧续闻》载，作者曾亲见李煜手稿原纸，虽有涂抹，却并非残篇。因此，清人朱彝尊在编纂《词综》时，称其为"全作"。

五月，李煜亲自登城察看形势。见宋师旌旗遍野，垒栅纵横，如梦方醒，又惊又怒。立即召皇甫继勋入宫答话，责其隐瞒军情、流言惑众、御敌不力之罪，下令处死。皇甫继勋方出宫门，聚观军士一拥而上，脔割而食之，顷刻而尽。

六月，卢绛援军到达润州以后，发觉刘澄有降宋之意，急忙退出城外。刘澄召集诸将，对他们说："澄守城数旬，志不负国，事势如此，须作计，诸君谓何如？"众将大哭不止。刘澄又说："澄受恩固深于诸君，且有父母在都下，宁不知忠孝乎？但力不能抗耳。"遂率众开门出降。李煜闻报大惊，下令尽诛其家。当时，刘澄有一女业已许嫁，有司以为当赦，但是，其女自言无颜苟活于世，慨然就戮②。

润州失守，金陵门户洞开。吴越军很快到达金陵城下，与宋师东西合势，围攻金陵。

金陵危在旦夕，李煜与陈乔商议派人突围至南都调兵入援。李煜对卫尉卿陈大雅说："审己（陈大雅字），儒者也，平时尚急人之急，能强为孤一行乎？"陈大雅回答道："陛下十余年来焦心养士，群

---

① 张璋、黄畬编《全唐五代词》卷四，李煜《临江仙》，上海古籍出版社 1986 年版，第 455 页。

② （清）吴任臣《十国春秋》卷三十《南唐十六·刘澄传》，中华书局 1983 年版，第 442 页。

臣不能报称万一,仓卒之际,臣合万死。然愚以为覆水之势,殆于难图,虽承威灵,恐不克办。"李煜又说:

> 孤平生喜耽禅学,世味澹如也。先帝弃代时,冢嫡不天,越升非次,雅非本怀。自割江以来,屈身中朝,常恐获罪,每想脱屣,顾无计耳。今竟烦天讨,孤亦安能惜一日之辱,正以旅拒既久,将不见纳,是以欲起上江征戍,以为声援。

由此言可知,李煜的意思是企图借援兵声势,与北宋讲和。但陈大雅认为,南都守将朱令赟刚愎自用,素无远谋,不足为恃。李煜以为陈大雅故意推托,发怒说:"诸臣平日高谈稷嵩,目前但欲为任蛮奴计,孤亦何所托命也!"陈大雅无奈,遂突围至南都①。

朱令赟是大将军朱匡业从子,椎额鹰目,矫捷善射,军中号为"朱深眼"。闻李煜之命,虽自知势力不敌,仍决计入援。他拼凑了十五万军队,乘大舰、木筏顺流东下,准备截断采石矶浮桥,绝宋师粮运之路,然后上岸,击破围城宋兵。行至湖口,朱令赟突然犹豫起来,与诸将商议说:"今为前进,则北军据我后。上江阻隔,进未破敌,退绝馈饷,奈何?"于是召南都留守柴克贞至军,使其镇守湖口。当时,柴克贞卧病,迁延不行。朱令赟感到孤掌难鸣,遂屯军湖口等待②。

与此同时,李煜派徐铉入宋,献厚礼,以求缓兵。临行之际,李

---

① (清)吴任臣《十国春秋》卷三十《南唐十六·陈大雅传》,中华书局1983年版,第430页。
② (清)吴任臣《十国春秋》卷三十《南唐十六·朱令赟传》,中华书局1983年版,第429页。

煜对徐铉说:"汝既行,即当止上江援兵,勿令东下。"徐铉询问道:"臣此行,未必能排难解纷,城中所恃者援兵耳,奈何止之!"李煜答曰:"方求和好而复召兵,自相矛盾,于汝岂不危乎?"徐铉闻言,大为感动,说:"要以社稷为计,置臣度外耳。"李煜听罢,亦泣下沾巾①。但是,君仁臣忠,固然可嘉,从中我们却不由得对李煜的誓死不降产生了怀疑。

十月初,徐铉到达汴梁,宋太祖召见。徐铉慷慨陈词,声称:"李煜无罪,陛下师出无名。"又说:"李煜以小事大,如子事父,未有过失,奈何见伐?"赵匡胤回答说:"尔谓父子者为两家可乎?"②徐铉语塞,使命失败,只好返回金陵。李煜再次派人入贡,请求缓兵,亦未果。

徐铉求和不成,李煜派人催促朱令赟从速入援。当时,柴克贞尚未到达湖口,朱令赟闻命,神情恍惚。他对陈大雅说:"仆头颅决为家国效一死,与卿俱没,无益也,卿为先事入白,可乎?"陈大雅与朱令赟告别,潜入金陵,与李煜相见,持手而泣曰:"令赟军必无成矣。"③

当时,正值长江枯水季节,朱令赟战船、木筏甚大,行动迟钝。行至皖口(今安徽安庆南),与宋兵遭遇。朱令赟下令纵火焚烧敌船,不料风向突变,反而烧了自己的船队。结果,十五万大军不战自乱,宋兵乘势攻之,南唐全军覆灭,朱令赟被宋兵擒获。

---

① (宋)李焘《续资治通鉴长编》卷十六,太祖开宝八年九月条,中华书局 1995 年版,第 347 页。

② (宋)李焘《续资治通鉴长编》卷十六,太祖开宝八年十月己亥条,中华书局 1995 年版,第 348 页。

③ (清)吴任臣《十国春秋》卷三十《南唐十六·陈大雅传》,中华书局 1983 年版,第 430 页。

朱令赟兵败，外援断绝，金陵形势日益危蹙。宋兵百计攻城，昼夜不休。城中乏粮，米斗万钱，人病足弱，战死者相枕藉。十一月三日，李煜再次派徐铉奉表入宋，请求缓兵。表文中说：

> 臣猥以幽孱，曲承临照，僻在幽远，忠义自持，唯将一心，上结明主。比蒙号召，自取愆尤，王师四临，无往不克。穷途道迫，天实为之，北望天门，心悬魏阙。嗟一城生聚，吾君赤子也；微臣薄躯，吾君外臣也。忍使一朝，便忘覆育，号咷郁咽，盍见舍乎？臣性实愚昧，才无异禀，受皇朝奖与，首冠万方。奈何一日自踵蜀汉不臣之子，同群合类而为囚虏乎？贻责天下，取辱祖先，臣所以不忍也。岂独臣不忍为，亦圣君不忍令臣之为也。况乎名辱身毁，古之人所嫌畏者也；人所嫌畏，臣不敢嫌畏也，惟陛下宽之、赦之。臣又闻鸟兽微物也，依人而犹哀之；君臣大义也，倾忠能无怜乎？倘令臣进退之迹，不至丑恶；宗社之失，不自臣身，是臣生死之愿毕矣！实存没之幸也。岂惟存没之幸也，实举国之受赐也；岂惟举国之受赐也，实天下之鼓舞也！皇天后土，实鉴斯言。①

李煜此表，字字血泪。徐铉见到赵匡胤，哀求说："李煜事大之礼甚恭，徒以被病，未任朝谒，非敢拒诏也，乞缓兵以全一邦之命。"反复数四，声气愈厉。赵匡胤恼怒，按剑言曰："不须多言，江南亦有

---

① 《全唐文》卷一二八，南唐后主李煜《乞缓师表》，中华书局1983年版，第1284页。

何罪,但天下一家,卧榻之侧,岂容他人鼾睡乎!"下令将徐铉送回金陵①。

月中,宋师统帅曹彬派人对李煜说:"此月二十七日,城必破矣,宜早为之所。"李煜虽知城必不保,但又以为金陵城墙坚固,岂有计日而破之理。为了迁延时日,李煜与曹彬约定,先派其子李仲寓入朝。曹彬派人催促,李煜推托道:"仲寓趣装未办,宫中宴饯未毕,二十七日乃可出也。"曹彬旋又派人对李煜说:"若二十六日出,亦无及矣。"李煜不从②。

二十七日(乙未),白虹贯日,昼晦。是日午夜,宋师攻陷金陵,南唐灭亡。

当宋师南下之前,李煜曾对大臣说:

> 他日王师见讨,孤当擐戎服,亲督士卒,背城一战,以存社稷;如其不获,乃聚室自焚,终不作他国之鬼。③

及徐铉使归,李煜知国将亡,积薪宫中,以备自焚。但是,当宋师破城之后,李煜日见消减的壮心也随之最后崩溃。曹彬入城以后,整军列于宫门,李煜奉表纳降,与殷崇义、张洎以下四十五人肉袒拜于军前。曹彬戎装受之,为其尽礼,又选精兵千人,守卫宫城,诫军兵不得擅入。

---

① (宋)李焘《续资治通鉴长编》卷十六,太祖开宝八年十一月辛未条,中华书局1995年版,第350页。
② (宋)李焘《续资治通鉴长编》卷十六,太祖开宝八年十一月条,中华书局1995年版,第351页。
③ (宋)龙衮《江南野史》卷三《后主》,豫章丛书本,第5页。

城陷之前,李煜曾命保仪黄氏在城陷时把宫中所藏书画珍品尽行焚毁,又与宫中净德尼院女尼相约:"如有不虞,宫中举火为应,吾与汝辈俱焚死。"①及城陷,黄氏举火焚书。净德院遥望烟焰冲天,遂燃薪赴火,八十余人,无一脱者。

城陷之时,百官诸将多送款迎降,唯独将军呙彦与马承信、马承俊兄弟率壮士数百人巷战,力屈殉国。

集贤殿学士钟蒨闻城陷,朝服坐于家中。宋兵及门,不降,举族被杀。

大理评事廖澄与校书郎林特相善,金陵危急,林特劝其降宋。廖澄拒绝说:"吾久仕唐,君臣之义,不可废也。"②及城陷,从容更衣,服毒自尽。

陈大雅闻城陷,欲投井自尽,但衣襟被井栏挂住,宋兵将其救出。入宋,忧愤而卒。

陈乔在城陷之际,入宫见李煜,说:"自古无不亡之国,降亦无由得全,徒取辱耳。臣请背城一战而死。"意欲与李煜一同殉国而口不忍言。李煜执其手而泣下,不能从。陈乔又说:"如此,则不如诛臣,归臣以逆命之罪。"③李煜说:"运数已尽,卿死无益也。"陈乔答道:"陛下纵不杀臣,臣亦何面目见国人乎。"④掣手而出,遂入政事堂自

① (清)吴任臣《十国春秋》卷三十三《南唐十九·小长老传》,中华书局1983年版,第472页。
② (清)吴任臣《十国春秋》卷三十三《南唐十九·廖澄传》,中华书局1983年版,第391页。
③ (清)吴任臣《十国春秋》卷二十七《南唐十三·陈乔传》,中华书局1983年版,第390页。
④ (宋)李焘《续资治通鉴长编》卷十六,太祖开宝八年十一月条,中华书局1995年版,第352页。

缢而死。

当金陵危急之际，袁、汀守将张雄召诸子聚会，对他们说："吾必死国难，尔辈不从吾死，非忠孝也。"①诸子泣涕受命。张雄乃率兵东下，以救金陵。行至溧阳，猝遇宋兵。张雄力战，父子八人，皆死于国难。

李煜降后，曹彬令其以手书谕境内郡县归降。书至江州，指挥使胡则见刺史谢彦宾有降意，愤怒不已，对部下说："吾属世受李氏恩，安可负之！且都城久受围，此书真伪不可辨。刺史不忠，欲污吾州，尔辈能从我死忠义乎？"②诸人皆诺，遂率部攻杀谢彦宾，坚壁死守。宋兵屡攻不下。后来，胡则病重，宋兵破城，部下雪涕巷战，誓死不降。宋将曹翰发怒，擒住胡则，置于木驴之上，将磔之，而胡则已死，遂腰斩其尸。曹翰又下令堕毁其城，百姓死者万余人，江流阻滞，井坎亦满。

当金陵城破之际，曹彬与诸将焚香盟，约定："不妄杀一人。"③及宋兵及吴越兵入城，百姓死难者甚众。城内有升元寺，高阁十丈，士大夫及豪民富商妇女避难于其上者有数百人。吴越兵举火焚寺，阁上哭声动天，无一幸免。

南唐亡后，大臣多数降宋。光政院副使张洎曾与陈乔相约以死报国。及金陵城陷，张洎携带家眷，避入宫中，对李煜说："臣与乔共掌枢务，今国亡当俱死。又念陛下入朝，谁与陛下辨明此事，所以不

---

① （清）吴任臣《十国春秋》卷二十七《南唐十三·张雄传》，中华书局 1983 年版，第 391 页。

② （清）吴任臣《十国春秋》卷二十七《南唐十三·胡则传》，中华书局 1983 年版，第 392 页。

③ （宋）李焘《续资治通鉴长编》卷十六，太祖开宝八年十一月条，中华书局 1995 年版，第 352 页。

死者,将有待也。"①张洎后来位至执政,在南唐降臣之中,最为贵盛。

当金陵烟焰四起之际,曹彬于军营之中大排筵宴,饮酒庆功,命南唐乐工数人奏乐助兴。乐工悲恸欲绝,奏不成曲。曹彬大怒,下令将他们全部杀死,聚埋于城内。后人闻而哀之,名其坟曰"乐官山",又作诗悼之曰:

> 城破辕门宴赏频,
> 伶伦执乐泪沾巾。
> 骈头就死缘家国,
> 愧杀南归结绶人。②

① (宋)李焘《续资治通鉴长编》卷十六,太祖开宝八年十一月条,中华书局1995年版,第352页。
② (明)李日华《紫桃轩杂缀》卷四,国学珍本文库本,第111—112页。

第十六章 "小楼昨夜又东风"

　　李煜并不是一个贪生怕死的人物。但是,尽管他治国有守文之美,处事有明断之称,甚至在他的笔锋之下,还隐含着一股大丈夫的遒劲风骨、慷慨英气,他却只是一个凡夫俗子而已。一旦命运剥夺了他的地位与权势,使他由南唐皇帝沦为宋朝的阶下之囚,以低于平常人的地位来面对这冷酷无情的世界,他便变得一无所有,仿佛暗夜中的过客,彷徨于荒野之中,徘徊于歧路之上,无所适从。而命运不曾夺去的艺术才华,只能用来抒发他满腹的悲伤和忧惧,从而更增加他的不幸。

　　当宋师南下之际,李煜与群臣信誓旦旦,声言"孤当躬擐戎服,亲督士卒,背城一战,以存社稷;如其不获,乃聚室自焚,终不作他国之鬼"的时候,作为一个君主,他说的是肺腑之言;当金陵危在旦夕,李煜积薪于宫中,与女尼相约举火为应,自焚殉国的时候,作为一个家长,他的行为也并非出于欺诈。但是,随着宋师的步步进逼,李煜的豪壮之气便渐渐消散。当陈乔入宫诀别,李煜与他执手流涕,对他说"运数已尽,卿死无益也"的时候,李煜实际上已经成为一个平常人,与其说他是在劝阻陈乔,莫不如说他是在为自己辩解。因此,他终于拒绝了陈乔为他指出的死路。赵匡胤在听到李煜准备背城一战、以死殉国的话以后,曾经嘲笑说:"此措大儿语耳,徒有其口,必无其志。渠能如此,孙皓、叔宝不为降虏矣!"①这番嘲笑,正是基于对常人之性的认识。遗憾的是,李煜竟不幸而被赵匡胤言中;更为遗憾的是,尽管在当时的情况之下选择生路实际上要具备比一死了之更大的勇气,但在世人的眼中,李煜已经成了一个懦夫,而他曾经有过的勇气和豪气,也就被永远抹杀了。

李煜出宫纳降,曹彬对他说:"归朝俸禄有限,费用日广,当厚自赍装,一归有司之籍,即无及矣。"②又安慰了他一番,命其回宫收拾行装。当时,宋将梁迥、田钦祚恐李煜自尽,对曹彬说:"苟有不虞,咎将谁执?"曹彬笑道:"煜素无断,今已降,必不能自引决,可亡虑也。"③

李煜回宫以后,简单地收拾了一番,把宫中蓄积的财物,大多分赐近臣。内史学士张佖得黄金二百两,不肯接受,献与曹彬,请求通报朝廷。曹彬恶其邀名,把黄金输入官库,没有理睬他的要求。

几天以后,李煜率族人及百官冒雨登舟,在宋兵押送下,前往汴梁。李煜后来回忆当时的情景时,写了一首《破阵子》:

> 四十年来家国,
> 三千里地山河。
> 凤阁龙楼连霄汉,
> 玉树琼枝作烟萝,
> 几曾识干戈?

---

① (宋)龙衮《江南野史》卷三《后主》,豫章丛书本,第 5 页。
② (清)吴任臣《十国春秋》卷十七《南唐三·后主本纪》,中华书局 1983 年版,第 252 页。
③ (宋)李焘《续资治通鉴长编》卷十六,太祖开宝八年十一月乙未条,中华书局 1995 年版,第 353 页。

一旦归为臣虏，

沈腰潘鬓消磨。

最是仓皇辞庙日，

教坊犹奏别离歌，

垂泪对宫娥。①

李煜此词曾引起许多评论家的非议，认为李煜亡国，当恸哭于九庙之外，谢其民而后行，何以竟挥泪对宫娥，听教坊离曲？实际上，此词既为李煜追忆当时的情景而作，其中自然有词人的艺术修饰，并非照实直书。当金陵城陷，乐工、宫女流离四散，李煜与家人百官冒雨登舟、仓皇辞庙之时，岂有乐工奏曲、宫女相伴，而李煜又何以有心绪弄笔填词。

船至汴口，李煜欲登礼普光寺，旧臣犹欲谏止。李煜大怒道："吾自少被汝辈禁制，都不自由。今日家国俱亡，尚如此耶！"②于是登临礼拜，叹息久之。此外，又散施许多衣物钱帛。由此看来，南唐的灭亡，似乎倒使李煜真正感到了某种解脱与自由自在。

开宝九年(976)正月，李煜一行到达汴梁。赵匡胤命李煜白衣纱帽，于明德楼下待罪。献俘仪式结束以后，除李煜为光禄大夫、检校太傅、右千牛卫上将军，封违命侯。赵匡胤下诏称：

孙皓降晋、叔宝入隋，咸膺列爵之封，悉赦后时之罪。兹惟故事，可举而行。李煜承累世之遗基，据六朝之故地，朕奄有天

---

① 张璋、黄畲编《全唐五代词》卷四，李煜《破阵子》，上海古籍出版社1986年版，第487页。

② (宋)龙衮《江南野史》卷三《后主》，豫章丛书本，第5页。

下,底定域中,苞茅虽贡于王庭,辑瑞不趣于朝会。洎偏师问
罪、锐旅傅城,犹冀怀来,颇闻固拒。尔自贻于悔吝,余岂忘于
哀矜。是用尽涤瑕疵,并推恩渥,升帝傅之秩、列环卫之班,兼
启侯封,式隆宠数,勉膺休命,宜保令图。①

从这时起,已经进入不惑之年的李煜,在汴梁开始了他的俘虏
生涯。

这一时期中,李煜的生活并不像某些文献所描绘的那样凄惨。
赵匡胤在世的时候,对李煜似乎还相当关照。闲暇之时、曲宴之间,
新君旧主往往心平气和地讨论诗文。尽管"违命侯"这一封号有嘲
弄的意味;尽管赵匡胤认为:"李煜若以作诗工夫治国事,岂为吾擒
也。"②但对于李煜的才学,却不无钦佩之意。一日,赵匡胤问李煜:
"闻卿在国中好作诗",可否举其得意之作? 李煜沉吟良久,诵其
《咏扇》诗一联:"揖让月在手,动摇风满怀。"赵匡胤说:"满怀之风,
却有多少?"大概认为此诗虽极工巧,却未免流于雕虫。不过,赵匡
胤还是对近臣称赞说:"好一个翰林学士!"③

这一年的十月,赵匡胤突然死去,其弟赵光义即位,是为太宗。
赵光义对李煜恩礼有加,违命侯的封号被撤销,改为陇西郡公。李
煜曾向赵光义诉其贫穷,赵光义于其月俸之外,又赐钱三百万。尽
管李煜仍旧处于软禁之中,但居处似乎颇有几位乐工来往。因此,

---

① (宋)佚名《宋大诏令集》卷二二七《李煜除官制》,中华书局1962年版,第
878页。

② (清)王士禛辑,郑方坤删补《五代诗话》卷一《李后主》,粤雅堂丛书本,第
14页。

③ (宋)叶梦得《石林燕语》卷四,稗海本,第14页。

汴梁的生活虽不似金陵的豪华,但也绝不能算是穷困。

不过,汴梁与金陵相比,毕竟气象不同。对于一个由皇帝变为俘虏的人,尤其是对于李煜这样一个多愁善感的人来说,其中滋味,恐怕是一般人难以料想的。当亡国之际的惊慌失措随着岁月的流逝逐渐平静下来之后,那种摆脱庶事、自由自在的心境也日益被无可奈何的感慨所代替。因为李煜毕竟做惯了帝王,尽管帝王身份曾经给他带来了种种禁制和烦恼,但却绝非毫无可恋之处。权势会腐蚀人的灵魂,让人在不知不觉之中对它的神奇产生迷信和依赖。这一点,李煜自然也不例外。更何况伴随着那种随心所欲的生活之外,还有玉砌雕栏的楼台宫殿、婀娜多姿的嫔妃宫娥以及旖旎秀美的江南风光。

此时的李煜已经是病魔缠身,神情恍惚。他生活在过去之中,而他自己的一切已经随着过去的消失而消失,唯有他的艺术,在对过去的追忆中升华、光大,照亮了他的残生,包容了他的整个世界。

春风拂槛,陌上花开:

> 多少恨,
> 昨夜梦魂中。
> 还似旧时游上苑,
> 车如流水马如龙,
> 花月正春风。
> 多少泪,
> 断脸复横颐。
> 心事莫将和泪说,
> 凤笙休向泪时吹,

肠断更无疑。

夏雨突降,遍地残红:

林花谢了春红,
太匆匆。
无奈朝来寒雨,晚来风。
燕脂泪,
留人醉,
几时重。
自是人生长恨,水长东。

秋声萧萧,万木凋零:

往事只堪哀,
对景难排。
秋风庭院藓侵阶。
一任珠帘闲不卷,
终日谁来?
金琐已沈埋,
壮气蒿莱。
晚凉天净月华开。
想得玉楼瑶殿影,
空照秦淮。

冬气深沉,东风乍起:

春花秋叶何时了，
往事知多少。
小楼昨夜又东风，
故国不堪回首月明中。
雕阑玉砌依然在，
只是朱颜改。
问君能有许多愁，
恰似一江春水向东流。

在这些词句中，我们能够读到南北风光、四时景物，但是，我们真正领会到的，却只有被泪水浸透了的梦境。

李煜的最后一首词是《浪淘沙令》：

帘外雨潺潺，
春意阑珊。
罗衾不耐五更寒。
梦里不知身是客，
一饷贪欢。
独自莫凭阑，
无限江山，
别时容易见时难。
流水落花春去也，
天上人间。①

---

① 均见张璋、黄畲编《全唐五代词》，上海古籍出版社1986年版。

这首词大概就写于太平兴国三年（978）夏。其中凄凉哀怨之言，堪作李煜俘虏生涯的总结。而一句"无限江山，别时容易见时难"，也道出了他一生的悲剧。词中无一愁字，无一泪字，却处处有愁，笔笔皆泪，令人惆怅，催人泪下。此词预示着李煜人生旅途的终了，也标志着李煜的艺术生命臻于极致。

这一年的七月八日（辛卯），李煜死于汴梁幽所，年四十二。赵光义诏废朝三日，赠太师，追封吴王，葬于洛阳北邙山。徐铉受命撰墓志铭，其文曰：

> 盛德百世，善继者所以主其祀；圣人无外，善守者不能固其存。盖运历之所推，亦古今之一贯。其有享蕃锡之宠，保克终之美，殊恩饰壤、懿范流光，传之金石，斯不诬矣。王讳煜，字重光，陇西人也。昔庭坚赞九德，伯阳恢至道，皇天眷祐，锡祚于唐，祖文宗武，世有显德。载祀三百，龟玉沦胥，宗子维城，蕃衍万国，江淮之地，独奉长安。故我显祖，用膺推戴，淳耀之烈，载光旧吴，二世承基，克广其业。皇宋将启，玄贶冥符；有周开先，太祖历试。威德所及，寰宇将同，故我旧邦，祗畏天命，贬大号以禀朔，献地图而请吏。故得义动元后，风行域中，恩礼有加，绥怀不世。鲁用天王之礼，自越常钧；鄅存纪侯之国，曾何足贵。王以世嫡嗣服，以古道驭民，钦若彝伦，率循先志，奉蒸尝恭色养，必以孝，宾大臣，事耆老必以礼，居处服御必以节，言动施舍必以时。至于荷全济之恩，谨藩国之度，勤修九贡，府无虚月；祗奉百役，知无不为。十五年间，天眷弥渥。然而果于自信，怠于周防，西邻起衅，南箕构祸，投杼致慈亲之惑，乞火无里妇之辞，始劳因垒之师，终后涂山之会。太祖至仁之举，大赉为

怀,录勤王之前效,恢焚谤之广度,位以上将,爵为通侯,待遇如初,宠锡斯厚。今上宣猷大麓,敷惠万方,每侍论思,常存开释。及飞天在运,丽泽推恩,擢进上公之封,仍加掌武之秩,侍从亲礼,勉谕优容,方将度越等彝,登崇名数。呜呼!阅川无舍,景命不融。太平兴国三年秋七月八日,构疾薨于京师里之第,享年四十有二。皇上抚几兴悼,投瓜轸悲,痛生之不逮,俾殁而加饰,特诏辍朝三日,赠太师,追封吴王。命中使莅葬,凡丧祭所须,皆从官给。即其年冬十月日葬于河南府某县某乡某里,礼也。夫人郑国夫人周氏,勋旧之族,是生邦媛。肃雍之美,流咏国风,才实女师,言成闺则。子左千牛大将军某,襟神俊茂,识度淹通,孝悌自表于天资,才略靡由于师训,日出之学,未易可量。惟王天骨秀异,神气清粹,言动有则,容止可观,精究六经,旁综百氏,常以为周孔之道,不可暂离,经国化民,发号施令,造次于是,始终不渝。酷好文辞,多所述作,一游一豫,必以颂宣;载笑载言,不忘经义。洞晓音律,精别雅郑,穷先王制作之意,审风俗淳薄之原,为文论之,以续《乐记》。所著《文集》三十卷,《杂说》百篇,味其文,知其道矣。至于弧矢之善、笔札之工,天纵多能,必造精绝。本以恻隐之性,仍好竺乾之教,草木不杀,禽鱼咸遂,赏人之善,常若不及;掩人之过,惟恐其闻,以至法不胜奸、威不克爱。以厌兵之俗,当用武之世,孔明罕应变之略,不成近功;偃王躬仁义之行,终于亡国。道有所在,复何愧欤!呜呼哀哉!二室南峙,三川东注,瞻上阳之宫阙,望北邙之灵树,旁寂寂兮迥野,下冥冥兮长暮。寄不朽于金石,庶有传于竹素。①

---

① (宋)徐铉《徐公文集》卷二十九《大宋左千牛卫上将军追封吴王陇西公墓志铭》,四部丛刊本,第 197—198 页。

小周后于金陵陷没之后,随李煜入汴梁。李煜死后,小周后悲不自胜,不久身亡。

李煜二子,长子李仲寓、次子李仲宣,皆昭惠后所生。李仲宣早夭。李仲寓封清源郡公。入宋,授千牛卫大将军,历郓州刺史。李仲寓博学多才,为人慈孝,治郡以宽简称。淳化五年(994)卒,年三十七。李仲寓子李正言,亦以好学闻,可惜幼年亡故,李煜之后遂绝。其余李氏旁枝余脉,年久衰微,已不可考。

李煜之死,是南唐史中最后的一个谜。他的死因,正史均作病故,而野史则多作被毒。野史传闻,大抵来自《默记》。其说云:

> 徐铉归朝,为左散骑常侍,迁给事中。太宗一日问:曾见李煜否?铉对以:臣安敢私见之!上曰:卿第往,但言朕令卿往相见可矣。铉遂径往其居,望门下马,但一老卒守门。徐言:愿见太尉。卒言:有旨不得与人接,岂可见也!铉云:我乃奉旨来见。老卒往报,徐入立庭下久之。老卒遂入取旧椅子相对。铉遥望见,谓卒曰:但正衙一椅足矣。顷间,李主纱帽道服而出。铉方拜,而李主遽下阶引其手以上。铉告辞宾主之礼,主曰:今日岂有此礼?徐引椅少偏乃敢坐。后主相持大哭,乃坐默不言。忽长吁叹曰:当时悔杀了潘佑、李平!铉既去,乃有旨再对,询后主何言。铉不敢隐。遂有秦王赐牵机药之事。[廷前](牵机药者,服之)前却数十回,头足相就如牵机状也。又后主在赐第,因七夕命故妓作乐,声闻于外,太宗闻之大怒。又传小楼昨夜又东风及一江春水向东流之句,并坐之,遂被祸云。①

———————————
① (宋)王铚《默记》卷上,学海类编本,第78册,第5—6页。

此说一出,后人纷纷转引,一时之间,似成定论。恰巧吴越王钱俶纳土之后,亦以生辰之日毙命。两件事情联系起来,更增加了人们的怀疑,于是南汉后主之死也被认为与赵光义有关。

从当时的情况来看,似乎正史的记载较为可靠:

其一,赵匡胤、赵光义兄弟对李煜及诸降王还是比较宽容的。文献载:有人曾劝赵匡胤尽诛降王,以防久而生变。赵匡胤笑道:"守千里之国,战十万之师,而为我擒,孤身远客,能为变乎?"①及赵光义即位,也未见明显地迫害诸降王。

其二,李煜患病,史籍多有记载。南唐末年,李煜的身体已经日见衰弱,他写的许多吟咏病情的诗词,可以为证。入宋以后,俘虏生活的屈辱抑郁,更加损害他的健康。《马氏南唐书》、《江南野史》还载有李煜临终,赵光义遣中使探病的情况。

其三,野史所载,多有谬误:

首先,李煜的死期,一般都认为是七夕。如《九国志》、《陆氏南唐书》均做如此记载,但同时又说这一天是辛卯。而徐铉墓志中则说是七月八日。检《二十史朔闰表》,辛卯正是七月八日,而非七夕。《十国春秋》曾指出墓志所载时日与《陆氏南唐书》的不同,但仍采用陆氏之说,确认辛卯为七夕。《十国春秋》号称精博,不知何以出现这样的疏忽。此外,据《容斋三笔》载,宋初习俗,以六日为七夕,至太平兴国三年,方下诏"复用七日"。如此,则秦王赐药,当在六日。牵机药剧毒,恐李煜不可能延至八日方才毙命。

其次,李煜词中固然有许多故国之思,但吴越王钱俶纳土之后,曾献诗云"金凤欲飞遭掣搦",其中深意,又何止故国之思。但不仅

---

① （宋）陈师道《后山谈丛》卷二,宝颜堂秘笈本,续集第二,第4页。

没有受到猜疑,反而为赵匡胤所称道。李煜之词,恐怕也不至于遭到如此的痛恨。

复次,李煜与钱俶都曾多次参加宴会。钱俶还曾多次被赵光义赐宴。如果必欲杀之,似乎没有必要一定等到生日下手。

复次,这里还牵扯到小周后入宋以后的遭遇。《江南野史》载:小周后入宋,封郑国夫人,经常随命妇入宫。每去一次,则数日方出,出则"大泣骂",李煜多宛转避之。《宋人轶事汇编》又载:宋人曾绘《熙陵幸小周后图》。画面之中,赵光义戴幞头,面色黔而体肥。小周后肢体纤弱,数宫人抱持之,"作蹙额不胜之状"。其上又有元人冯海粟学士所题诗:"江南剩有李花开,也被君王强折来;怪底金风吹地起,御园红紫满龙堆。"①《见只编》又说,此图乃元人所绘,作者曾亲见其摹本,画面之上,小周后戴花冠,两足红袜,仅至半胫,裸身凭五侍女,两人承腋,两人承股,一人拥臂后,身在空际,赵光义立于其后,小周后闭目转头,以手拒赵光义颊。实际上,这幅画只是后人的附会之作。小周后即使经常入宫,又留宿数日,因为是降王之妇的缘故,也许要受些委屈,但未必就是逼幸。《紫桃轩又缀》载:李煜宫人有名为花蕊夫人者,得幸于太祖赵匡胤。赵光义恶之。一日,乘酒宴之机,弯弓射杀之。似乎赵光义很生气赵匡胤的行为,才会有此举动。因此,入宫逼幸之事并非实有其据。

大体说来,关于李煜的死因,当以相信正史记载为宜。但是,正史未必完全属实,野史亦未必纯系捏造。李煜被毒而死的传说之所以广为流传,其原因亦不可忽视:

其一,太宗赵光义在人们的心目中,是一个相当阴险的人物。

---

① 丁传靖辑《宋人轶事汇编》卷一《太宗》,商务印书馆 1935 年版,第 14 页。

赵匡胤之死是宋史中一大疑案。尽管我们不必对赵匡胤丧生于"烛光斧影"之中抑或死于正常的疾病进行深究，但赵匡胤死后，其弟赵光义取代他的嫡子继承了皇位这件事本身就不大合乎常情。即使官修史书为赵光义嗣位找了许多冠冕堂皇的借口，我们还是有理由相信，赵光义得以嗣位，采用了一些特殊的手段，而人们对他的憎恶，也就合乎情理了。

其二，宋初诸降王的生活确实充满了忧惧的气氛。尽管胜利者对俘虏十分宽大，但俘虏毕竟是俘虏，诸降王的安危毕竟要仰仗赵氏兄弟的喜怒。历代杀害废君降王的事例并不少见。即使诸降王老病不堪、日薄西山，也并不能使他们的主宰完全放心。《十国春秋》载：赵匡胤幸讲武池，刘鋹先至，赐以卮酒。刘鋹疑其有毒，泣曰："臣承祖父基业，违拒朝廷，劳王师致讨，罪固当诛。陛下既待臣以不死，愿为大梁布衣，观太平之盛。"又载：一日，内臣赵海至钱俶宅，赠以丸药百粒。钱俶当面把药丸吃尽。赵海走后，家人皆泣，以为送的是毒药。虽然赵匡胤后来自己喝了赐给刘鋹的酒，把赵海发配到边远州郡，以解二王疑心，但疑心既存，自然不会完全是杯弓蛇影。赵匡胤不肯采纳尽诛降王之言，自是他的大度，但闻其风者做何感想，则是另一个问题。至于李煜，虽然颇受优待，但禁锢之严，从《默记》的记载中已经可知一二。即使小周后不曾入宫伴宿，李煜的生活已经是凄苦不堪。他曾经寄书旧宫人，云："此中日夕，只以眼泪洗面。"这种生活，恐怕也不会都是多愁善感。《东轩笔录》载：李煜卒，赵光义诏近臣撰碑铭，当时，有与徐铉争名者，欲借此以中伤之，于是奏曰："知吴王事迹莫若徐铉。"赵光义即命徐铉撰之。徐铉泣而奏曰："臣旧事李煜，陛下容臣存故主之义，乃敢奉诏。"由此可知，当时降臣的日子也不好过，而徐铉所撰铭文，对李煜入宋后的生活情况,亦不能不有所隐晦,以免遭祸。

其三,江南百姓,世受李氏厚恩。宋师围城一载,城中死者相枕藉,而人无叛心。及李煜凶问至江南,百姓为之巷哭设斋而祭之,可见他们对旧主的怀念。那位向宋师献计架浮桥渡江的樊若水,被当地人掘了祖坟,祖先的尸骨被扔进了长江,可见百姓对他的叛卖行为恨入骨髓。在这种情况之下,人们自然会对李煜的遭遇充满同情,对他的死因产生怀疑。牵机药之说,正是扎根于这样的土壤之中,不胫而走,广为流传。

最后,让我们引用王夫之的一段议论作为本书的结束:

> 唐亡以来,天下之无君久矣。朱温,贼也;李存勖、石敬瑭,沙陀之部夷也;刘知远、郭威,乘人之燼,乍踞其位,犹萤之耀于夜也。剖方州而称帝,仅得其十之二三,特以汴、洛之墟为唐故宫之址,乘虚袭处,而无识者遂题之以正统。如是而欲雄桀足恃者纳土称臣,以戴为共主,天其许之而人其顺之乎?故徐温、孟知祥、刘岩之与朱、李、石、刘相为等夷,而非贼非夷,较犹愈焉。则其后嗣之守土不臣,势穷而后纳款,固君子所矜,而弗容苛责者也。[①]

---

① (清)王夫之撰,舒士彦点校《宋论》卷一,中华书局 1964 年版,第 11—12 页。

南唐大事年表

公元 888 年（唐光启四年、文德元年）李昪一岁

李昪生于海州,幼孤遭乱,流落于淮南。

公元 895 年（唐乾宁二年）李昪八岁

杨行密克濠州,掳李昪归,寻授与徐温为养子,名曰知诰。

公元 905 年（唐天祐二年）李昪十八岁

杨行密卒,子杨渥嗣。张颢、徐温控制吴政。

公元 908 年（吴天祐五年、后梁开平二年）李昪二十一岁

张颢、徐温杀死杨渥,另立其弟杨隆演。不久,徐温杀死张颢,独擅吴政。

公元 909 年（吴天祐六年、后梁开平三年）李昪二十二岁

李昪自元从指挥使迁升州防遏使、兼楼船军使。

公元 910 年（吴天祐七年、后梁开平四年）李昪二十三岁

李昪迁升州副使、知州事。

公元 912 年（吴天祐九年、后梁乾化二年）李昪二十五岁

李遇据宣州叛,徐温命李昪副柴再用攻灭之,以功擢升州刺史。

公元 915 年（吴天祐十二年、后梁贞明元年）李昪二十八岁

徐温出镇润州,以其长子徐知训为淮南行军副使、内外马

步诸军副使,居扬州辅政。

公元 916 年(吴天祐十三年、后梁贞明二年)李昪二十九岁、李璟一岁

李璟生。

公元 917 年(吴天祐十四年、后梁贞明三年)李昪三十岁、李璟二岁

徐温徙镇升州,迁李昪为检校太保、润州团练使。

公元 918 年(吴天祐十五年、后梁贞明四年)李昪三十一岁、李璟三岁

朱瑾兵变,杀死徐知训。李昪率润州兵渡江入扬州定乱,
遂代徐知训为淮南节度行军副使,居扬州辅政。

公元 919 年(吴武义元年、后梁贞明五年)李昪三十二岁、李璟四岁

徐温奉杨隆演称吴王,以李昪为左仆射、参知政事。

公元 920 年(吴武义二年、后梁贞明六年)李昪三十三岁、李璟五岁

杨隆演卒。徐温奉其弟杨溥嗣吴王位。

公元 921 年(吴顺义元年、后梁龙德元年)李昪三十四岁、李璟六岁

李昪加同平章事。

公元 925 年(吴顺义五年、后唐同光三年)李昪三十八岁、李璟十岁

李璟官驾部郎中,累迁诸卫将军。

公元 927 年(吴乾贞元年、后唐天成二年)李昪四十岁、李璟十二岁

徐温命次子徐知询奉表至扬州劝杨溥称帝,并代李昪辅
政。事未行,徐温卒,徐知询逃归升州。李昪奉杨溥称帝,
拜都督中外诸军事、封浔阳公。

公元 929 年(吴大和元年、后唐天成四年)李昪四十二岁、李璟十四岁

李昪诱使徐知询入朝,悉夺其兵。李昪兼中书令、领宁国
军节度使,始专吴政。

公元 930 年(吴大和二年、后唐长兴元年)李昪四十三岁、李璟十五岁

李璟拜兵部尚书、参政事。

公元 931 年(吴大和三年、后唐长兴二年)李昪四十四岁、李璟十六岁

李昪出镇升州,李璟拜司徒、同平章事、知中外左右诸军事,留扬州辅政。

公元 932 年(吴大和四年、后唐长兴三年)李昪四十五岁、李璟十七岁

李昪扩建升州城。

公元 933 年(吴大和五年、后唐长兴四年)李昪四十六岁、李璟十八岁

李昪营建宫城于升州。

公元 934 年(吴大和六年、后唐应顺元年、清泰元年)李昪四十七岁、李璟十九岁

周宗讽李昪受禅,宋齐丘止之。杨溥降封为历阳公,幽于和州。李昪召宋齐丘回升州闲居,召李璟还升州,以次子李景迁代李璟居扬州辅政。

公元 935 年(吴天祚元年、后唐清泰二年)李昪四十八岁、李璟二十岁

李昪加尚父、太师、大丞相、天下兵马大元帅,进封齐王,备殊礼,以升、润、宣、池、歙、常、江、饶、信、海十州为齐国。李昪辞尚父、丞相、殊礼不受。

公元 936 年(吴天祚二年、后唐清泰三年、后晋天福元年)李昪四十九岁、李璟二十一岁

李昪建大元帅府,置百官。李景迁病,李景遂代其辅吴政。

公元 937 年(吴天祚三年、齐国升元元年、后晋天福二年、吴越天福二年、后蜀明德四年、闽通文二年、南汉大有十年、南平天福二年、楚天福二年、契丹天显十二年)李昪五十岁、李璟二十二岁、李煜一岁

李煜生。李昪改名徐诰。建齐国,改升州为江宁府(金陵),立李璟为王太子,李璟固辞不受。李景迁病卒。历阳公杨溥被杀。李德诚率百官诣金陵劝进。吴睿帝杨溥命

江夏王杨璘献玺绶于金陵,禅位李昪。李昪即皇帝位,国号大齐,建元升元,以金陵为都,以扬州为东都。李璟改今名,拜诸道副元帅、判六军诸卫事、太尉、尚书令、封吴王。以李景遂为东都留守。是年,诸国遣使劝进,及李昪即位,遣使至诸国通报,吴越遣使来贺。李昪遣使泛海通好于契丹,契丹主耶律德光遣使报聘。

公元 938 年(齐国升元二年、后晋天福三年、南平天福三年、闽通文三年、南汉大有十一年、契丹会同元年)李昪五十一岁、李璟二十三岁、李煜二岁

徙杨溥于润州丹杨宫。旋杀之。立太学,命删定礼乐。南平、闽、南汉来贺即位。高丽使正朝广评侍郎柳勋律来贡方物。新罗遣使朝贡。契丹使梅里捺卢古来聘。契丹主之弟东丹王来聘。

公元 939 年(南唐升元三年、后晋天福四年、后蜀广政二年、吴越天福四年、契丹会同二年)李昪五十二岁、李璟二十四岁、李煜三岁

李昪复姓李氏,更今名,改国号为大唐。徙杨氏宗族于泰州永宁宫。诏立李璟为太子,李璟固辞。命有司作《升元格》。契丹遣使来聘,以兄礼事南唐。后蜀遣使来贺即位。吴越、南平遣使来贺南郊。高丽又遣柳勋律来贡方物。

公元 940 年(南唐升元四年后晋天福五年、南汉大有十三年、闽永隆二年、吴越天福五年、契丹会同三年)李昪五十三岁、李璟二十五岁、李煜四岁

颁行《中正历》。后晋安远节度使李金全请求归附,命李承裕率兵出迎,败于安陆。诏立李璟为太子,李璟固辞。李昪出巡东都。建学馆于白鹿洞,号庐山国学。南汉、闽

遣使来聘,又与吴越遣使来贺仁寿节。契丹遣使来聘,又遣使献马百匹。

公元941年(南唐升元五年、后晋天福六年、南汉大有十四年、吴越天福六年)李昪五十四岁、李璟二十六岁、李煜五岁

诏定民田税。南汉遣使来约共伐楚以分其地,不许。吴越都城大火,遣使厚持金帛唁之。于阗国贡瑞玉天王。

公元942年(南唐升元六年、后晋天福七年、南汉光天元年、闽永隆四年、吴越天福七年、契丹会同五年)李昪五十五岁、李璟二十七岁、李煜六岁

《升元删定条》修成,颁行境内。下诏举用儒者。南汉、闽两次遣使来聘,吴越遣使来聘,南汉主刘龚卒,遣使来告哀,刘玢立,遣使来告即位。契丹遣使来聘。

公元943年(南唐升元七年、保大元年、后晋天福八年、闽天德元年、契丹会同六年)李昪五十六岁、李璟二十八岁、李煜七岁

李昪卒,谥曰光文肃武孝高皇帝,庙号烈祖。李璟即位,改元保大,以李景遂为齐王、诸道兵马元帅、太尉、中书令,居东宫,诏示中外以兄弟传国之意。张遇贤自岭南入境,命严恩率师讨之,张遇贤兵败被俘,被害于金陵。闽遣使来吊祭烈祖。契丹遣使来聘,遣使航海至契丹以继旧好。

公元944年(南唐保大二年、后晋开运元年、闽天德二年)李璟二十九岁、李煜八岁

命李景遂总庶政,旋收所下诏。宋齐丘归九华旧隐。查文徽、边镐伐闽,败于盖竹。

公元945年(南唐保大三年、后晋开运二年、闽天德三年)李璟三十

岁、李煜九岁

何敬洙、祖全恩、姚凤率援兵伐闽,灭之。李弘义据福州。
徙闽主王延政之族于金陵。宋后卒。

公元 946 年(南唐保大四年、后晋开运三年、吴越开运三年)李璟三
十一岁、李煜十岁

宋齐丘入为太傅兼中书令。陈觉矫诏攻福州,李弘义向吴
越称臣乞援。

公元 947 年(南唐保大五年、后汉天福十二年、吴越天福十二年、契
丹大同元年)李璟三十二岁、李煜十一岁

诏立李景遂为太弟。契丹以灭晋来告捷,且请会盟于汴
梁,辞不赴。吴越兵自海路救福州,南唐军溃,福州入于吴
越,留从效据泉州。诏于军中斩陈觉、冯延鲁,寻赦之。江
文蔚、韩熙载、徐铉上疏弹劾宋齐丘朋党。契丹北遁,诏以
李金全为北面行营招讨使,以图中原。旋闻后汉军已据汴
梁,南唐军遂不出。宋齐丘罢为镇南军节度使。

公元 948 年(南唐保大六年、后汉乾祐元年)李璟三十三岁、李煜十
二岁

后汉伐河中,李守贞遣朱元、李平奉表乞师。诏以李金全
率师往援,师次沂州,遇后汉军阻击,退保海州。遣使至后
汉,求复通商,不报。

公元 949 年(南唐保大七年、后汉乾祐二年)李璟三十四岁、李煜十
三岁

淮北盗起,出师万人渡淮招降,至正阳,败绩。漳州副使留
从愿据州归附留从效。诏升泉州为清源军,以漳州隶之。

公元 950 年(南唐保大八年、后汉乾祐三年、吴越乾祐三年、楚乾祐

三年、保大八年）李璟三十五岁、李煜十四岁

查文徽攻福州，陷伏被执。楚王马希萼向南唐称臣乞援。

公元 951 年（南唐保大九年、后周广顺元年、楚保大九年）李璟三十六岁、李煜十五岁

议征后周，耀兵于淮上。楚王马希萼遣使来贡方物，受南唐封号。边镐率师出萍乡伐楚，楚亡。徙马希萼、马希崇于金陵。后汉泰宁节度使慕容彦超遣使乞援。宋齐丘复为太傅。

公元 952 年（南唐保大十年、后周广顺二年、南汉乾和十年）李璟三十七岁、李煜十六岁

援兖之师败于沭阳。张峦与南汉争夺桂、管，败绩。楚将刘言攻陷长沙，边镐遁归，楚地得而复失。南海献龙脑浆。

公元 953 年（南唐保大十一年、后周广顺三年）李璟三十八岁、李煜十七岁

兴屯田于境内，诏筑白水塘。

公元 954 年（南唐保大十二年、后周显德元年、契丹应历四年）李璟三十九岁、李煜十八岁

契丹主遣其舅来聘，为盗所杀。

公元 955 年（南唐保大十三年、后周显德二年、后蜀广政十八年）李璟四十岁、李煜十九岁

后周攻秦、凤，后蜀遣使来告难。后周伐南唐，攻寿州。召宋齐丘入朝谋难。以刘彦贞、皇甫晖率军救淮南。以李煜为沿江巡抚。

公元 956 年（南唐保大十四年、后周显德三年、吴越显德三年、契丹应历六年）李璟四十一岁、李煜二十岁

刘彦贞败死于正阳。皇甫晖败于清流关,退保滁州,败死。遣钟谟、李德明至后周求和,不报。吴越出兵攻常、宣二州。遣孙晟于后周求和,不报。遣使至契丹求援,不报。李德明归,请割淮南以求和,被杀。柴克宏救常州,大破吴越兵。命李景达为元帅、朱元为先锋、陈觉为监军使,统兵以拒周师。淮南屯田相率起兵,号白甲军,周师苦之。朱元克复淮南大部失地,周师退围寿州。

公元 957 年(南唐保大十五年、后周显德四年)李璟四十二岁、李煜二十一岁

李景达军至寿州。朱元降周,南唐军溃,淮南大部复陷。

公元 958 年(南唐中兴元年、交泰元年、显德五年、后周显德五年)李璟四十三岁、李煜二十二岁

太弟李景遂归藩。立长子李弘冀为太子。遣陈觉使周,尽献淮南之地,奉周正朔、称国主、贬损仪制、岁输土贡。李璟改名景,以避周讳。诛陈觉、李徵古,放宋齐丘于九华山。后周遣使来聘。

公元 959 年(南唐显德六年、后周显德六年)李璟四十四岁、李煜二十三岁

宋齐丘幽死。议迁都南昌。李弘冀鸩杀李景遂。李弘冀卒。后周遣使吊祭。营建南都南昌府。

公元 960 年(南唐建隆元年、北宋建隆元年)李璟四十五岁、李煜二十四岁

诛钟谟、张峦。宋扬州节度使李重进举兵,求援于南唐,不许。自是,每岁数次入贡于宋,其费数十百万。北宋遣使馈羊、马、橐驼,亦岁以为常。

公元 961 年（南唐建隆二年、北宋建隆二年）李璟四十六岁、李煜二十五岁

　　迁都南昌。立吴王李煜为太子,留金陵监国。李璟卒于南昌。李煜即位于金陵。罢诸路屯田使。李煜改今名。李璟梓宫还金陵,告哀于宋,请追复帝号,许之,谥曰明道崇德文宣孝皇帝,庙号元宗。置龙翔军以教水战。

公元 964 年（南唐乾德二年、北宋乾德二年）李煜二十八岁

　　始行铁钱。李仲宣卒。昭惠周后卒。

公元 965 年（南唐乾德三年、北宋乾德三年）李煜二十九岁

　　光穆皇后钟氏卒。

公元 968 年（南唐开宝元年、北宋开宝元年）李煜三十二岁

　　李景遏卒。

公元 970 年（南唐开宝三年、北宋开宝三年、南汉大宝十三年）李煜三十四岁

　　遣使至南汉,劝其割地事宋,使者至番禺,被执。

公元 971 年（南唐开宝四年、北宋开宝四年）李煜三十五岁

　　李景达卒。遣使至宋,贡占城、阇婆、大食所送礼物。遣李从善入贡于宋,称江南国主,请罢诏书不名之礼。林仁肇请攻取淮南、卢绛请击灭吴越、有商人请往江陵窃烧北宋所造战舰,皆不敢从。

公元 972 年（南唐开宝五年、北宋开宝五年）李煜三十六岁

　　贬损仪制。杀林仁肇于南都。

公元 973 年（南唐开宝六年、北宋开宝六年）李煜三十七岁

　　北宋遣使索求江南诸州图经。李煜遣使上表,愿受宋爵命,请留于江南,不许。杀潘佑、李平。

公元 974 年（南唐甲戌岁、北宋开宝七年）李煜三十八岁

北宋遣使谕李煜入朝，不从。又遣使持诏来谕，亦不从。宋师南伐。吴越攻常、润。遗书吴越，晓以利害，劝其罢兵，不听。宋师浮桥渡江，郑彦华、杜真兵败。宋师屯于金陵城下。

公元 975 年（南唐乙亥岁、北宋开宝八年）李煜三十九岁

宋师拔金陵阙城，吴越陷常州，进围润州。皇甫继勋伏诛。润州降，吴越兵会宋师攻金陵。命陈大雅召朱令赟入援。遣徐铉至宋求和，不许。朱令赟军败于皖口。又遣徐铉至宋求和，又不许。宋师攻陷金陵，李煜率百官肉袒出降，南唐亡。曹彬押送李煜渡江北上。

公元 976 年（北宋开宝九年、太平兴国元年）李煜四十岁

李煜于汴梁，封违命侯。宋太宗即位，改封陇西郡公。

公元 978 年（北宋太平兴国三年）李煜四十二岁

李煜卒于汴梁，赠太师、追封吴王，葬于洛阳北邙山。小周后悲不自胜，亦卒。

附　录

唐宋之际统治集团内部矛盾的地域特征

唐宋之际,南方社会经济与文化的迅速发展造成了中国封建社会经济地理与文化地理的根本改观,同时给南北中国政治力量的对比带来了深刻的变化,从而使当时地主阶级统治集团内部的矛盾冲突表现出鲜明的南北分野的特色。

一

封建社会的主要特征是自然经济占主导地位,社会分工极不发达、商品经济受到严重限制。就中国封建社会的历史来说,商品经济虽然有较早的发展,但却从未达到足以克服自然经济的地方性与狭隘的闭关状态。因此,幅员广大的中国虽然远在秦汉时代就确立了中央集权的政治制度,但各地区经济的发展极不平衡。这种不平衡导致各地区之间在经济利益、政治趋向、文化传统乃至宗教信仰、风俗习惯各个方面都存在着显著的差异。政治统治的相对统一与经济、文化发展的相对分裂使同处于一个封建国家政权内部的各地域地主阶级集团之间必然潜伏着各种矛盾。

唐宋之际,南北地主阶级之间不仅存在着政治、经济利益方面的深刻冲突,而且在集团性格上也具有各自不同的特点。

由于黄河流域很早就是经济、文化发达之区,因此,在这一优越环境中成长起来的北方地主阶级一直是中国封建社会前期占主导地位的政治力量。唐宋之际,由于土地私有制的发展,以宗法关系为纽带,具有政治、经济、文化等各方面特权的门阀士族阶层已经没落,庶族地主经济势力有了相当程度的发展,并且在政治活动中扮演着愈来愈重要的角色。但是,门阀观念在北方社会中仍然十分流行。它一方面造成北方地主阶级在自我意识上有强烈的优越感;另一方面,与北方素称发达的古老文化相结合,强化了传统思想的束缚,使北方地主阶级包括庶族地主在内,在政治思想上表现出浓厚的保守性。

南方地主阶级与此不同。南方大部地区发展较晚,除东南一隅之外,极少有名门大族存在。因此,当唐宋之际南方广大地区经济、文化迅速发展起来的时候,随之而兴起的自然是庶族地主。由于南方的落后,新兴的庶族地主绝无地域上的优越感,同时也就极少受传统思想的束缚。因此,当其挤进封建政权的时候,必然具有突出的进取心理。南方庶族地主也并非毫无宗法观念的影响,恰恰相反,这种影响还相当深刻。但是,南方宗法观念与北方相比,其社会基础并不完全相同。南方宗族以"累世聚居"为特征。除血缘联系以外,并不伴随着政治、经济、文化方面的特权。因此,这种宗法观念虽然造成南方地主阶级具有浓厚的地域观念,并且在政治活动中反映出强烈的排外心理,但却不曾给这一集团带来保守的特点。

人类文明的进步,是一个各地区之间相互影响的过程。中国封建社会的政治、经济、文化中心由西北转向中原,再由中原移向南方,这一循序渐进的发展,包含了极为复杂的内容。大体上,五代以前,由于南方较为落后,所以基本上是南方接受北方的影响;五代以后,由于南方的发展,这一趋势出现了逆转,南方开始更多地影响北方。这种影响不仅体现于中国封建政权在经济上日益依赖南方,在文化上愈来愈多地吸收南方的因素,而且体现于在政治上南方人士日益成为封建政权的主体成分。

这一变化是中国封建社会史上的巨大进步。它首先表现在中国封建社会由区域性的发展开始步入具有相对完整性的统一结构,从而使后期的政治、经济、文化出现了全新的局面。但是,这一进步同时也意味着北方地主阶级集团传统的优势地位,首先是政治优势地位的丧失。因此,这一进步绝不可能被北方地主阶级集团所轻易接受。唐宋之际,大多数北方人士对于这一进步特别是南方政治势力的崛起采取了一致的敌视态度。当南北两大地主阶级集团在封建政权内部突然遭遇的时候,曾经是潜伏着的各种差异、矛盾便立即显露出来。双方从各个角度、利用各种手段展开攻击,其势头之猛烈、目标之明确、阵线之清晰,前所未有。曾经在中国封建社会前期多次出现的、小规模的地域性地主阶级集团之间的倾轧,自此转化为一场空前剧烈的南北之争。

二

唐宋之际的南北之争持续三百年之久,其端绪则开自永贞革新。

唐代后期,宦官跋扈日甚一日。宦官专权在当时不仅造成了政治的黑暗,而且他们广引党徒,堵塞朝官的仕途。因此,无论就大唐帝国的前途抑或朝官的切身利益来说,铲除宦官都是当务之急。从永贞革新开始,一直到唐末朱温动用武力斩杀在朝宦官为止,朝官反对宦官的斗争从未止息。但是,永贞革新作为朝官铲除宦官的第一次有组织的尝试,却因朝官内部的分裂而告惨败。许多史家在分析朝官的分裂时,把原因归结为门阀士族的守旧及其与庶族地主之间的矛盾对抗。但是,从文献记载中,不仅见不到门阀士族反对铲除宦官的直接证据,而且发现反对派并非都是门阀士族,革新派中居然也不乏以门第自矜之人。由此可见,门阀士族的守旧及其与庶族地主之间的矛盾,并不是导致朝官分裂的全部原因。而南北地主阶级集团之间的矛盾,应该是一个重要的因素。

永贞革新是以南人为核心的政治革新运动。革新派的主要人物是二王八司马。其中王叔文是越州人,王伾是杭州人。在革新派中,南人比例虽然不大,却是这场运动的领袖。在研究这一问题时,不应忽略当时的实际情况。唐代后期,南方社会经济与文化虽然有了相当程度的发展,但是,长期以来,"南风不竞"①的政治局面并没有根本的改变。大唐帝国三百年历史中,宰相家世可考者凡三百七十人,其中南人三十九,仅占十分之一。自德宗朝南方籍宰相陆贽罢归以后,在朝的南人寥寥无几。因此,永贞革新中南人虽然不多,却几乎是集中了全部的在朝力量。二王力图召回陆贽,其深意也在于感到势力过于单薄。

二王执政,以革除弊政为己任,同时也竭力扩大政治势力。北人所切齿痛恨的,正是后一举动。《资治通鉴》卷二三六载:"伾寝陋、吴语,(胡注:状貌寝陋,常操乡音,不能学华言。)上所亵狎;而

---

① (宋)王楙《野客丛书》卷二十五《不用南人为相》,稗海本,第4页。

叔文颇任事自许，微知文义，好言事，上以故稍敬之……谋议唱和，日夜汲汲如狂，互相推奖，曰伊、曰周、曰管、曰葛，僩然自得，谓天下无人；荣辱进退，生于造次，惟其所欲，不拘程式。士大夫畏之，道路以目。素与往还者，相次拔擢，至一日除数人。其党或言曰：'某可为某官'，不过一二日，辄已得之。于是叔文及其党十余家之门，昼夜车马如市。"由此可知，当时北人视二王之罪有二：一是以南人干政，而"僩然自得，谓天下无人"；二是进退士大夫"惟其所欲，不拘程式"。前一罪状触动北人的优越感；后一罪状则不惟与北人的保守精神背道而驰，而且使其怀有丧失政治优势的莫大恐惧。于是北人群起而攻之。为了夺回被南人窃取的权势，甚至不惜与宿敌宦官合谋行动。此种情形，实为依附二王以求进身之北人如韦执谊者流始料所不及。这些人初则进退失据，继而首鼠两端，终于导致革新失败。

永贞革新作为南人争取政治地位的初次尝试，以势单力薄而遭惨败。其后登朝之南人，有鉴于此，唯唯诺诺，以安身固位为事，一直不敢轻举妄动。

三

五代十国时期的南北之争，分为两条线索同时进行。一方面，北方相继出现五个朝代，南方则分裂为并存的数个小邦，就其大势来说，实际上是一个南北分立的局面。双方矛盾的主线，是统一权的争夺，由于南方的分裂，这一争夺以北方的胜利而告结束。另一方面，这一时期北方战争频繁，而南方则较为安定，加之各小邦统治者实施了一些进步政策,从而使南方的经济与文化不仅保持了唐代后期的发展成果,并且有了新的进步;此外,南方各小邦作为地方性的割据政权,其统治的稳定有赖于地方势力的支持,因此,以当地经济、文化的迅速发展为基础,以各小邦统治者的大力扶持为条件,南方各地区地主阶级政治力量急剧膨胀,并且竭力排挤外来势力,从而导致南方各割据政权内部的南北冲突。

这种新形势下的南北之争,以南唐党争最为典型,其起源则可以追溯到吴唐禅代之际。

南唐烈祖李昪是徐州人①,少孤流落,后来被吴国权臣徐温收为养子,并且借助徐温的势力掌握了吴国的政柄。这期间李昪虽然几经曲折,却并未遇到特别棘手的难题。但是,当李昪进一步试图取代杨氏的时候,情况就完全不同了。吴国政权是一个以当地人为主体、以淮南人为核心的地方性封建割据政权。《十国春秋·吴》列传部分载吴国将相大臣家世可考者七十一人,其中当地人四十二,约占总数十分之六;当地人中,淮南人即有二十八位,占总数十分之四,占当地人十分之七。吴国政权的奠基者杨行密就出自淮南庐州。因此,吴国政权内部淮南地方势力根深蒂固。李昪的养父徐温曾经试图取代杨氏,就是因为庐州籍将领刘威、陶雅、李遇等人合力抵制,甚至"密议诛温"②而搁浅。李昪经营南唐,遇到的也是这一问题。《南唐近事》载:"烈祖辅吴之初,未逾强仕,元勋硕望,足以镇时靖乱。然当时同立功如朱瑾、李德诚、朱延寿、刘信、张崇、柴再用、周本、刘金、张宣、崔太初、刘威、韦建、王绾等,皆握强兵,分守

---

① 关于李昪家世,文献记载不一。由于史料残阙,目前仅能断定李昪不是当地人,极可能是徐州人。

② (宋)路振《九国志》卷三《徐温》,守山阁丛书本,第7页。

方面。由是朝廷用意牢笼，终以跋扈为虑。上虽至仁长厚，犹以为非老成无以弹压。"引文中提及的十三人，多是当地土著，并且对李昇抱抵制态度。如德胜军节度使兼中书令周本，多次扬言于朝路，表示不肯"推戴异姓"①，同时支持临川王杨濛与李昇抗衡。及杨濛被杀，李昇代吴已成定局，令其率众拥戴，周本还说："我受先王大恩，自徐温父子用事，恨不能救杨氏之危，又使我为此，可乎！"②

然而，李昇是一个老谋深算的人物。《五国故事》说："内谋其家，外谋其国，劳心役虑，数倍于曹、马。"为了扫除代吴的障碍，李昇一方面对杨氏旧臣竭力怀柔，所谓"高位重爵，推与宿旧"③，"一骑一卒，必加姑息"④；另一方面则积极扶植自己的势力。首先是大力招徕、奖拔北来士人。《钓矶立谈》载：李昇"于所居第旁创为延宾亭以待四方之士。遣人司守关徼，物色北来衣冠。凡形状奇伟者必使引见。语有可采，随即升用"。南唐政权中著名的北方人士如孙晟、韩熙载、常梦锡、马仁裕、王彦俦、高越、高远、江文蔚等，都于此时聚集李昇周围，成为他的腹心。其次，李昇虽然痛恨当地势力对他的抵制，但是，要顺利地取代吴国这样一个地方性政权并且稳妥地进行统治，又必须得到当地势力的支持。因此，李昇在大力招揽北来士人的同时，着意收罗当地特别是江南一带地位尚很卑微的小人物。南唐政权中著名的当地人如宋齐丘、陈觉、查文徽、冯延巳、冯延鲁、边镐、游简言、何敬洙等，都是此时投其门下，白衣起家，由

---

① （清）吴任臣《十国春秋》卷七《吴七·周本传》，中华书局1983年版，第112页。
② 《资治通鉴》卷二八〇《后晋纪一》，天福元年十二月，中华书局1956年版，第9166页。
③ （宋）史虚白《钓矶立谈》，知不足斋丛书本，第4页。
④ （宋）郑文宝《南唐近事》，宝颜堂秘笈本，第21页。

李昪一手扶植起来的。这批人与以淮南人为主的杨氏旧臣不同。他们希图乘李昪代吴之机获取政治地位，因此积极为之奔走谋划。例如宋齐丘，流落穷困，糊口于倡优魏氏之家。及其依附李昪，"从镇京口，入定朱瑾之难，常参秘画。因说烈祖讲典礼、明赏罚、礼贤能、宽征赋，多见听用。……人以比刘穆之佐宋高祖"[①]。

经过二十年苦心经营，李昪不仅大大缓和了杨氏旧臣的敌对情绪，达到"骁勇夙将元寮素所跋扈者无不乐从"[②]的目的，而且拉拢起支持他的北方人与江南人两大势力，所谓"羽翼大成，裨佐弥众"[③]，终于取代杨氏，甚至作到"上下顺从，人无异意"，以至于虽吴社迁换而"国中夷然无易姓之戚"[④]。但是，事情并未结束。南唐政权结构与吴国相比，虽然发生了重大变化，但并无根本的不同。《马氏南唐书》与《陆氏南唐书》共载南唐将相大臣家世可考者八十二人，其中当地人四十七，约占总数十分之六；当地人中，江南人二十九，占总数近十分之四，占当地人十分之六。由此可见，虽然北来的李氏取代了土著杨氏，但是，当地势力仍然是南唐政权的主体，只不过淮南人换成了江南人。淮南地方势力同北方势力的角逐，由于江南人的倒戈而告失败。然后，江南势力同北方势力的矛盾却随着南唐的建立而日渐显露，并且爆发出更大规模的冲突。

《马氏南唐书》载："南唐之士，宋齐丘、陈觉、李徵古、冯延巳、延鲁、魏岑、查文徽为一党；孙晟、常梦锡、萧俨、韩熙载、江文蔚、钟谟、李德明为一党。"这段话不仅点出了两党的主要人物，同时也指

---

① （宋）陆游《陆氏南唐书》卷四《宋齐丘传》，秘册汇函本，第79—80页。
② （宋）龙衮《江南野史》卷一《先主》，豫章丛书本，第4页。
③ （宋）龙衮《江南野史》卷一《先主》，豫章丛书本，第4页。
④ （宋）史虚白《钓矶立谈》，知不足斋丛书本，第5页。

出了双方的基本分野。宋齐丘为首的一党中,除魏岑以外,其余六人都是当地土著;当地人中,除冯氏兄弟籍属淮南以外,其余四人都是江南人。孙晟为首的一党中,李德明家世不详、萧俨是当地人,其余五人均系侨寓人士,其中除钟谟来自会稽以外,都来自北方。如果全面考察一下所有那些与党争有关的人物,就可以更清楚地看出:斗争着的两党按这些人物的籍贯来决定对他们采取何种态度;这些人也各依自己的籍贯,分别站在宋党或孙党一边。翻开南唐载籍,南北人士之间的倾轧无处不在,不胜枚举。可以说,整个南唐政权实际上是以籍贯为界限,分裂为截然对立的两大阵营。

南唐党争自烈祖李昪时期已见端倪,并且围绕着首赞禅代之功的争夺发生了数次纠纷。但是,由于较有统治经验的李昪注意使当地土著与侨寓人士之间保持势力平衡,因此,这一时期中双方的矛盾尚未演化成大规模的冲突。及至元宗李璟时期,这种平衡因当地势力迅速膨胀而不复存在,双方矛盾随即尖锐化,党争也就进入高潮。《钓矶立谈》载:"及宋子嵩(齐丘)用意一变,群憸人乘资以骋,二冯(延巳、延鲁)、查(文徽)、陈(觉),遂有五鬼之目。望风尘而投款者,至不可以数计。"保大初,宋齐丘为宰相,陈觉为枢密使,冯延巳、游简言为翰林学士,宋党"在外者握兵,居中者当国"①,在南唐政权中占据了绝对的优势地位。

这一时期中,两党在政治上的分歧主要集中于基本国策方面。总的来说,宋党初掌大权,锐意进取,主张立即攻取邻国,扩展疆土;孙党则较为保守,主张保境安民,等待有利时机,出师中原,恢复大唐基业。国策的分歧固然反映出两党政治态度的不同,却不是问题

---

① (宋)陆游《陆氏南唐书》卷十《江文蔚传》,秘册汇函本,第 227 页。

的全部。关键在于,由于当地势力急剧膨胀,对北人的排斥也愈演愈烈。当时,不仅许多北人失意出朝、遁入名山,慨叹:"中原莫道无麟凤,自是皇家结网疏。"①而且在朝者也被多方掣肘,不得施展。举例来说:淮南之役,吴越攻常州,北人柴克宏请率师出援。枢密使李徵古横加沮抑,后仅给羸卒数千,戈甲亦皆朽钝。途中,李徵古又欲使土著朱匡业代其为将,数遣使逼令柴克宏还朝。后周围寿春,北人朱元赴难,出战频捷,连克淮南数州失地,屯军寿春城下,与后周疲兵对峙,形势对南唐十分有利。不料监军使陈觉倾害朱元,谋夺其兵。朱元自杀未成,愤而降周,结果南唐诸军皆溃,从此一蹶不振。后主李煜时期,南唐内则财政拮据,外则强敌压境。北人潘佑、李平试图抑止土地兼并、增加税收,以解救危局,结果触犯了当地大地主的利益,上下骚然、举国排之,潘佑罢职自杀,李平亦死于狱中。这种完全不顾大局的党派倾轧表明,随着南方政治势力的发展,南北矛盾已经大大超出政见分歧,成为一个相当突出的社会问题。

四

北宋统一以后,南北形势发生了根本的变化,南人在政治力量对比方面的优势已成定局。北宋虽然用武力基本结束了南北分立的局面,却无法用武力消弥南北政治势力之间的矛盾。因此,随着统一的实现,双方重新在新王朝内部遭遇,并把冲突扩大到全国范围。

---

① (宋)马令《马氏南唐书》卷十五《陈陶传》,墨海金壶本,第3页。

如果说北宋以前的南北冲突尚较为隐晦的话，那么，北宋时期，由于南北旗鼓相当，矛盾已经表面化。北宋初，君臣对南人公开排斥。《道山清话》载："太祖尝有言：'不用南人为相。'实录、国史皆载。陶谷《开基万年录》《开宝史谱》言之甚详。皆言太祖亲写'南人不得坐吾此堂'，刻石政事堂上。"及真宗欲相临江军人王钦若，大臣王旦即以"祖宗朝未尝有南人当国者"为理由大加阻挠。王旦死后，王钦若始大用，发牢骚说："为王公迟我十年作宰相！"①王旦以识人善任著称，尚需找些"公议"一类的理由搪塞舆论，不敢过分露骨。寇准则公开以北人自居，排斥南人，肆无忌惮。抚州人晏殊，七岁以神童荐。真宗召其与进士千余人并试廷中，晏殊神气不慑，援笔立成。真宗嘉赏，赐同进士出身。寇准不高兴，曰："殊江外人！"连真宗也觉得不像话，反驳说："张九龄非江外人邪？"②及临江军人萧贯当作状元，寇准又说："南方下国，不宜冠多士。"结果北人蔡齐夺魁。寇准出院，居然对同僚夸耀："又与中原夺得一状元！"③这种状况，使得在朝南人如履薄冰、战战兢兢，始终有一种"弱羽轻弦势未安"④的惆怅。但是，南方政治势力的发展，并非统治者个人意愿所能阻止。自真宗破例以王钦若为相，其后居相位者五十四人，而南人有二十九，超过了半数，与唐代仅占十分之一相比，不可同日而语。至于太祖御笔刻石的下落，尤其发人深省。据《道山清话》："自王文穆（钦若）大拜后，吏辈故坏壁，因移石于他处。后寖不知所在。既而王安石、章惇相继用事，为人窃去。"

---

① 《宋史》卷二八二《王旦传》，中华书局 1977 年版，第 9548 页。
② 《宋史》卷三一一《晏殊传》，中华书局 1977 年版，第 10195 页。
③ （宋）江休复《江邻几杂志》，稗海本，第 42 页。
④ （宋）魏泰《东轩笔录》卷二，四库全书本，第 1037 册第 425 页。

北宋时期的南北之争,在王安石变法过程中达到了顶峰。

北宋中期,"积贫积弱"的局面渐次形成,改革的呼声亦日益高涨。到王安石推行新法,改革进入高潮。与此同时,也出现了以王安石为首的一派与以司马光为首的另一派之间的尖锐对立,朝野上下,又分裂为不共戴天的两大阵营。史家们在分析两派的冲突时,或认为是要不要改革的斗争,或认为是如何改革的斗争,观点并不一致。我们不否认上述分析的合理因素。但是,这些分析都忽略了其中的一个重要内容,即由谁来改革的斗争。恰如司马光所论:"苟得其人,则无患法之不善;不得其人,虽有善法,失先后之施矣。故当急于求人,而缓于立法也。"①考察两派籍贯,王安石一派之核心如吕惠卿、章惇、曾布诸人包括王安石在内,都来自南方;而司马光一派之中坚如吕诲、吴奎、文彦博、韩琦、富弼、程颢、张方平、王益柔诸人包括司马光在内,都是北方人。其余外围人物之分野亦大体如此。以当时形势,改革实属必行。无论南人北人,对此均无异议。王安石之新法与文彦博、富弼、司马光诸北人之改革方案相比,固然有范围广狭之分、程度深浅之别,但其改变贫弱危局之目的则一,作为地主统治阶级自上而下的改革活动,其性质亦无根本区别。因此,王安石变法引起如此严重的政治危机,其根源绝不仅仅在于新法本身。代表北方地主阶级集团利益的司马光诸人反对王安石等南人出来变法,才是这场危机出现的直接原因。

自王安石于仁宗朝上《言事书》,朝野瞩目。但是,天下之论,

---

① (宋)江少虞《事实类苑》卷十五《顾问奏对·司马温公》,四库全书本,第 874 册第 128 页。

"以金陵不作执政为屈"①，主要是南人的看法。多数北人所议，并非如此。王安石执政之前，北人对其相貌、才具乃至德行、学术进行了无所不至的攻击。赵郡李承之预言："今知鄞县王安石者，眼多白，甚似王敦。他日乱天下者，此人也！"②相州韩琦则认为："安石为翰林学士则有余，处辅弼之地则不可。"③潍州吴奎斥责王安石"护前自用，所为迂阔。万一用之，必紊乱纲纪"④；河汾王益柔指桑骂槐，攻击王安石"诵六艺、挟才智以文致其奸说"，若用之，其害必甚于李义府、李林甫、卢杞、皇甫镈之流⑤。王安石初入朝，开封吕诲即上疏劾曰："大奸似忠，大佞似信，安石外示朴野，中藏巧诈，陛下悦其才辩而委任之。安石初无远略，惟务改作立异，罔上欺下，文言饰非，误天下苍生，必斯人也。"⑥是时新法未行，北人的攻击并无什么站得住脚的根据，而是出于对南人执政，将控制朝廷，造成"腹心之疾"的恐惧。

王安石执政之后，反对派攻击新法之弊，自然不是毫无道理。但是，歪曲事实，甚至将旱蝗之灾亦归罪于"执政之臣所以辅陛下者未得其道"⑦，并把结论落在"望贬斥王安石、吕惠卿以谢天下"⑧，则纯属项庄舞剑。反对派的攻击，还有另外一个重要内容。熙宁七

---

① （宋）马永卿编，（明）王崇庆解《元城语录解》卷上，四库全书本，第 863 册第 363 页。

② （宋）邵伯温《邵氏闻见录》卷十三，中华书局 1983 年版，第 147 页。

③ 《宋史》卷三一二《韩琦传》，中华书局 1977 年版，第 10229 页。

④ 《宋史》卷三一六《吴奎传》，中华书局 1977 年版，第 10320 页。

⑤ 《宋史》卷二八六《王曙附子益柔传》，中华书局 1977 年版，第 9635 页。

⑥ 《宋史》卷三二一《吕诲传》，中华书局 1977 年版，第 10429 页。

⑦ （宋）罗从彦《遵尧录》别录《司马光论王安石》，《豫章文集》，四库全书本，第 1135 册第 723 页。

⑧ 《宋史》卷三二一《陈襄传》，中华书局 1977 年版，第 10420 页。

年,司马光自西京上疏,指斥王安石诸人掌"威福之柄",而"专用其所亲爱之人",于是"忠谠退伏,阿谀满侧"①。这种攻击,一方面与"苟得其人,则无患法之不善;不得其人,虽有善法,失先后之施"的论调同出一辙,表达了北人对丧失统治地位的极端怨恨。另一方面,朝廷出现"旧臣多引疾求去"②的不正常现象,与王安石诸人"好人同己,恶人异己"③的作风亦直接有关。北人排斥南人,固然不择手段,南人执政,亦惟恐北人不去,去之惟恐不速、不远。举几个突出的例子:吕惠卿与司马光论新法,吕惠卿辞穷,竟说:"光为侍从,何不言?言之而不从,何不去?"神宗无奈,排解说:"相与论是非耳,何至是!"④富弼忤王安石,罢使相,改判汝州。王安石犹未甘心,说:"弼虽责,犹不失富贵。昔鲧以方命殛,共工以象恭流,弼兼此二罪,止夺使相,何由沮奸?"乃斥弼归洛⑤。章惇深恨魏人刘安世,"必欲见杀。人言'春循梅新,与死为邻。高窦雷化,说着也怕。'八州恶地,安世历遍七州",以致当时有铁汉之称⑥。自王安石执政,斥逐在朝北人凡以数十计。这种情况说明,无论北方地主阶级抑或南方地主阶级,都同样不能摆脱地域观念的深刻影响。

王安石变法是唐宋之际南北之争的一个总结。作为一个改革

---

① (宋)李焘《续资治通鉴长编》卷二五二,神宗熙宁七年四月甲申条,中华书局 1986 年版,第 6161、6164 页。
② 《宋史》卷三二二《杨绘传》,中华书局 1977 年版,第 10449 页。
③ (宋)罗从彦《遵尧录》别录《司马光论王安石》,《豫章文集》,四库全书本,第 1135 册第 723 页。
④ (宋)罗从彦《遵尧录》卷七《司马光》,《豫章文集》,四库全书本,第 1135 册第 714 页。
⑤ 《宋史》卷三一三《富弼传》,中华书局 1977 年版,第 10256 页。
⑥ (清)潘永因《宋稗类钞》卷二《谗险》,书目文献出版社 1985 年版,第 98 页。

家,王安石是失败者;但是,作为南方地主阶级政治势力的代表,王安石却是一个胜利者。元祐更化,司马光诸人虽然大刀阔斧地废除了新法,但是,在王安石变法过程中进一步加强、壮大了的南方地主阶级政治势力,却不能一笔勾销。

值得注意的是,在王安石变法过程中,许多反对派的外围人物亦来自南方。这部分人按地域可分为三类:一类如赵抃、钱顗、胡宗愈,来自东南;另一类如唐介、冯京、刘述,来自荆湖;还有一类如苏洵、苏轼、范镇、李大临,则来自四川。在分析这一问题时,首先应该指出:南北两大地区之间发生严重冲突,并不等于北方各地区之间、南方各地区之间没有矛盾。中国封建社会发展的不平衡性主要表现为北方较为先进、南方较为落后,但南方各地区的情况也并不一致。东南、荆湖、四川一带,在南方是发达较早的地区,而江西、福建则是在唐代后期才得到迅速发展。仍以各地区宰相为例:唐代南方籍宰相来自上述地区者凡三十六人,其中东南一地即达三十二人,其余湖北二人、四川一人、江西一人,福建尚属空白。及至北宋,南方籍宰相共二十九人,全部来自上述地区,其中东南九人、福建九人、江西六人、四川四人、湖北一人。从中可以看出唐宋之际江西、福建地区所发生的巨大变化。王安石一派的主要人物都是来自这一地区,不能不说与这一地区政治、经济、文化的迅速发展有关。在这种情况下,王安石一派与南方其他地区地主阶级政治势力发生矛盾,是十分自然的。其次,这一现象说明:随着南方政治优势地位的逐步确立,南方各地区之间的矛盾渐呈突出,而南北矛盾则日趋消沉。

(附注:本文所指的南北,概以五代十国时期后晋之南方边界为准。)

(原刊于《历史研究》1987 年第 2 期)

参考文献要目

（后晋）刘昫《旧唐书》，中华书局 1975 年版。

（宋）欧阳修《新唐书》，中华书局 1975 年版。

（宋）薛居正《旧五代史》，中华书局 1976 年版。

（宋）欧阳修《新五代史》，中华书局 1974 年版。

（元）脱脱《宋史》，中华书局 1977 年版。

（宋）司马光《资治通鉴》，中华书局 1956 年版。

（宋）李焘《续资治通鉴长编》，中华书局 1995 年版。

（清）董诰等《全唐文》，中华书局 1983 年版。

（宋）王钦若等《册府元龟》，中华书局 1960 年版。

（宋）马端临《文献通考》，中华书局 1986 年版。

（清）徐松辑《宋会要辑稿》，中华书局 1957 年版。

（宋）佚名《宋大诏令集》，中华书局 1962 年版。

（清）彭定求等编《全唐诗》，中华书局 1960 年版。

张璋、黄畲编《全唐五代词》，上海古籍出版社 1986 年版。

（宋）马令《马氏南唐书》，墨海金壶本。

（宋）陆游《陆氏南唐书》，秘册汇函本。

（宋）路振《九国志》，守山阁丛书本。

（明）陈霆《唐余纪传》，清彭氏知圣斋抄本。

（清）吴非《三唐传国编年》，贵池先哲遗书本。

（清）陈鳣《续唐书》，丛书集成初编本。

（清）吴任臣《十国春秋》，中华书局 1983 年版。

（宋）徐铉《江南录》，学津讨原本。

（宋）龙衮《江南野史》，豫章丛书本。

（宋）陈彭年《江南别录》，墨海金壶本。

（宋）郑文宝《江南余载》，知不足斋丛书本。

（宋）郑文宝《江表志》，墨海金壶本。

（宋）郑文宝《南唐近事》，宝颜堂秘笈本。

（宋）吴淑《江淮异人录》，知不足斋丛书本。

佚名《五国故事》，说库本。

（清）毛先舒《南唐拾遗记》，昭代丛书本。

（宋）史虚白《钓矶立谈》，知不足斋丛书本。

（清）刘承干《南唐书补注》，嘉业堂丛书本。

（宋）徐铉《徐公文集》，四部丛刊本。

（宋）徐铉《稽神录》，学津讨原本。

（南唐）谭峭《化书》，说郛本。

（宋）释文莹《玉壶清话》，知不足斋丛书本。

（宋）陶谷《清异录》，说郛本。

（宋）释文莹《湘山野录》，津逮秘书本。

（宋）王暐《道山清话》，说郛本。

（宋）宋敏求《春明退朝录》，百川学海本。

（宋）洪迈《容斋随笔、续笔、三笔、四笔、五笔》，津逮秘书本。

（宋）吴曾《能改斋漫录》，守山阁丛书本。

（宋）周羽翀《三楚新录》，墨海金壶本。

佚名《周世宗实录》,烟画东堂小品本。

(宋)周辉《清波杂志》,知不足斋丛书本。

(宋)王偁《东都事略》,四库全书本。

(宋)王得臣《麈史》,知不足斋丛书本。

(宋)魏泰《东轩笔录》,四库全书本。

(宋)叶梦得《石林燕语》,稗海本。

(宋)王栐《燕翼诒谋录》,百川学海本。

(宋)王铚《默记》,学海类编本。

(宋)王楙《野客丛书》,稗海本。

(宋)曾敏行《独醒杂志》,知不足斋丛书本。

(宋)范坰、林禹《吴越备史》,四部丛刊本。

(宋)顾文荐《负暄杂录》,说郛本。

(宋)范正敏《遯斋闲览》,说郛本。

(宋)赵德麟《侯鲭录》,知不足斋丛书本。

(宋)陈师道《后山谈丛》,宝颜堂秘笈本。

(元)陆友《研北杂志》,宝颜堂秘笈本。

(明)郎瑛《七修类稿》,明清笔记丛刊本。

(宋)田况《儒林公议》,四库全书本。

(宋)李昌龄《乐善录》,稗海本。

(明)李日华《紫桃轩杂缀》,国学珍本文库本。

(宋)马永易《实宾录》,四库全书本。

(宋)吴处厚《青箱杂记》,稗海本。

(宋)董史《皇宋书录》,知不足斋丛书本。

(宋)苏轼《东坡题跋》,津逮秘书本。

(元)汤垕《画鉴》,唐宋丛书本。

(宋)赵希鹄《洞天清禄集》,说郛本。

(宋)阮阅《诗话总龟》,四库全书本。

(宋)米芾《画史》,湖北先正遗书本。

(宋)高似孙《砚笺》,楝亭藏书十二种本。

(宋)晁氏《墨经》,唐宋丛书本。

(明)张丑《张丑清河书画舫》,四库全书本。

(宋)赵汝砺《北苑别录》,说郛本。

(明)夏树芳《茶董》,古今说部丛书本。

丁传靖辑《宋人轶事汇编》,商务印书馆1935年版。

(清)潘永因《宋稗类钞》,书目文献出版社1985年版。

(清)王夫之《宋论》,中华书局1964年版。

(清)谭献《复堂词话》,词话丛编本,中华书局1986年版。

(清)周济《介存斋论词》,词话丛编本,中华书局1986年版。

况周颐《蕙风词话》,人民文学出版社1960年版。

王国维《人间词话》,人民文学出版社1960年版。

(宋)黄庭坚《山谷集》,四库全书本。

(清)王士禛辑《五代诗话》,粤雅堂丛书本。

(唐)李吉甫《元和郡县志》,岱南阁丛书本。

(宋)乐史《太平寰宇记》,四库全书本。

(清)谢旻等《江西通志》,四库全书本。

(清)沈葆桢等《安徽通志》,光绪四年刻本。

(清)赵弘恩等《江南通志》,四库全书本。

(清)谢延庚《六合县志》,光绪九年刻本。

(清)凌焯《丹阳县志》,民国十六年刻本。

(明)程文《句容县志》,上海古籍书店影印本。

（清）刘崇照《盐城县志》，光绪二十一年刻本。

梁方仲《中国历代户口、田地、田赋统计》，上海人民出版社 1980
年版。

后　记

　　本书自 1987 年完稿以来，几经周折，历时八载。今蒙东北师范大学图书出版基金资助，方得付梓。东北师范大学历史系韩宾娜副教授特地为本书绘制了地图，东北师范大学出版社的领导和其他同志为本书的出版做了大量而卓有成效的工作，谨此一并致谢！

　　　　　　　　　　　　　　　　1995 年 7 月 20 日于长春

再版后记

　　《南唐史》为先师任爽先生的第一部学术专著，也是国内首部系统研究南唐历史的著作，在南唐史领域富有开拓之功。该书系先生在 1984 年硕士学位论文基础上修改而成，着眼于把握五代分合背景下南唐的历史地位。这一研究成果，亦是先生后来转向唐宋史领域，提出"唐宋连续观"的重要基础。

　　1995 年，本书由东北师范大学出版社初次刊印，迄今已近三十载，学界屡有再版之议。2022 年值先生逝世 10 周年，经师母石庆环教授授权与支持，再版一事提上日程。此次再版，除校正讹误并据当今学术规范补充必要注释外，其余内容无一更改。《唐宋之际统治集团内部矛盾的地域特征》一文，属先生深耕南唐史领域后，对唐宋之际政治问题的拓展之作，故附录于此。校核工作由先生弟子王美华、黄云鹤、李全德、耿元骊、吴树国、陈秀宏、钟兴龙、赵旭、宋靖等共同承担。辽宁大学历史学院博士研究生刘士贤、陈佳男在文献核对、查找方面，也做了不少工作。

　　本书得以再版，蒙中国出版集团李岩先生与中华书局俞国林先生鼎力支持，并赖责编葛洪春老师的周详入微，谨此致以衷心感谢！

　　谨以《南唐史》再版纪念任爽先生诞辰 70 周年。

受业弟子共书

2023 年 11 月 18 日